Stefan Rutkowsky

So regeln Sie Ihren Nachlass

Schenkung
Testament
Erbschaft

WELTBILD

Inhalt

Anhang ——————————————————————174

Vorwort

Karl Hoffmann ist 50 Jahre alt geworden. Er fühlt sich noch jung und gesund und verschwendet keinen Gedanken an ein Testament. Er lebt nach dem Grundsatz: „Erst wenn ich am Ende meines Lebens stehe, denke ich an ein Testament."

Dieser Grundsatz hat heute schon deshalb keine Gültigkeit mehr, weil durch die größeren Gefahren des Lebens in unserem Hightechzeitalter, insbesondere durch den rasant gestiegenen Flug- und Autoverkehr, die Unfallgefahr wesentlich angestiegen ist. Selbstverständlich muss nicht jeder schon im jüngeren Lebensalter an ein Testament denken. Es gibt jedoch Fälle, die eine frühzeitige Regelung des Nachlasses erforderlich erscheinen lassen.

Dies bedarf genauer Überlegungen und, was noch wichtiger ist, expliziter Kenntnisse der Gesetzeslage. Die überwiegende Mehrzahl der in der Bundesrepublik Deutschland von Privatpersonen errichteten Testamente ist fehlerhaft und unsinnig und hat vor dem Gesetz in letzter Instanz keinen Bestand. Vermeidbare Erbschaftsstreitigkeiten werden oftmals gerichtlich ausgetragen. Sie führen in der Regel zu Unfrieden oder gar Zerwürfnissen in der Familie und verursachen letztlich nicht unerhebliche Kosten.

Mit der letzten Reform (01.01.1996) des Erbschaftsteuer- und Schenkungsteuergesetzes (ErbStG) hat der Gesetzgeber die Nachlassregelung weitgehend verändert. Von den Änderungen betroffen sind vor allem die Bewertung von Immobilien, die Steuerklassen und Steuersätze sowie die Freibeträge. Wer heute seinen Nachlass vor dem Gesetz korrekt regeln will, sollte über die gültigen Bestimmungen jedenfalls Bescheid wissen.

Der vorliegende Ratgeber beleuchtet detailliert und praxisorientiert die gesetzlichen Bestimmungen der Nachlassregelung. Sie erhalten zahlreiche Tipps und Ratschläge, wie Sie in der umfassenden und – teilweise – recht komplizierten Gesetzgebung und Rechtsprechung die richtige Entscheidung für Ihre persönliche Situation treffen können.

Alle Ausführungen beziehen sich auf die geltende Rechtslage (Stand: Dezember 1997). Die Änderungen des Erbschaftsteuer- und Schenkungsteuergesetzes sind entsprechend berücksichtigt.

Letztwillige Verfügungen

Welche Möglichkeiten letztwilliger Verfügungen gibt es?

Karl Hoffmann hat sich entschlossen, seine Erbnachfolge zu regeln, weil sein Vermögen nicht unbeträchtlich ist und er außerdem keine Kinder hat. Er hat gehört, dass es außer einem Testament auch noch andere letztwillige Verfügungen gibt. Man kann entweder ein Testament aufsetzen, einen Erbvertrag abschließen oder eine Schenkung von Todes wegen machen. Der Gesetzgeber subsumiert diese drei Möglichkeiten, seinen Nachlass entsprechend zu regeln, unter den Oberbegriff letztwillige Verfügung.

Beispiele für letztwillige Verfügungen

Ein handschriftliches Testament:

„Mein letzter Wille
Hiermit setze ich meine Ehefrau Olga zur alleinigen Erbin ein.
Wiesbaden, den 24. Okober 1997
– Karl Hoffmann –"

Ein notarieller Erbvertrag:

„Vor mir, dem Notar..... erschien heute:
1. Herr Karl Hoffmann, wohnhaft in.........
2. dessen Ehefrau Olga Hoffmann, wohnhaft daselbst.
Die Erschienenen sind beide deutsche Staatsangehörige und haben am...............in.................die Ehe miteinander geschlossen.
Der Notar überzeugte sich durch Unterhaltung mit den Erschienenen über deren Testier- und Geschäftsfähigkeit.
Die Erschienenen erklärten, folgenden
ERBVERTRAG
schließen zu wollen:

Wir setzen uns hiermit gegenseitig vertraglich zu alleinigen Erben ein.
Das Protokoll wurde den Erschienenen vom Notar vorgelesen, von diesen genehmigt und sodann gemeinsam mit dem Notar wie folgt eigenhändig unterschrieben: (...)"

Eine notarielle Schenkung von Todes wegen:

„Vor mir dem Notar..... erschienen heute:
1. Herr Karl Hoffmann, wohnhaft in..........
2. dessen Ehefrau Olga Hoffmann, wohnhaft daselbst.
Die Erschienenen sind beide deutsche Staatsangehörige und haben am.............. in................. die Ehe miteinander geschlossen.
Der Notar überzeugte sich durch Unterhaltung mit den Erschienenen über deren Testier- und Geschäftsfähigkeit.
Die Erschienenen erklärten, folgenden
SCHENKUNGSVERTRAG
schließen zu wollen:
Herr Karl Hoffmann schenkt seiner Ehefrau Olga das ihm gehörende Hausgrundstück „Am Immensee" unter der Bedingung, dass seine Ehefrau ihn überlebt.
Diese nimmt die Schenkung an.
Das Protokoll wurde den Erschienenen vom Notar vorgelesen, von diesen genehmigt und sodann gemeinsam mit dem Notar wie folgt eigenhändig unterschrieben (...)"

In anderer Weise kann man nicht über seinen Nachlass verfügen, insbesondere nicht durch einen „normalen" Vertrag mit einer anderen Person oder durch eine sonstige Erklärung.

Weitere Einzelheiten zu den verschiedenen Arten einer letztwilligen Verfügung finden Sie auf Seite 15ff.

Das Testament

Karl Hoffmann hat sich erkundigt und erfahren, dass es mehrere Testamentsarten gibt. Es gibt das Einzeltestament, das gemeinschaftliche

Checkliste Testament

Denken Sie frühzeitig an ein Testament, wenn

* keine Kinder vorhanden sind;

* die ohne Testament eintretende gesetzliche Erbfolge zu nicht gewünschten Erbansprüchen Dritter führen würde;

* ein großes Vermögen vorhanden ist, das unterschiedlich verteilt werden soll;

* ein Betrieb vorhanden ist, der nicht zersplittert werden darf;

* für einen Betrieb kein geeigneter Nachfolger da ist;

* der Ehegatte bevorzugt vor den Kindern erben soll;

* die Kinder mehr als ihr gesetzliches Erbe erhalten sollen.

Ehegattentestament und dessen Sonderform, das so genannte Berliner Testament. Bei einem Einzeltestament handelt es sich um das Testament einer einzelnen Person ohne Mitwirkung einer anderen. Ein gemeinschaftliches Testament kann gemäß § 2265 BGB nur von Ehegatten errichtet werden. Andere Personen, insbesondere Verlobte, oder ein Paar, das in einer eheähnlichen Lebensgemeinschaft zusammenlebt, können kein gemeinschaftliches Testament errichten.

Beispiel: *Die Verlobten Sven und Charlotte Burger errichten ein gemeinschaftliches Testament, in welchem sich beide zu ihren Erben einsetzen. Das Testament ist nur von Sven handschriftlich geschrieben und dann von beiden unterschrieben worden.*

Dieses Testament ist kein gültiges gemeinschaftliches Testament, weil das Paar nicht verheiratet war. Es kann auch nicht als Einzeltestament beider Verlobter aufrechterhalten werden, da es nicht der geforderten Form entspricht. Diese wäre nur gewahrt gewesen, wenn beide den Text voll handschriftlich verfasst hätten.

Zu den Formerfordernissen und zu den Vorteilen des Berliner Testaments siehe Seite 51f.

Das Berliner Testament ist eine Sonderform eines Ehegattentestaments (§ 2269 BGB). Darunter versteht man ein Testament von Ehegatten, die sich gegenseitig zu Erben eingesetzt haben und gleichzeitig bestimmen, dass nach dem Tod des Letztversterbenden der gemeinsame Nachlass an einen Dritten fallen soll, meistens die Kinder.

<u>Beispiel:</u> *Sven und Charlotte Burger haben inzwischen geheiratet und einen Sohn. Sie errichten nunmehr folgendes Berliner Testament:*

„Hiermit setzen wir uns gegenseitig zu Alleinerben ein.
Nach dem Tode des Letztversterbenden von uns soll unser Sohn Andreas den gesamten Nachlass erhalten."

Der Unterschied zwischen Testament und Erbvertrag

Unter der Übersicht der verschiedenen Arten letztwilliger Verfügungen hatten wir das Beispiel eines notariellen Erbvertrages zwischen Karl und Olga Hoffmann behandelt. Dessen Inhalt scheint auf den ersten Blick ganz einfach zu sein. Man fragt sich, warum beide dennoch den Weg zum Notar gewählt haben. Sie hätten doch die gegenseitige Erbeinsetzung ebenso gut durch zwei gleichlautende Testamente oder durch ein Ehegattentestament erreichen könnten?

Bindungswirkung und Inhalt

Die wesentlichen Unterschiede zwischen Testament und Erbvertrag liegen in der jeweiligen Bindungswirkung und im möglichen Inhalt. Anders als ein Testament hat der Erbvertrag wie auch jeder sonstige Vertrag unter Lebenden eine große Bindungswirkung. Er kann nicht so leicht wie ein Einzeltestament durch einseitige Erklärungen widerrufen oder durch ein weiteres Testament einseitig wieder aufgehoben werden. Die Aufhebung kann nur gemeinsam durch beide Vertragspartner erfolgen. Eine einseitige Lösung aus einem Erbvertrag ist nur unter bestimmten Voraussetzungen möglich:

* Rücktritt – jedoch nur, wenn dieser im Erbvertrag vorbehalten war oder
* Anfechtung – im Falle eines Irrtums, einer Täuschung oder einer Drohung.

Achtung! Die Anfechtung kann nur innerhalb einer Jahresfrist durch eine notariell beurkundete Erklärung gegenüber dem Vertragspartner erfolgen. Zu der konkreten Fristberechnung vergleichen Sie „Anfechtung eines Erbvertrages", S. 70ff.

* Will ich mich in der jederzeitigen freien Widerrufbarkeit binden? Wenn ja, dann sollten Sie ein gemeinschaftliches Testament oder einen Erbvertrag erstellen.

* Will ich frei widerrufen können, aber hierfür die notarielle Form akzeptieren? Wenn ja, dann empfiehlt sich die Formulierung eines gemeinschaftlichen Testaments.

* Bin ich bereit, mich nur unter ganz engen Voraussetzungen wieder lösen zu können? Dann kann ein Erbvertrag in Betracht kommen.

In einem Erbvertrag können vertragsmäßig nur Erbeinsetzungen, Vermächtnisse und Auflagen festgelegt werden, nicht hingegen sonstige Anordnungen.

Was sind sonstige Anordnungen?

Die so genannten sonstigen Anordnungen sind beispielsweise Teilungsanordnungen, Enterbungen, Ausschluss der Auseinandersetzung, Einsetzung eines Testamentsvollstreckers.

Beispiel: *Karl Brunner hat sich entschlossen, einen Erbvertrag mit seiner Ehefrau Elfriede Brunner abzuschließen, weil er lange Lebensjahre mit ihr verbracht hat und bereit ist, die strenge Bindungswirkung zu akzeptieren. Er möchte aber wissen, ob er dieselbe Bindungswirkung nicht durch ein gemeinschaftliches Testament erreichen kann.*

Die Bindungswirkung des gemeinschaftlichen Ehegattentestaments ist stärker als diejenige des Einzeltestaments, aber schwächer als beim Erbvertrag. Da im Regelfall sowohl beim gemeinschaftlichen Testament als auch beim Erbvertrag die Verfügungen der beiden Testierenden in Abhängigkeit voneinander stehen, kann auch beim gemeinschaftlichen Testament zu Lebzeiten des anderen Ehegatten ein Widerruf nur in erschwerter Form erfolgen. Es bedarf hierzu einer notariell beurkundeten Erklärung des einen Ehegatten gegenüber dem anderen Ehegatten.

Anders als beim Erbvertrag ist ein solcher formgerechter Widerruf ohne weitere Voraussetzungen oder Begründung

Zu den genauen Formerfordernissen siehe Seite 47ff. Handeln Sie nicht ohne fachkundige Beratung!

jederzeit möglich. Deshalb kann man sagen: Eine Bindungswirkung beim Einzeltestament besteht nicht. Sie verstärkt sich beim gemeinschaftlichen Testament und ist am stärksten beim Erbvertrag.

Zu den näheren Einzelheiten des gemeinschaftlichen Testaments und des Erbvertrages siehe Seite 65ff.

Die Testierfähigkeit

Grundsätzlich kann jeder, der das 16. Lebensjahr vollendet hat und voll geschäftsfähig ist, ein Testament errichten. Diese so genannte Testierfähigkeit ist bei folgenden Personen eingeschränkt:

* Personen unter 16 Jahren.
* Minderjährige ab 16 Jahren können ein Testament nur als so genanntes öffentliches Testament errichten, und zwar nur durch mündliche Erklärung oder Übergabe einer offenen Schrift vor einem Notar.
* Stumme Personen, die schreibunfähig sind oder nicht lesen oder sehen können (es sei denn, sie beherrschen die Blindenschrift).
* Geistesgestörte, geisteskranke und bewusstseinsgestörte Personen, wenn sie infolge ihres Zustandes nicht in der Lage sind, die Bedeutung ihrer Erklärungen in einer letztwilligen Verfügung zu erkennen, und nicht fähig sind, entsprechend dieser Einsicht zu handeln.

Bei Personen, die aufgrund ihres Gesundheitszustandes nicht in der Lage sind, die Bedeutung ihrer Willenserklärung einzusehen, ist zu beachten, dass es so genannte „lichte Augenblicke" geben kann; das heißt: Zeitpunkte, in denen eine an sich vorliegende Geistesstörung oder Bewusstseinsstörung kurzfristig nicht besteht. Ein in solchen Augenblicken abgefasstes Testament ist wirksam. Testamente Entmündigter, die bis zum 31.12.1991 errichtet waren, sind wirksam.

Testierfähigkeit von Betreuten

An die Stelle der Entmündigung ist die Betreuung getreten. Diese hat keinen Einfluss mehr auf die Testierfähigkeit. Das Vormundschaftsgericht darf die Testierfähigkeit Betreuter in keiner Weise einschränken.

Das eigenhändige Testament eines noch nicht Volljährigen (18 Jahre) wird nicht etwa mit Erreichen der Volljährigkeit wirksam und kann auch nicht von diesem genehmigt werden. Es kommt auf die Testierfähigkeit bei Errichtung an.
Der Minderjährige muss also nach Volljährigkeit ein neues Testament errichten.

Beispiel: Theodor Vogel war am 01.10.1985 entmündigt worden, weil er sich psychisch und physisch durch Alkohol zerstört hatte. Er errichtete dennoch am 01.01.1990 ein Testament, mit dem er seine Ehefrau enterbt. Die Entmündigung wurde am 01.02.1992 in eine Betreuung umgewandelt.

Wird dieses Testament wirksam? Nein, da es auch hier auf den Zeitpunkt der Errichtung des Testaments ankam. Damals galt die Regelung, dass das Testament wegen Entmündigung unwirksam war. Diese Bestimmung gilt hier auch weiterhin.

Die Testierfähigkeit wird bei erwachsenen Menschen in der Regel als selbstverständlich unterstellt. Es gibt jedoch Formen von Geisteskrankheiten, die nicht ohne weiteres erkennbar sind. Bei einem Streit über die Wirksamkeit eines Testaments kann es oft sehr schwierig sein, nach dem Tode des Erblassers nachträglich die Testierunfähigkeit zu beweisen. Dies gelingt häufig nur durch Einholung entsprechender Gutachten sowohl der behandelnden Ärzte als auch eines sachverständigen Obergutachters. Da das nachträgliche Ergebnis solcher Gutachten niemals vorhergesagt werden kann, empfiehlt sich bei Zweifeln an der Testierfähigkeit einer Person die Errichtung eines notariellen Testaments.

Bei Zweifeln an der Testierfähigkeit einer Person ist die Hinzuziehung eines Notars stets zu empfehlen.

Der Notar ist verpflichtet, sich vor der Beurkundung des Testaments gewissenhaft von der Testierfähigkeit des Erblassers zu überzeugen und dies in der Urkunde ausdrücklich zu vermerken. In Zweifelsfällen wird er außerdem zusätzlich eine ärztliche Auskunft einholen und auch dies in die Urkunde aufnehmen. Dann dürfte es kaum gelingen, später die Testierfähigkeit des Erblassers zu bezweifeln.

Das eigenhändige Testament

Beispiel: *Thomas Müller, ein Naturforscher, der jeden Schriftverkehr am liebsten vermeidet und Formalien nicht leiden kann, möchte ein eigenhändiges Testament errichten. Er verfügt über einen Computer und schreibt auf diesem sein Testament wie folgt:*

„Mein letzter Wille
Hiermit setze ich meine Ehefrau Elke zur Alleinerbin ein.
Frankfurt am Main, den 10.01.1997
– Thomas Müller –"

Dies lässt er ausdrucken und verwahrt das Schriftstück in seinem Schreibtisch.

Thomas Müller hätte besser Rat von einem Rechtsanwalt oder Notar einholen sollen. Auch das eigenhändige Testament bedarf einer bestimmten Form (§ 2247 BGB). Es muss eigenhändig geschrieben und eigenhändig unterschrieben sein. Dabei soll der Vor- und Familienname verwendet werden. Jede Abweichung ist gefährlich: Nur wenn die Identität des Verfassers eindeutig feststeht, sind Abweichungen zulässig. Diese muss jedoch bewiesen werden; beispielsweise bei der Unterzeichnung nur mit Anfangsbuchstaben des Vor- und Zunamens oder in sonstiger Weise (zum Beispiel „Eure Mutter"). Bloße Zeichen oder Kreuze genügen nicht. Allerdings muss die Unterschrift nicht unbedingt gut lesbar sein, solange sie identifizierbar ist.

Welche Sprache oder Schriftart (zum Beispiel Druckschrift oder Sütterlin) gewählt wird, ist unerheblich. Lediglich Blindenschrift darf nicht verwendet werden.

Keinesfalls ausreichend ist ein Text, der mit einer Schreibmaschine oder einem Computer geschrieben oder in einem Telegramm niedergelegt wurde. Unser Beispieltestament von Thomas Müller ist daher ungültig. Welches Schreibgerät hingegen verwendet wird, ist gleichgültig; es kann ein Federhalter, Kugelschreiber oder sogar Bleistift benutzt werden.

Ein Testament kann durch eine eigenhändig geschriebene und unterschriebene Erklärung errichtet werden (§ 2247 BGB).

Die Unterschrift sollte am Ende des Textes stehen, damit klar ist, dass dieser Text vollumfänglich gelten soll. Es ist zweifelhaft, ob eine „Oberschrift", die sich über dem Text befindet, ausreicht. Außerdem muss das Testament ernstlich gewollt sein.

Beispiel: *Anton Huber befasst sich ständig mit der Abfassung seines sehr komplizierten Testaments, da er zahlreiche Erben unterschiedlich bedenken will. Das Testament enthält deshalb viele Streichungen und Änderungen und den Zusatz „Entwurf". Anton stirbt plötzlich. Er hat kurz vor seinem Tod einem Freund nachweisbar erzählt, dass jetzt jedoch die letzte Fassung vorliegt und er diese nun in Reinschrift übertragen wolle.*

Dies ist jedenfalls ein gültiges Testament trotz des Zusatzes „Entwurf", weil die Ernstlichkeit nachgewiesen werden kann.

Ort und Datum

Oft wird gefragt, ob Ort und Datum angegeben sein müssen. Obwohl das Gesetz dies nicht zwingend vorschreibt, sondern nur empfiehlt, ist es dringend anzuraten; und bei mehrseitigen Testamenten sollte die Angabe von Ort und Datum zudem auf jeder Seite erfolgen, um Unklarheiten zu vermeiden. Der Angabe des Datums kommt auch deshalb große Bedeutung zu, weil mit der Errichtung eines späteren Testaments jedes frühere Testament als aufgehoben gilt, sodass bei Abfassung mehrerer Testamente ohne Datumsangabe eine große Unklarheit bestehen würde.

Weitere Informationen entnehmen Sie bitte dem Abschnitt „Widerruf von Testamenten", Seite 44ff.

Ergänzungen und Zusätze

Vielfach werden einem bereits fertig gestellten Testament später Zusätze hinzugefügt, zum Beispiel ein oder mehrere Vermächtnisse angeordnet. Falls eindeutig feststeht, dass diese Zusätze von der Unterschrift unter dem Ersttestament mit abgedeckt werden, bestehen keine Bedenken ob ihrer Gültigkeit. Um Probleme zu vermeiden, empfiehlt es sich jedoch, solche Zusätze gesondert zu unterschreiben und mit Datum zu versehen. Dieses Erfordernis besteht nicht bei bloßen Berichtigungen von Schreibfehlern oder vergleichbaren Änderungen.

Das Schreibpapier

Sollte gerade kein Schreibpapier zur Hand sein, so ist es zulässig, das Testament auf anderen Dokumenten niederzulegen; zum Beispiel in einem Brief, einer Postkarte oder sogar auf Packpapier. Entscheidend ist, dass die Eigenhändigkeit der Schrift und Unterschrift vorliegt und die Ernsthaftigkeit hinsichtlich des Testierens nachweisbar ist. Die bloße Ankündigung (beispielsweise in einem Brief) in bestimmter Weise testieren zu wollen, reicht nicht aus.

Checkliste
Eigenhändiges Testament

* Habe ich Schreibpapier?

* Eigenhändige handschriftliche Abfassung.

* Überschrift: „Mein letzter Wille".

* Ort und Datum; gegebenenfalls auf jeder Seite vermerken.

* Eigenhändige Unterschrift mit Vor- und Zunamen.

* Ist das Auffinden im Todesfall gesichert? Sonst öffentliche Verwahrung beim Nachlassgericht.

Aufbewahrung

Das eigenhändige Testament muss so gut verwahrt werden, dass es nach dem Tod auch von den richtigen Erben aufgefunden wird. Sollte dies nicht sichergestellt sein, empfiehlt sich die öffentliche Verwahrung beim Nachlassgericht.

Siehe hierzu den Abschnitt „Verwahrung von letzwilligen Verfügungen", Seite 60ff.

Das öffentliche Testament

Unter einem öffentlichen oder notariellen Testament versteht man ein vor einem Notar errichtetes Testament.

Beispiel: *Fritz Gabler steht vor der Frage, Erbansprüche von Kindern aus erster Ehe einwandfrei abwehren zu müssen. Eigentlich wollte er dies dadurch bewirken, dass er diese einfach mittels schriftlichen Testaments enterbt. Er hat jedoch Bedenken bekommen, ob er alles richtig macht und fragt seinen Freund Otto Ernst, was die Vorzüge eines notariellen Testaments sind.*

Fritz Gabler erfährt von seinem Freund, dass er bei guter notarieller Beratung nicht nur den Vorteil erlangt, dass der rechtlich einwandfreie Weg gewählt wird, sondern dass der Notar auch für den sichersten Weg der amtlichen Hinterlegung und Verwahrung Sorge trägt (§§ 2231ff. BGB).

Jeder deutsche Notar ist berechtigt, ein öffentliches Testament zu errichten. Er hat eine umfassende Belehrungspflicht, was bedeutet, dass er intensiv den Sachverhalt – das heißt im Wesentlichen die Erbsituation – erforschen und den im Einzelfall besten gewünschten Weg vorschlagen muss. Hierfür erhält er gesetzlich festgelegte Gebühren nach der Kostenordnung, die sich nach der Höhe des Gegenstandswertes richten. Dieser wiederum orientiert sich in der Regel am Wert des zu vererbenden Vermögens. Daher muss sich der Notar auf die Angaben des Mandanten verlassen, hat aber meistens eine Schätzungsgrundlage, weil ihm die Werte zum Zweck der richtigen Gestaltung des Testaments ohnehin mitgeteilt werden müssen.

Siehe hierzu auch „Die Funktion der Notare und Rechtsanwälte im Erbrecht", Seite 161f. sowie „Auszug aus der Kostenordnung", Seite 182ff.

Oftmals glauben Mandanten fälschlicherweise, dass die Gebühren steigen, je mehr Beratungsgespräche zur Vorbereitung des Testaments bei einem Notar erfolgen. Die gesamte Sachverhaltserforschung und Beratung einschließlich der Protokollierung des Testaments wird durch die Beurkundungsgebühr abgedeckt.

Beispiel: *Fritz Gabler hat ein Vermögen von DM 70.000,—. Er bespricht mit dem Notar Edgar Müller detailliert den richtigen Inhalt seines Testaments und protokolliert dies anschließend. Er erhält dafür folgende Kostenrechnung seines Notars:*

Notarielle Kostenrechnung

Geschäftswert:	DM	70.000,—
10/10 Gebühr gem. §§ 32, 47, 141 KostO	DM	200,—
Schreibauslagen gem. §§ 136, 152 KostO	DM	10,—
Telekommunikationsgebühr gem. §§ 137, 152 KostO	DM	4,20
	DM	214,20
15 % Mehrwertsteuer	DM	32,13
Sa.:	DM	246,33

Hinzu kommen die Hinterlegungskosten von einem Viertel des Geschäftswertes, mithin DM 50,—.

Beurkundung öffentlicher Testamente

Die Beurkundung des öffentlichen Testaments richtet sich nach dem Beurkundungsgesetz vom 28.08.1969. Der mündlich erklärte Wille des Erblassers wird vom Notar schriftlich niedergelegt. Die Urkunde wird dann vom Erblasser und vom Notar unterschrieben. Es bestehen Sonderregelungen für Erblasser, die taub sind oder nicht schreiben können. Im Fall der Gehörlosigkeit wird dem Erblasser die Niederschrift zum Lesen vorgelegt; er muss diese dann unterschreiben. In einem Fall von Analphabetismus muss ein Zeuge vom Notar hinzugezogen werden. Beim Testament eines ausländischen Erblassers muss der Notar einen Dolmetscher einschalten, wenn er die fremde Sprache nicht selbst einwandfrei beherrscht.

Übergabe einer Schrift

Es gibt noch eine andere Möglichkeit eines öffentlichen Testaments. Der Erblasser kann ein Schriftstück, welches er oder ein Dritter gefertigt hat, offen oder verschlossen dem Notar übergeben und erklären, dass diese

Schrift seinen letzten Willen enthalte. Dieses Schriftstück braucht vom Erblasser nicht eigenhändig unterschrieben zu sein. Es kann sich auch um eine maschinengeschriebene Schrift handeln. Der Notar nimmt in diesem Fall folgendes Protokoll auf:

„Verhandelt zu Wiesbaden

Vor mir, dem Notar Edgar Müller mit dem Amtssitz in Wiesbaden erschien heute, am 24. Mai 1997, Herr Fritz Gabler, geboren am........., wohnhaft in 65203 Wiesbaden, Müllerstraße 6 – von Person bekannt –.

Der Erschienene erklärte:

Ich will ein Testament durch Übergabe einer offenen Schrift errichten.

Der Erschienene ist nach meiner Überzeugung voll testierfähig. Sodann beurkunde ich auf Ersuchen des Erschienenen in dessen Anwesenheit was folgt:

Der Erschienene übergibt eine offene Schrift, die mit den Worten .... beginnt und mit den Worten...... endet.

Der Erschienene erklärte sodann vor mir:

„Die von mir übergebene Schrift enthält meinen letzten Willen".

Die Niederschrift wurde vom Notar dem Erschienenen vorgelesen, von diesem genehmigt und mit dem Notar eigenhändig unterschrieben:

gez. Fritz Gabler

gez. Edgar Müller, Notar"

Bei amtlich - verwahrten Testamenten erfolgt garantiert eine Benachrichtigung der Erben.

Der Notar steckt das Testament dann in einen amtlichen Umschlag, der mit seinem Amtssiegel verschlossen wird. Das Testament wird danach in amtliche Verwahrung beim Nachlassgericht gegeben. Hierüber erhält der Erblasser eine Hinterlegungsbescheinigung. Er erhält natürlich zudem auf Wunsch eine Fotokopie des notariellen Testaments. Da über die amtliche Verwahrung auch das zuständige Geburtsstandesamt des Erblassers benachrichtigt wird, ist im Todesfall sichergestellt, dass das hinterlegte Testament eröffnet wird und eine Benachrichtigung der Erben erfolgt.

Verwahrung eines handschriftlichen Testaments

Gänzlich anders ist der Sachverhalt, wenn ein handschriftliches Testament einem Notar lediglich in Verwahrung gegeben wird. In diesem Falle trifft den Notar keinerlei Verantwortung für den Inhalt des Testaments oder die Beachtung von Formvorschriften. Sollte ein solches Testament formungültig sein, so wird dies durch die Tatsache, dass es bei einem Notar verwahrt war, nicht ausgeglichen. Für den Fall, dass der Notar mit der Errichtung des Testaments beauftragt war, trägt er die volle Verantwortung auch gegenüber den in diesem Testament bedachten Erben, falls das Testament formungültig war und diese somit ihr Erbe nicht erhalten.

Siehe hierzu auch das Kapitel „Die Verwahrung von letzwilligen Verfügungen", Seite 60ff.

Das Nottestament

<u>Beispiel:</u> *Sven Lehmann fährt auf die Malediven. Er will seiner Freundin, Tanja Wilms, imponieren und surft weit auf das offene Meer hinaus. Er wird von einem Hai angefallen und stirbt später an seinen Verletzungen. Noch kurz vor seinem Tod hat er mündlich zwei Freunden seinen letzten Willen sein Vermögen betreffend mitgeteilt.*

Dieses Testament ist unwirksam. Der Gesetzgeber sieht Erleichterungen bezüglich der Form von Testamenten lediglich für zwei Arten von Nottestamenten vor:

* Falls sich der Erblasser in unmittelbarer Todesgefahr befindet oder an einem abgesperrten Ort, sodass die Errichtung eines ordentlichen Testaments oder das Aufsuchen eines Notars nicht möglich ist, kann das Testament entweder vor einem Bürgermeister oder mündlich vor drei Zeugen errichtet werden.
* Falls ein Bürgermeistertestament noch möglich ist, muss dieser eine Niederschrift aufnehmen und zwei Zeugen hinzuziehen. Dies geschieht entweder durch mündliche Erklärung vor dem Bürgermeister oder Übergabe einer Schrift an diesen mit der Erklärung, dass dies der letzte Wille sei. Diese Testamentsform ist dem öffentlichen Notar-

*Ein Bürger-
meistertestament
tritt außer Kraft,
wenn der Erb-
lasser danach
noch drei Monate
gelebt hat
(§ 2252 BGB).*

testament nachgebildet. Der Bürgermeister muss gemäß § 2249 BGB ein Protokoll errichten und insoweit bestimmte Formalien und Inhaltsangaben beachten. Fehler bei der Errichtung sind dann unbeachtlich, wenn zweifelsfrei feststeht, wer der Erblasser und was der letzte Erblasserwille war. Als Zeugen kommen Personen nicht in Betracht, die in dem Testament bedacht wurden oder Testamentsvollstrecker sein sollen. Das so genannte Dreizeugentestament ist immer dann noch möglich, wenn auch ein Bürgermeistertestament nach den Umständen der Situation ausscheidet. Verwandte und Ehegatten scheiden hierfür als Zeugen aus. Auch die Zeugen müssen über die Testierung ein Protokoll errichten.

* Die Fälle, in denen das Nottestament auch in Betracht kommt, nämlich der Aufenthalt an einem Ort, der infolge außerordentlicher Umstände so abgesperrt ist, dass die Errichtung eines Testaments vor einem Notar nicht möglich oder erheblich erschwert ist, sind nicht nur Extremfälle wie Lawinenunglücke, Überschwemmungen, Feuersbrünste oder in Höhlen eingeschlossen sein, sondern zum Beispiel auch eine besonders schwere Krankheit im Urlaub.

*Das Seetesta-
ment verliert seine
Gültigkeit, wenn
der Erblasser
danach noch drei
Monate lebt.*

Schließlich gibt es noch eine weitere außerordentliche Testamentsform, die kein eigentliches Nottestament ist: das Seetestament (§ 2251 BGB). Wer sich während einer Seereise an Bord eines deutschen Schiffes außerhalb eines inländischen Hafens befindet, kann ebenfalls mündlich ein Testament vor drei Zeugen machen.

Die Gültigkeit von Nottestamenten

Sowohl das Bürgermeistertestament als auch die übrigen Nottestamente und das Seetestament verlieren ihre Gültigkeit, wenn der Erblasser danach noch drei Monate lebt. Es muss dann gegebenenfalls ein neues Testament in ordentlicher Testamentsform errichtet werden oder, wenn dessen Voraussetzungen immer noch vorliegen sollten, ein neues Nottestament. Da bei der heutigen Internationalisierung häufig Notsituationen eintreten können, bei denen nur Zeugen vorhanden sind, die Ausländer sind, muss außerdem beachtet werden, dass das Protokoll auch in einer Fremdsprache abgefasst sein kann, solange der Erblasser und die Zeugen diese Sprache beherrschen.

Das Behindertentestament

<u>Beispiel:</u> *Roland Trollmann hat zwei Kinder, Oliver und Sven. Oliver ist behindert. Sven ist ein gesundes Kind. Oliver ist in einem Heim unter-gebracht und erhält Unterstützung und Kostenerstattung vom Träger der Sozialhilfe. Roland möchte seinen Nachlass im Wesentlichen Sven ver-machen, da dieser hiervon mehr Nutzen hat und Oliver versorgt ist. Er befürchtet, dass dies sittenwidrig ist, weil dem Sozialamt dadurch Werte entzogen werden.*

Eine völlige Enterbung des behinderten Kindes mit Pflichtteilsverzicht würde sicher nach der gängigen Rechtsprechung nicht anerkannt wer-den. Dennoch dürfen die Eltern hinsichtlich ihrer Testierfähigkeit nicht anders als nach dem Gesetz eingeschränkt werden. Danach darf jeder seine gesetzlichen Erben auch von der Erbschaft ausschließen. Den Pflichtteilsberechtigten kann deren Pflichtteil jedoch – abgesehen von Ausnahmefällen – nicht entzogen werden.

Es hat sich in der Praxis ein so genanntes „Behinderten-testament" entwickelt, welches dieser Situation gerecht wird und Anerkennung finden dürfte. Es beruht auf einer Vor- und Nacherbregelung, wonach das behinderte Kind zum Vorerben und das gesunde Kind zum Nacherben er-nannt wird; bestimmte Klauseln werden hinzugefügt. Der Erbanteil des behinderten Kindes braucht nicht höher als der Pflichtteil zu sein. Hierbei riskiert man jedoch, dass das Sozialamt die Erbansprüche auf sich „überleitet",

Zum Pflicht-teilsrecht im Allgemeinen und zum Entzug des Pflichtteils im Besonderen siehe Seite 128ff. bzw. 137f.

dann den Erbteil des behinderten Kindes ausschlägt und den Pflichtteil verlangt. Besser wäre in derartigen Fällen eine Vermächtnislösung ver-bunden mit einer Testamentsvollstreckerregelung. Ein solches Testa-ment ist äußerst kompliziert und bedarf insoweit eingehender rechtli-cher Beratung und Belehrung durch einen Rechtsanwalt oder Notar, der sich mit diesen speziellen Testamentsformen wirklich auskennt.

Was kann Inhalt eines Testaments sein?

Grundsätzlich kann jede Nachlassregelung in ein Testament aufgenommen werden. Die wichtigsten denkbaren Regelungen werden im folgenden Kapitel anschaulich zusammengefasst.

Grenze der Testierfähigkeit

Bevor wir uns jedoch dem Inhalt eines Testaments im Detail zuwenden, müssen unbedingt die Grenzen der Testierfähigkeit verdeutlicht werden, die der Gesetzgeber eindeutig gezogen hat.

Anordnungen, die gegen bestehende Gesetze verstoßen (§ 134 BGB) oder sittenwidrig sind (§ 138 BGB), sind unzulässig. Die freie Testiermöglichkeit bis zum Tod darf jedoch nicht eingeschränkt werden. Das heißt, niemand kann sich verpflichten, ein bestimmtes Testament mit einem bestimmten Inhalt zu errichten. Wer dennoch auf diese Zusage vertraut, kann entsprechend § 138 BGB keinen Schadensersatzanspruch herleiten und auf Einhaltung der Zusage bestehen; diese ist nichtig.

Achtung!

Der Gesetzgeber sieht einige eng begrenzte Ausnahmen vor, die in Form von Bedingungen, insbesondere bei Vermächtnissen und Auflagen, gegebenenfalls bei einem Rechtsberater oder Notar zu erfragen sind.

Ebenso wenig kann die Testierfähigkeit dadurch beschränkt werden, dass der Erblasser testamentarisch einer anderen Person die Entscheidung überlässt, ob das Testament überhaupt gelten, wer Erbe sein oder was ein bestimmter Erbe erhalten soll. Das Bestimmungsrecht kann auch nicht einem Testamentsvollstrecker überlassen werden.

Zur Verdeutlichung der Gesetzeslage seien einige Beispiele erwähnt:

Beispiel 1: Der Unternehmer Philipp Senkel hat mehrere Söhne, die er zu Erben einsetzen will. Er weiß nicht, wer sich zur Fortführung der Firma eignet und sucht nach einer Lösung, damit die Firmennachfolge nicht dem Zufall überlassen bleibt.

In diesem Fall bietet sich die Lösung an, dass er den Personenkreis, der für die Firmennachfolge in Betracht kommt, testamentarisch festlegt und es dann einem Testamentsvollstrecker überlässt (siehe Seite 140ff.), nach seinem Tod den Geeigneten auszusuchen. Dies hält einer Wirksamkeitskontrolle nur dann stand, wenn die Auswahlkriterien, die der Testamentsvollstrecker beachten muss, vom Erblasser genau festgelegt werden.

Beispiel 2: *Roland Trollmann wendet seiner Tochter Carola ein Hausgrundstück zu, unter der Bedingung, dass diese eine bestimmte Person heiratet oder mindestens vier Kinder bekommt.*

Diese Klauseln sind unwirksam. Die Rechtsfolgen daraus sind nicht ohne weiteres klar. Was dann gilt, muss anhand des gesamten Testaments ermittelt werden und bedarf eingehender Rechtsberatung.

Checkliste Testamentsinhalt

* Erbeinsetzung
* Enterbung, Pflichtteilsentziehung
* Vor- und Nacherbschaft
* Normales Ehegattentestament
* Berliner Testamentsregelung
* Vermächtnisse
* Auflagen
* Teilungsanordnungen
* Beschränkungen des Pflichtteils in guter Absicht
* Testamentsvollstreckung
* Vollmachtserteilung
* Bestimmungen über Bestattung
* Zuwendungen von wiederkehrenden Leistungen, z.B. Rente oder Nießbrauch
* Patiententestament
* Widerruf von Testamenten

Beispiel 3: *Helmut Brand setzt unter Übergehung seiner Ehefrau und Kinder seine jüngere Schwester zur Alleinerbin ein, weil diese ihm im Alter besonders zur Seite stand.*

Derartige Testamente sind zulässig, selbst wenn ein wesentlicher Teil des Nachlasses aus Schenkungen der Ehefrau herrührte, da die Testierfähigkeit insoweit ihre Schranken lediglich an den Pflichtteilsrechten (siehe Seite 128ff.) der Familie findet.

Die Erbeinsetzung

Vor der Errichtung einer letztwilligen Verfügung stellt sich natürlich die Frage, wer eigentlich Erbe sein kann.

Beispiel: *Franz Knoll und seine Frau Else sind unzufrieden mit der Entwicklung ihrer Kinder. Diese kümmern sich überhaupt nicht um die Familie, vernachlässigen die Eltern völlig und prahlen andererseits unter Freunden, dass sie einmal ein großes Erbe antreten werden. Franz und Else möchten wissen, ob sie nicht einen Teil ihres Vermögens einer Organisation, Stiftung o.Ä. hinterlassen können.*

Sie erfahren aufgrund ihrer Recherchen, welche Erbeinsetzungen grundsätzlich möglich sind. Das Gesetz bestimmt, dass mit dem Tod einer Person deren Vermögen auf eine oder mehrere Personen übergeht, und zwar entweder kraft gesetzlicher oder letztwilliger Erbfolge. Es dürfen sowohl natürliche Personen als auch so genannte juristische Personen als Erben eingesetzt werden.

Grundsätzlich dürfen sowohl natürliche als auch juristische Personen als Erben eingesetzt werden (§§ 1–12 und 21–89 BGB).

Juristische Personen sind zum Beispiel eine Gesellschaft (GmbH, Aktiengesellschaft), ein Verein, eine Stiftung o.Ä. Auch eine Gemeinde, eine Stadt oder eine sonstige öffentliche Körperschaft kann Erbe sein. Bei juristischen Personen ist jedenfalls deren Rechtsfähigkeit erforderlich. Wenn diese nicht gegeben ist, wie beispielsweise bei einem nicht im Vereinsregister eingetragenen Tierschutz- oder Sportverein, so sind in der Regel die Mitglieder dieses Vereins als bedacht anzusehen, allerdings mit der Auflage, die Erbschaft dem Vereinszweck zuzuführen. Daraus folgt, dass Tiere nicht Erbe sein können. Wenn also jemand aus besonderer Tierliebe ein Testament dahingehend abfasst, dass sein gesamter Nachlass seinem getreuen Hund Felix zukommen soll, so wäre diese Erbeinsetzung unwirksam. Es ist dann eine Frage der Auslegung eines deratigen Testaments, ob wenigstens der gesamte Nachlass dem Tierschutzverein zufällt oder, was in jedem Fall gelten dürfte, dass die gesetzliche Erbfolge mit der Auflage eintritt, dass die Erben den Hund Felix lebenslang pflegen und behüten müssen.

Bei natürlichen Personen ist die einzige Voraussetzung, dass der Bedachte zumindest gezeugt – wenn auch noch nicht geboren – sein muss.

Die Teilungsanordnung

Wenn mehrere gesetzliche Erben vorhanden oder mehrere – natürliche oder juristische – Personen zu Erben eingesetzt sind, werden diese im Erbfall zu bestimmten Teilen zu Gesamtrechtsnachfolgern. Das heißt, dass die eingesetzten Erben gemeinsam am hinterlassenen Vermögen beteiligt sind.

Die so genannte Gesamtrechtsnachfolge wird in § 1922 BGB normiert.

Beispiel 1: *Artur Groß ist Witwer und hat vier Kinder. Er hat ein zu vererbendes Einzelhandelsgeschäft, mehrere Grundstücke und Wertpapiere. Er möchte keines der Kinder bevorzugen und daher jedem ein Viertel des Vermögens vererben. Er will jedoch sicherstellen, dass das Geschäft an den Sohn Thomas und ein besonders schönes Grundstück an die Tochter Ulrike fällt. Kann er dies erreichen?*

Ja, wenn er sein Testament richtig gestaltet und die Struktur des Nachlasses eine solche Vermögensaufteilung unter Beibehaltung der Erbquoten ermöglicht.

Das Testament von Artur Groß müsste zunächst die grundsätzliche Erbeinsetzung der vier Kinder mit einer Quote von je einem Viertel anordnen. Die gewünschte Vermögensaufteilung unter den Erben kann Artur Groß dann durch eine so genannte Teilungsanordnung erreichen.

Achtung! Bei der Abfassung von Testamenten ist größte Vorsicht geboten.

Jeder Erblasser kann im Rahmen der von ihm festgelegten Erbquoten der Miterben Anordnungen hinsichtlich der Auseinandersetzung einzelner Nachlassgegenstände treffen. Er kann auch bezüglich einzelner Gegenstände (zum Beispiel eines Unternehmens oder eines Jagdgrundstücks) die Auseinandersetzung verbieten – eventuell für einen bestimmten Zeitraum. Häufig ist die Abgrenzung zwischen Vermächtnis und Teilungsanordnung schwierig.

<u>Beispiel 2:</u> *Artur Groß hat in seinem Testament nach Festlegung der Erb-*
quoten von je einem Viertel Folgendes verfügt: „Das Einzelhandelsge-
schäft soll mein Sohn Thomas in jedem Fall erhalten."

Hier ist zweifelhaft, ob Thomas dieses Geschäft unabhängig von seiner
Erbquote, also ohne Anrechnung auf diese – als so genanntes „Voraus-
vermächtnis" – erhalten soll, sodass er an dem danach verbleibenden
Nachlass immer noch zu einem Viertel partizipiert, oder ob Thomas das
Geschäft in Anrechnung auf seine Erbquote erhalten soll.

Wie wichtig diese Klarstellung ist, zeigt sich an folgendem Grundsatz:
Eine Teilungsanordnung ist unwirksam, wenn dadurch der betreffende
Miterbe mehr erhalten würde, als ihm gemäß seiner Erbquote zusteht. Der Erblasser muss also bei Verfügung einer Teilungsanordnung vorher anhand der Nachlasswerte genau ausrechnen, dass der einem Erben zugedachte Gegenstand wertmäßig dessen Erbquote entspricht. Andernfalls wäre die Teilungsordnung unwirksam. Oder der Erblasser müsste gegebenenfalls diese Erbquote entsprechend erhöhen.

Achtung!

Die Teilungsanordnungen können von den jeweils bedachten Erben gegebenenfalls klageweise durchgesetzt werden. Die anderen Erben können sich darüber nicht hinwegsetzen. Allerdings können sich nach dem Erbfall sämtliche Erben einvernehmlich über eine Teilungsanordnung hinwegsetzen und den Nachlass anders aufteilen.

Die Vor- und Nacherbschaft

Wenn der Erblasser den Verbleib seiner Hinterlassenschaft über mehrere Generationen oder unterschiedliche Erben hintereinander lenken möchte, sieht der Gesetzgeber die Möglichkeit der so genannten Vor- und Nacherbschaft vor.

<u>Beispiel:</u> *Hubert Heim und seine Ehefrau Marianne möchten vermeiden,*
dass ihre Schwiegertochter, die Ehefrau ihres als Alleinerben vorgese-

henen Sohnes, nach dessen Tod das Erbe erhält, da sie dieser miss-
trauen. Stattdessen wollen sie, dass in diesem Fall der Nachlass auf die
Kinder des Sohnes, also ihre Enkel, übergeht.

Sie können dies durch die Anordnung einer Vor- und Nacherbschaft erreichen, indem sie ihren Sohn zum Vorerben und die Enkel zu Nacherben einsetzen. Der Nacherbe ist somit ein Vollerbe, aber nicht in Erbengemeinschaft mit dem Vorerben, also zu gleicher Zeit mit diesem, sondern nachgeschaltet (hintereinander). Da auch der Vorerbe ein Vollerbe ist, fragt sich, wie die Erbschaft des Nacherben überhaupt gesichert ist bzw. ob der Vorerbe nicht den Nachlass völlig verbrauchen, verschenken oder veräußern kann.

Zur Definition und Regelung von Vor- und Nacherbschaft siehe §§ 2100ff. BGB.

Sicherung des Nacherbes

Für diesen Fall hat der Gesetzgeber eine gewisse Vorsorge getroffen. Man unterscheidet zwischen dem nicht befreiten und dem befreiten Vorerben.

Der nicht befreite Vorerbe unterliegt folgenden Einschränkungen, die zu dem Zweck geschaffen wurden, den Nachlass möglichst ungeschmälert dem Nacherben zukommen zu lassen (vgl. §§ 2112ff. BGB):

Achtung!

Der Erblasser kann und sollte unbedingt im Testament anordnen, ob es sich um einen befreiten oder einen nicht befreiten Vorerben handelt. Wenn insoweit keine Anordnung getroffen wurde, handelt es sich stets um einen nicht befreiten Vorerben.

* Im Einzelnen darf der Vorerbe keine Schenkungen aus dem Nachlass und keine Verfügungen über Grundstücke oder grundstücksgleiche Rechte (zum Beispiel Grundschulden, Hypotheken, Reallasten) vornehmen.
* Ferner hat er folgende Verpflichtungen: Er muss auf Verlangen des Nacherben bestimmte Wertpapiere hinterlegen und Geld mündelsicher, das heißt nur bei bestimmten Banken und in bestimmten gesetzlich vorgeschriebenen Werten, anlegen (vgl. §§ 1806ff. BGB).

Das BGB schränkt das Verfügungsrecht des Vorerben eng ein.

Daraus ergibt sich, dass mit diesen Einschränkungen de facto ein Verwertungs- und Veräußerungsverbot hinsichtlich des Nachlasses für den Vorerben besteht. Ihm ist praktisch nur gestattet, die Erträge des Nachlasses, also im Wesentlichen Zins- und Mieteinnahmen, zu verbrauchen.

Entziehung der Nachlassverwaltung

Sollte der Vorerbe hiergegen verstoßen und den Erhalt des Nachlasses in seiner Substanz gefährden, kann der Nacherbe jederzeit Sicherheit vom Vorerben verlangen und ihm gegebenenfalls die Verwaltung des Nachlasses gerichtlich entziehen lassen. Insoweit hat der Nacherbe gegenüber dem Vorerben einklagbare Auskunftsansprüche hinsichtlich der Verwaltung des Nachlasses. Sollte jedoch bereits eine gesetzeswidrige Veräußerung von Nachlassgegenständen durch den Vorerben erfolgt sein, so kann der Nacherbe zum Zeitpunkt des Nacherbfalles Ersatzansprüche gegen die sonstigen Erben des Vorerben geltend machen. Sollten diese mangels eigenen Vermögens nicht realisierbar sein, wäre der Schaden allerdings endgültig, woraus folgt, dass auch die Vorerbschaft trotz der gesetzlichen Einschränkungen immer mit Risiken für den Nacherben verbunden ist.

Achtung!

Sie sollten als Nacherbe unbedingt darauf achten, dass der Nacherbenvermerk auch wirklich in das Grundbuch eingetragen wird. Dies ist gegebenenfalls durch Einschaltung eines Anwalts oder Notars sicherzustellen.

Vor- und Nacherbschaft von Grundstücken

Hinsichtlich Grundstücken besteht im Rahmen der Vor- und Nacherbschaftsregelungen eine wirksame Sperre. Bereits nach Eintritt des Vorerbfalles wird die Rechtsposition des Nacherben in Form der Eintragung eines Nacherbenvermerks in das Grundbuch gesichert; das heißt, dadurch kann niemand mehr gutgläubig oder gegen den Willen des Nacherben dieses Grundstück erwerben.

Rechte des befreiten Vorerben

Wenn der Erblasser anordnet, dass der Vorerbe befreit ist, so unterliegt dieser mit einer Ausnahme nicht den vorgenannten Beschränkungen und kann über den Nachlass ohne Rücksicht auf den Nacherben frei verfügen. Ob eine solche Befreiung wirklich gewollt ist, muss bei unklaren Formulierungen ermittelt werden. Zuweilen findet sich die Anordnung, dass der Nacherbe nur noch das erhalten soll, was zum Zeitpunkt des Nacherbfalles noch übrig ist. Eine solche Klausel ist im Zweifel dahingehend auszulegen, dass der Vorerbe im gesetzlichen Sinne befreit sein soll.

Verbot von Schenkungen

Die Ausnahme bezüglich der Befreiungsmöglichkeiten des Vorerben bilden die Schenkungen. Von dem Verbot der Schenkungen kann somit der Vorerbe nicht befreit werden. Davon dürfte auch der Fall erfasst sein, dass der Nachlass regelrecht absichtlich zum Nachteil des Nacherben durch den Vorerben vermindert wird. Mithin haftet der Vorerbe dem Nacherben auf Schadensersatz bei Schenkungen und absichtlichen Vermögensminderungen, auch wenn es sich um einen befreiten Vorerben handelt.

Wenn kein Nacherbe bestimmt wurde

Es gibt auch Fälle, in denen vom Erblasser lediglich ein Vorerbe, aber kein Nacherbe bestimmt wurde.

Beispiel: *Franz Stark möchte seine Ehefrau nur zur Vorerbin einsetzen, weil er gehört hat, dass diese dann den Nachlass nicht nach Belieben verbrauchen kann. Er vergisst, zu bestimmen, wer Nacherbe sein soll.*

Hier gibt das Gesetz eine Auslegungshilfe und bestimmt, dass in diesem Fall die gesetzlichen Erben als Nacherben zum Zuge kommen. Dies bedeutet demnach, dass gegebenenfalls die Kinder oder sonst die nächstfolgenden Erben die Nacherben werden und dass die Ehefrau diesen gegenüber die Verpflichtungen des Vorerben beachten muss.

Der Ersatzerbe

Unter Ersatzerben versteht man diejenige Personen, die zum Zuge kommen, falls ein anderer vom Erblasser eingesetzter Erbe entweder vor oder nach dem Erbfall wegfällt. Dieser ist keinesfalls mit dem Nacherben zu verwechseln, da bei der Nacherbschaft ja der Vorerbe zunächst einmal Erbe geworden ist.

Beispiel: *Franz Stark, der kinderlos ist, hat sich entschieden, seine Ehefrau als Vollerbin einzusetzen. Er hat aber nicht bedacht, dass diese wegen einer Krankheit vor ihm sterben könnte. Nachdem dies eingetreten ist, hat er vergessen, sein Testament zu ändern. Dadurch werden – was er nicht gewollt hatte – nach seinem Tod seine ungeliebten Geschwister die gesetzlichen Erben.*

Dies ist der häufig eintretende Fall, dass der erstberufene Erbe vor Eintritt des Erbfalles (nämlich desjenigen von Franz Stark) wegfällt. Denkbar wäre auch der Fall, dass der Haupterbe nach dem Eintritt des Erbfalles wegfällt, indem er zum Beispiel die Erbschaft ausschlägt und dadurch gar nicht Erbe wird. Franz Stark hätte dies in unserem Beispiel verhindern können, indem er zusätzlich angeordnet hätte, dass als Ersatzerbe seiner Frau der von ihm favorisierte Freund Felix Treu eingesetzt wird.

Siehe hierzu auch das Kapitel „Annahme und Ausschlagung einer Erbschaft", Seite 96ff.

Das Vermächtnis

Oft wird im allgemeinen Sprachgebrauch formuliert: „Ich vermache Dir mein Haus, mein Auto etc." Damit ist noch in keiner Weise ausgesagt, ob die betreffende Person als Erbe eingesetzt werden soll oder ob jemand anderer Erbe wird, „dieses Haus, dieses Auto etc." aber als Vermächtnis einer dritten Person zustehen soll.

Beispiel: *Opa Josef Leicht hat immer gut gelebt und sich ein kleines Vermögen erarbeitet. Er will dieses als treu sorgender Ehemann und Vater*

auch im Wesentlichen seiner Familie zukommen lassen. Aber einen wert-
vollen Damenring aus Familienbesitz soll doch seine langjährige Freun-
din aus der Jugendzeit, Anita, erhalten. Er ordnet somit an, dass dieser
Ring im Erbfall Anita zustehen soll.

Hierbei handelt es sich um ein klassisches Vermächtnis zu Gunsten von Anita. An diese Anordnung sind die Erben gebunden. Es handelt sich diesen gegenüber um einen schuldrechtlichen Anspruch des Begünstigten, der bei Weigerung der Erben von dem Vermächtnisnehmer gerichtlich eingeklagt werden kann. Daraus folgt also, dass dieser Vermächtnisgegenstand nicht wie ein „Erbe" automatisch auf den Begünstigten übergeht, sondern vielmehr zunächst zur Erbmasse gehört und aus dieser „herausgefordert" werden muss. Als Vermächtnis können alle Arten von Vermächtnisgegenständen in Betracht kommen; auch Rechte oder Forderungen können zu Vermächtnissen werden. Lediglich höchstpersönliche Sachen, wie beispielsweise personenbezogene Nutzungsrechte (Nießbrauch) oder Namensrechte bzw. Titel können nicht „vermacht" werden.

Durch ein Testament kann der Erblasser einer Person einen Vermögensvorteil zuwenden, ohne sie als Erbe einzusetzen (§ 1939 BGB).

Rentenzahlungen und Nutzungsrechte

Rentenzahlungen oder die Neubegründung eines Nutzungsrechts (Nießbrauch) am Erbe können ebenfalls Vermächtnis sein.

Zur Besteuerung von Nutzungsrechten siehe §§ 23ff. ErbStG.

Beispiel: *Hugo Frankenfeld will seine Firma seinem Sohn Lars Oliver als Alleinerben übertragen. Er möchte aber, dass seine Ehefrau Gudrun für deren gesamtes Leben aus dem Unternehmen Unterhaltszahlungen in Form der Erträge dieser Firma erhält. Hier bietet sich an, dass Hugo für seine Ehefrau einen lebenslänglichen Nießbrauch an der Firma in Form eines Vermächtnisses anordnet. Dann wird Lars Oliver Vollerbe und wird sicher zu Lebzeiten der Mutter als Inhaber der Firma gute Bezüge erhalten. Die Gewinne der Firma stehen jedoch der Mutter zu deren Lebzeiten aufgrund des Nießbrauchs allein zu.*

Checkliste Vermächtnisarten

Nachstehende Vermächtnisarten sind

gebräuchlich und zulässig:

* Vorausvermächtnis

* Nießbrauchsvermächtnis

* Erlassvermächtnis

* Wahlvermächtnis

* Verschaffungsvermächtnis

* Gattungsvermächtnis

* Zweckvermächtnis

* Bedingtes Vermächtnis

* Gemeinschaftsvermächtnis

* Quotenvermächtnis

* Untervermächtnis

* Nachvermächtnis

Sodann gibt es noch zwei gesetzliche Vermächtnisse: den Ehegattenvoraus und den so genannten Dreißigsten.

Der Unterschied zur Vorerbschaft liegt darin, dass der Vermächtnisnehmer nicht der (gegebenenfalls beschränkte) „Alleineigentümer" des Nachlasses wird, der nur Rücksicht auf einen Nacherben nehmen muss. Er erhält nur einen Anspruch auf die Erträge des Nachlasses.

Erlassvermächtnis

Gegenstand eines Vermächtnisses kann auch die Befreiung von einer Schuld sein (Erlassvermächtnis).

Beispiel: *Ernst Zacher hat bei seinem Freund Otto März Schulden in Höhe von DM 10.000,—, die ihm als Darlehen gestundet werden. In seinem Testament sieht März später vor, dass eine bei seinem Tod gegebenenfalls noch bestehende Restschuld von Zacher erlassen sein soll.*

Dies ist ein zulässiges und wirksames Vermächtnis, was zur Folge hat, dass die Erben von Otto März diese Darlehensforderung nicht mehr gegen Zacher geltend machen können.

Wahlvermächtnis

Eine weitere Nachlassform ist das so genannte Wahlvermächtnis.

Beispiel: *Gustav Eberfeld besitzt eine teure Golfausrüstung sowie ein Reitpferd. Da sich seine Kinder für Sport nicht interessieren, will er seinem Sportsfreund Manfred Schnorrer wahlweise als Vermächtnis eines von beiden zukommen lassen, also entweder die Ausrüstung oder das Pferd.*

Es ist zulässig, einem Vermächtnisnehmer insoweit die Wahl zu überlassen. Die Auswahl kann außerdem auch einem Dritten überlassen werden. Sollte der vermachte Gegenstand sich zum Beispiel wegen eines Diebstahls nicht mehr im Nachlass befinden, tritt an dessen Stelle der Ersatzanspruch. Hat der Erblasser jedoch noch zu Lebzeiten den Gegenstand veräußert, tritt der Kaufpreis nicht an die Stelle des Vermächtnisses, ausgenommen der Erblasser hätte dies ausdrücklich angeordnet.

Ein Wahlvermächtnis bedeutet, dass der Bedachte aus mehreren Gegenständen nur den einen oder anderen auswählen kann (vgl. § 2154 BGB).

Verschaffungsvermächtnis

Ferner gibt es ein so genanntes Verschaffungsvermächtnis.

Beispiel: Gustav Eberfeld möchte seinem Sportsfreund Manfred Schmidt einen Gefallen tun. Er ordnet an, dass seine Erben aus dem Nachlass eine bestimmte, von Schmidt heiß begehrte Golfausrüstung beschaffen und ihm diese zukommen lassen sollen.

Dies ist zulässig. Ein Verschaffungsvermächtnis bezieht sich auf einen Vermögensgegenstand, der nicht zum Nachlass gehört und den die Erben erst beschaffen müssen. Hier gibt es natürlich unter Umständen Schwierigkeiten, wenn die Verschaffung entweder unmöglich oder jedenfalls äußerst schwierig ist. Angenommen, der Erblasser bestimmt, dass als Vermächtnis eine bestimmte Originalaufnahme eines Konzerts beschafft werden soll. Falls dies unmöglich ist, wäre das Vermächtnis unwirksam. Bei einer sehr schwierigen Beschaffungsmöglichkeit (zum Beispiel einer besonders wertvollen Briefmarke) kann der Vermächtnisnehmer unter Umständen Wertersatz von den Erben verlangen.

Ist ein Verschaffungsvermächtnis angeordnet, so müssen die Erben den Anordnungen jedenfalls Folge leisten (vgl. §§ 2169 und 2170 BGB).

Weitere Vermächtnisformen

Es gibt außerdem noch weitere Vermächtnisformen, wie das Gattungsvermächtnis (Bezeichnung für eine Art oder Menge einer Gattung; zum

Beispiel drei Tennisschläger), das Zweckvermächtnis (Anordnung für einen bestimmten Zweck; zum Beispiel Hauskauf), das bedingte Vermächtnis (zum Beispiel Zuwendung eines Hauses unter der Bedingung, dass die darauf lastenden Schulden und Aufwendungen den Erben erstattet werden), ferner das Gemeinschaftsvermächtnis (wenn mehrere einen Gegenstand gemeinsam als Vermächtnis erhalten) sowie das Quotenvermächtnis (ein dem Erbteil bei gesetzlicher Erbfolge entsprechender Barbetrag) und das Untervermächtnis (hier ist ein Vermächtnisnehmer beschwert, aus seinem Vermächtnis ein anderes Vermächtnis zu erfüllen; zum Beispiel Erträge aus einem vermachten Mietshaus an einen anderen abführen) und schließlich das Nachvermächtnis (entspricht der Nacherbschaft).

Zum Ehegattenvoraus und Dreißigsten siehe auch die entsprechenden Abschnitte, Seite 106f. bzw. 112f.

Mehrere Personen als Vermächtnisnehmer

Wenn ein Erblasser mehrere Personen wahlweise als Vermächtnisnehmer einsetzt, können naturgemäß Probleme im Rahmen der Erbauseinandersetzung entstehen.

Beispiel: *Max Stein hat ein wertvolles Piano. Er testiert, dass dieses als Vermächtnis entweder seiner Schwester Lisa oder seinem Bruder Egon zustehen soll, in der Hoffnung, dass diese sich richtig streiten.*

Vermächtnisnehmer können – schwieriger als bei der Erbeinsetzung – auch noch nicht gezeugte Personen sein: z.B. erhoffte Enkel oder Urenkel.

Der Streit nutzt den Geschwistern nichts. Bei Uneinigkeit der beiden Vermächtnisnehmer entscheiden die Erben, wer das Piano bekommen soll (§ 2152 BGB).
Häufig ist die Abgrenzung zwischen einer Erbeinsetzung und einem Vermächtnis äußerst schwierig. Es gilt daher folgender Grundsatz: Wenn der Erblasser lediglich einen Bruchteil seines Gesamtvermögens einer Person zugewendet hat, so ist diese Erbe geworden; wenn dem Bedachten nur einzelne Gegenstände aus dem Nachlass zugewendet wurden, ist dieser als Vermächtnisnehmer anzusehen (§ 2087 BGB).

Ausnahmen

Auch hier gibt es allerdings Ausnahmefälle.

Beispiel: *Jan Rauscher hat ein wertvolles unbelastetes Haus (Wert: DM 1,5 Mio.) und eine Wohnung, die allerdings mit DM 500.000,— belastet ist; dieses Darlehen besteht bei seinem Tode noch. Die Wohnung ist auch nur ca. DM 500.000,— wert. Da er unverheiratet ist, setzt er seine Freundin, Nicole Biedermann, als Alleinerbin ein, setzt aber seiner noch besseren Freundin, Antje Moll, das Haus als Vermächtnis aus.*

In diesem Fall wird der Nachlass durch das Vermächtnis praktisch ausgehöhlt und Antje kann sich freuen. Sie wird im Zweifel als Erbin behandelt und Nicole erhält faktisch die durch Belastungen wertmäßig ausgehöhlte Wohnung als Vermächtnis, was sie natürlich ausschlagen kann.

Siehe dazu auch das Kapitel „Annahme und Ausschlagung einer Erbschaft", Seite 96ff.

Die Auflage

Die Auflage als erbrechtliches Rechtsinstitut ist das schwächste Mittel, einer Person etwas zuzuwenden. Sie dient dazu, ohne einer dritten Person etwas zuzuwenden, die Erben mit einer bestimmten Verpflichtung zu belasten.

Beispiel: *Der Mäzen Alfons Freund hinterlässt ein großes Vermögen. Er ordnet testamentarisch an, dass seine Erben ein Museum bauen lassen sollen, welches der Gemeinde zur Förderung der Kunst zu überlassen ist.*

Dies ist eine Auflage, die sich an die Erben richtet und ausnahmsweise von der zuständigen Gemeinde er-

Checkliste Auflagen

Zu den typischen Auflagen zählen:

* Grabpflege

* Art der Bestattung

* Pflege von Personen

* Versorgung von Tieren

* Spenden an gemeinnützige Organisationen

Eine Auflage verpflichtet den Erben zu einer Leistung an Dritte oder zu einem Tun oder Unterlassen.

zwungen werden kann, da sie im öffentlichen Interesse liegt. Im Allgemeinen kann der Berechtigte die Vollziehung der Auflage nicht erzwingen. Dies kann nur ein Miterbe oder derjenige, dem der Wegfall des mit einer Auflage zunächst Belasteten unmittelbar zustatten käme (zum Beispiel der Ersatzerbe). Den Zweck und die Anordnung einer Auflage kann der Erblasser nicht einem Dritten überlassen. Er kann aber den Gegenstand der Leistung und die Person des Auflagenbegünstigten nach billigem Ermessen einem Dritten, insbesondere einem Testamentsvollstrecker überlassen.

Darüber hinaus kann auch eine Unterlassung Gegenstand einer Auflage sein; zum Beispiel das Verbot des Widerrufs einer Vollmacht oder der Kündigung eines Darlehens.

Die Vollmacht über den Tod hinaus

Die Vollmacht über den Tod hinaus ist eine Sonderform der Vollmacht; sie ist über den Tod des Vollmachtgebers hinaus gültig. Dies muss ausdrücklich in der Vollmachtsurkunde festgelegt sein, da die Vollmacht sonst im Zweifelsfall mit dem Tode erlischt. Denkbar ist auch die Erteilung einer Vollmacht für den Fall des Todes. Diese wird überhaupt erst mit dem Tode wirksam und ist in vielen Fällen eher gewollt und empfehlenswert.

Ein Muster einer Vollmacht über den Tod hinaus finden Sie im Anhang, Seite 180.

Sinn der Vollmacht über den Tod hinaus oder von Todes wegen ist es, einer Person, meist dem Erben, die Möglichkeit zu geben, im Erbfall sofort tätig zu werden und Verfügungen treffen zu können. Dies ist insbesondere für Bankgeschäfte, die keinen Aufschub dulden, von großer Bedeutung. Bei den Grundbuchämtern und oft auch den Banken wird allerdings zusätzlich die Vorlage eines Erbscheins verlangt, dessen Beschaffung in der Regel einige Zeit dauert.

Außerdem kann der Bevollmächtigte mit der Vollmacht sofort mit Wirkung für den Gesamtnachlass handeln, wenn zu den Miterben minderjährige Kinder gehören. Dies ist ansonsten nur mit Zustimmung des Vormundschaftsgerichtes möglich, was insbesondere dann wichtig ist, wenn Grundstücke zum Nachlass gehören.

Die Vollmacht über den Tod hinaus sollte jedenfalls notariell beurkundet oder die Unterschrift des Erblassers (Vollmachtgebers) sollte zumindest notariell beglaubigt werden, da ansonsten Anerkennungs- und Beweisschwierigkeiten für den Bevollmächtigten im Zweifelsfall entstehen können.

Unwiderrufliche Vollmacht

Selbstverständlich können sowohl die Erben als auch der Testamentsvollstrecker eine derartige Vollmacht jederzeit widerrufen, wenn sie zum Beispiel auf einen Dritten ausgestellt wurde. Es sei denn, diese Vollmacht wäre unwiderruflich. Eine solche unwiderrufliche Vollmacht wird ein Erblasser im Allgemeinen nur dem endgültigen Alleinerben erteilen und dies wohl nur in Ausnahmefällen. Sie bedarf in jedem Falle der notariellen Beurkundung, wenn damit auch über Grundstücke verfügt werden kann. In anderen Fällen dürfte die Vollmacht als sittenwidrig gelten, wenn sie nicht explizit auf den Alleinerben ausgestellt ist.

Achtung!

Die Ausstellung einer Vollmacht über den Tod hinaus bedeutet noch nicht, dass der Bevollmächtigte damit irgendeine Zuwendung erhält. Dies muss sich aus einer korrespondierenden letztwilligen Verfügung ergeben, die wirksam sein muss.

Grenzfall

Wenn in der Vollmacht steht, dass bestimmte Verfügungen auch zu eigenen Gunsten des Bevollmächtigten getroffen werden dürfen, bewegt sich die Vollmacht in einem Grenzbereich: Einerseits könnte es an der Testamentsform fehlen; andererseits könnte im Einzelfall ein Schenkungsversprechen vorliegen, welches eventuell nur durch Vollzug wirksam werden kann. In diesem Fall ist eine eingehende Rechtsberatung dringend erforderlich.

Die Patientenverfügung

Die Möglichkeit, eine bindende Anweisung an Ärzte in einer schwierigen Krankheitssituation zu geben, wird derzeit sehr häufig genutzt. Es besteht oftmals die begründete Sorge, dass das Leben eines todkranken Patienten künstlich und schmerzhaft verlängert wird; wobei sicherlich nicht immer nur Gebührenüberlegungen der Ärzte eine Rolle spielen, sondern auch die Angst, entgegen dem hippokratischen Eid etwas ärztlich Gebotenes zu unterlassen. Zum Glück hat jeder Mensch ein Selbstbestimmungsrecht. Er muss es nur nutzen. Die Patientenverfügung – ungenau auch „Patiententestament" genannt – ist eine schriftliche Anweisung des Patienten, unter bestimmten Umständen lebensverlängernde Maßnahmen zu unterlassen, wenn der Zustand des Patienten letztlich unheilbar ist. Damit keine Zweifel an der Wirksamkeit und Echtheit der Patientenverfügung bestehen, empfiehlt es sich, die Unterschrift notariell beglaubigen zu lassen. Da es sich um kein Testament im eigentlichen Sinne handelt, ist ansonsten keine bestimmte Form erforderlich. Der Text kann somit maschinengeschrieben sein oder es kann eine Druckvorlage verwendet werden, wie sie von einigen Institutionen empfohlen wird. Eine Patientenverfügung kann beispielsweise folgendermaßen aussehen:

Eine Patientenverfügung bedarf keiner festgelegten Form. Daher ist es angezeigt, die Unterschrift von einem Notar beglaubigen zu lassen.

Muster

„An die behandelnden Ärzte:
Für den Fall lebensbedrohender Krankheit und eventueller Unfälle bestimme ich Folgendes:
Den entwürdigenden Zustand von Verfall, Angewiesensein auf fremde Hilfe und endlose Schmerzen fürchte ich mehr als den Tod. Deshalb bitte ich, meine Leiden, so gut es geht, mit Medikamenten zu lindern. Wenn nach menschlichem Ermessen keine Aussicht auf Wiederherstellung besteht, verlange ich, dass man mich würdig und schmerzlos sterben lässt und nicht künstlich oder durch aufwendige Maßnahmen am Leben erhält.
Wiesbaden, den 05. Mai 1997
– Hubert Meier –"

Die Organspende

Hierbei handelt es sich um eine Willensäußerung, die keine letztwillige Verfügung im eigentlichen Sinne des klassischen Erbrechts darstellt. Dennoch hängt sie mit der Äußerung eines letzten Willens zusammen.

Beispiel: *Richard Kowalski hat gehört, dass viele Menschen vergebens auf die Transplantation eines Spenderorgans warten, weil es nicht genügend Spender gibt. Er möchte hierzu für den Fall seines Todes seine Bereitschaft erklären und fragt einen Anwalt, ob er das in sein Testament aufnehmen muss und ob dies gegebenenfalls ausreicht.*

Die Organspenderechtslage ist in Deutschland bislang nicht eindeutig geregelt. Klarheit besteht jedoch, dass die Entnahme von Organen Verstorbener – auch zu Transplantationszwecken – ohne deren Ermächtigung unzulässig ist. Diese Einwilligung muss grundsätzlich vom Spender selbst zu Lebzeiten in einwandfreier Geistesverfassung erklärt werden. Es handelt sich – ähnlich wie die Patientenverfügung – nicht um eine letztwillige Verfü-

> ## Achtung!
>
> Die entsprechende Erklärung zur Organspendebereitschaft kann jederzeit widerrufen werden.

gung im erbrechtlichen Sinne, sodass eine Aufnahme in das Testament nicht erforderlich ist und auch keine testamentarische Formvorschrift besteht. Es genügt also an sich eine mündliche Erklärung – nur ist diese oft nicht zuverlässig nachweisbar. Deshalb empfiehlt es sich, einen so genannten Organspendeausweis zu erwerben, den man zweckmäßigerweise stets mit sich führt oder der leicht beigebracht werden kann, wenn es notwendig wird.

Minderjährige können sich ohne Zustimmung der gesetzlichen Vertreter nur dann zur Organspende wirksam bereit erklären, wenn sie die entsprechende Einsichtsfähigkeit haben; diese muss im Ernstfall gegebenenfalls durch Zeugen oder notarielle bzw. ärztliche Bestätigung nachgewiesen werden. Nach etwas umstrittener aber doch überwiegender

Im Falle von Erbschaftsangelegen-
heiten sollten Minderjährige folgende
Punkte beachten:

* Testierfähigkeit (Testamentserrichtung)

* Ausschlagung einer Erbschaft

* Annahme einer Erbschaft

* Erbvertrag

* Erbauseinandersetzungsvertrag

Auffassung der Rechtsliteratur können nach dem Tod des Betreffenden, falls dieser selbst keine Erklärung abgegeben hat, die nächsten
Verwandten (in folgender Reihenfol-
ge: Ehegatte, volljährige Kinder, Eltern, Geschwister) der Organspende nachträglich zustimmen. Dies
gilt jedoch nicht, falls der Verstorbene dies vor seinem Tod definitiv
abgelehnt hatte.

Der Minderjährige

Die Testierfähigkeit Minderjähriger

Beispiel: *Freddy Kowalski, der Sohn des lebenslustigen Richard, ist
noch minderjährig. Er hat von seinen Eltern schon eigenes Vermögen
erhalten und erwartet außerdem eine Erbschaft von seinem Onkel, die
aber angeblich mehr Schulden als Vermögen mit sich bringen soll. Da
er seinem Vater in Vermögensfragen nicht so recht traut, möchte er eine
umfassende rechtliche Beratung, was ein Minderjähriger laut Erbrecht
alleine darf und wozu er gegebenenfalls welche Zustimmung benötigt.*

Bereits im Abschnitt „Testierfähigkeit" (siehe Seite 13f.) wurde dargelegt, dass diese erst mit dem 16. Lebensjahr beginnt und dass ein Minderjähriger lediglich ein öffentliches Testament in bestimmter Form vor
einem Notar errichten kann. Es gibt jedoch noch andere Situationen, in
denen ein Minderjähriger unbedingt handeln muss.

Ausschlagung der Erbschaft

Freddy möchte eventuell die Erbschaft nach dem Tode seines Onkels
ausschlagen, wenn diese überschuldet sein sollte. Eine Erbausschla-

gung ist form- und fristgebunden. Kann Freddy Kowalski diesen Weg alleine einschlagen?

Für den Minderjährigen müssen seine gesetzlichen Vertreter, die zusätzlich noch der Genehmigung des Vormundschaftsgerichts bedürfen, handeln. Nur die gesetzlichen Vertreter des Minderjährigen können die Ausschlagung erklären. Das Vormundschaftsgericht muss den entsprechenden Antrag genehmigen. Einzige Ausnahme: Wenn der Minderjährige deshalb Erbe geworden ist, weil ein Elternteil ausgeschlagen hat. Freddy ist dringend die Einschaltung eines Rechtsberaters zu empfehlen, der außerdem prüfen muss, ob die vormundschaftliche Genehmigung in der laufenden Sechswochenfrist erlangt werden kann bzw. ob dies überhaupt erforderlich ist.

Annahme der Erbschaft

Wenn Freddy die Erbschaft seines Onkels dagegen annehmen möchte, so kann er auch dies nicht ohne weiteres tun.

Auch hier handeln wiederum die gesetzlichen Vertreter für den Minderjährigen, die in diesem Falle für die Annahmeerklärung allerdings nicht der Zustimmung des Vormundschaftsgerichts bedürfen.

Siehe hierzu im Einzelnen den Abschnitt „Annahme und Ausschlagung einer Erbschaft", Seite 96ff.

Der Erbvertrag

Einen Erbvertrag kann ein Minderjähriger nicht wirksam abschließen. Nur unbeschränkt geschäftsfähige Personen können Erbverträge schließen. Ein Minderjähriger bedarf der Zustimmung des gesetzlichen Vertreters für den Abschluss. Außerdem ist die Genehmigung des Vormundschaftsgerichts erforderlich (§ 2275 BGB).

Vergleichen Sie hierzu auch das Kapitel „Der Erbvertrag", Seite 65ff.

Der minderjährige Partner eines Erbvertrages, der in diesem Vertrag nicht selbst eine Verfügung von Todes wegen trifft, bedarf allerdings dann nicht der Zustimmung des gesetzlichen Vertreters, wenn er keine eigenen Verpflichtungen übernimmt, sondern durch den Vertrag lediglich einen rechtlichen Vorteil erlangt.

Die Erbengemeinschaft

Vergleichen Sie hierzu im Einzelnen das Kapitel „Auseinandersetzung der Erbengemeinschaft", Seite 124ff.

Bei der Erbauseinandersetzung einer Erbengemeinschaft bedarf der Minderjährige ebenfalls der Mitwirkung der gesetzlichen Vertreter. Das Vormundschaftsgericht muss diese genehmigen, wenn ein solcher Vertrag Vereinbarungen enthält, die der Genehmigung des Vormundschaftsgerichts bedürfen (beispielsweise Grundstücksvereinbarungen).

Der Widerruf eines Testaments

<u>Beispiel:</u> *Karl Kranz hat in einem eigenhändigen Einzeltestament seine Ehefrau Hildegard zur Alleinerbin eingesetzt. Er ist seit einiger Zeit enttäuscht, weil diese sich einen Freund zugelegt hat. Er möchte das Testament widerrufen.*

Die Testierfreiheit ist ein so ausgeprägtes Recht jeder Person, dass diese auch die jederzeitige Möglichkeit des Widerrufs eines Testaments beinhaltet. Der Widerruf kann auf unterschiedliche Weise erfolgen.

Der einfachste und sicherste Weg besteht darin, das Testament einfach zu vernichten. Dies ist dann ausreichend, wenn es nur ein Exemplar und keine Zweitschrift gibt, die nicht auch vernichtet werden muss.

Beachten Sie bei der Errichtung oder dem Widerruf eines Testaments stets: Im Zweifelsfalle gilt das, was Sie zuletzt angeordnet haben!

Der etwas unsicherere Weg besteht darin, auf dem Testament deutlich zu vermerken, dass dieses ungültig ist oder es deutlich durchzustreichen. Hier kann im Erbfall ein Streit darüber entstehen, ob die Vermerke bzw. Streichungen tatsächlich vom Aussteller des Testaments stammen. Falls die Vernichtung dieses Testaments wirklich nicht gewollt ist, ist mindestens zu empfehlen, dass die Änderungen mit Ort, Datum und voller Unterschrift versehen werden; oder es sollte ein regelrechtes neues Testament errichtet werden, welches lediglich den Widerruf des alten Testaments enthält, jedoch dieselben Formvorschriften beachten muss wie jedes Testament

(Widerrufstestament). Dies hat zur Folge, außer es sind noch anderweitige Verfügungen in dem Widerrufstestament enthalten, dass damit die gesetzliche Erbfolge wieder eintritt. Ein Widerrufstestament kann folgendermaßen aussehen:

„Mein letzter Wille
Hiermit widerrufe ich mein am 10. Mai 1990 errichtetes Testament.
Wiesbaden, den 06. Juli 1997
– Karl Kranz –"

Da für das Widerrufstestament ebenfalls sämtliche Testamentsformen zur Verfügung stehen, kann auch dieses in Form eines öffentlichen Testaments errichtet werden. Dies bedeutet also, dass ein Widerrufstestament auch vor einem Notar protokolliert werden kann.
Dies hätte zudem den Vorteil, dass die spätere Auffindung jederzeit gesichert ist. Bei einem privatschriftlichen Testament könnte es passieren, dass im Erbfall eventuell nur das erste Testament aufgefunden wird, nicht aber das Widerrufstestament – mit der Folge, dass der Widerruf mangels Nachweis nicht berücksichtigt würde.

Zur Verwahrung von letztwilligen Verfügungen siehe auch Seite 60ff.

Datierung des Widerrufstestaments

Beispiel: *Karl Kranz, der zunächst testamentarisch seine Ehefrau zur Alleinerbin eingesetzt und sich dann über diese geärgert hat, hat kein Widerrufstestament abgefasst und das alte Testament auch nicht vernichtet. Er hat später jedoch ein neues Testament abgefasst und in diesem, ohne auf das alte Testament einzugehen, seine beiden Kinder als Alleinerben eingesetzt.*

Damit hat Karl das erste Testament wirksam widerrufen, vorausgesetzt, dass das neue Testament formgültig errichtet wurde und sich aus der Datierung ergibt, dass es zeitlich später abgefasst wurde. Es gilt nämlich der Grundsatz, dass mit jedem neuen Testament ein zeitlich früheres automatisch als widerrufen gilt, insoweit als dieses im Widerspruch zu einem früheren Testament steht.

Widerruf eines öffentlichen Testaments

Wir haben im Abschnitt „Das öffentliche Testament" (Seite 17ff.) gesehen, wie ein öffentliches (notarielles) Testament errichtet wird. Auch ein derartiges Testament kann selbstverständlich widerrufen werden.

Beispiel: *Karl Kranz, der sein erstes Testament vor einem Notar errichtet hatte, ist sehr unsicher und möchte wissen, ob er wegen des Widerrufs wieder zu demselben Notar gehen muss.*

Dies ist nicht erforderlich. Auch öffentliche Testamente können relativ leicht widerrufen werden, man muss nur die richtigen Wege einhalten:

Vergleichen Sie hierzu den Abschnitt „Die Verwahrung von letztwilligen Verfügungen", Seite 60ff.

* Natürlich kann Karl zu demselben oder einem anderen Notar gehen und durch ein neues öffentliches Testament das erste notarielle Testament widerrufen. Dies ist der sicherste Weg, vor allem im Hinblick auf die Auffindung des Widerrufstestaments, da auch dieses vom Notar in die amtliche Verwahrung gegeben wird.
* Ebenso kann das notarielle Testament durch ein privatschriftliches eigenhändiges Testament widerrufen werden. Es würde also genügen, dass Karl unter Bezugnahme auf das notarielle Testament dieses handschriftlich in formwirksamer Weise unter Angabe von Ort und Datum widerruft. Auch hier besteht das Problem des späteren Auffindens des Widerrufstestaments; die Gefahr ist noch größer, dass später nur das Haupttestament gefunden wird, denn dieses befindet sich in amtlicher Verwahrung.
* Der einfachste Weg besteht darin, dass Karl zum Nachlassgericht geht, dort den ihm vom Notar ausgehändigten Hinterlegungsschein vorlegt und sich das notarielle Testament zurückgeben

Achtung!

Wenn der Widerruf durch Rücknahme eines notariellen Testaments aus der amtlichen Verwahrung erfolgt ist, so lebt dieses nicht mehr auf, wenn dieser Widerruf widerrufen wird. Falls hier kein neues Testament errichtet wird, würde die gesetzliche Erbfolge eintreten, was oft nicht gewollt ist.

lässt. Damit gilt dieses als widerrufen; diese Rechtsfolge kann Karl nicht verhindern. Er kann das Testament nur durch Errichtung eines völlig neuen Testaments wieder wirksam werden lassen. Auch den Widerruf kann man widerrufen, indem man ein Widerrufstestament oder ein späteres neues Testament widerruft. Dann tritt automatisch das Testament wieder in Kraft, welches zunächst widerrufen worden war, mit Ausnahme des Falles, dass der Widerruf durch Rücknahme eines notariellen Testaments aus der amtlichen Verwahrung erfolgt ist.

Das Ehegattentestament

<u>Beispiel:</u> *Achim Schwarz und seine Ehefrau Yvonne haben zwei Kinder. Sie besitzen außer einem kleinen Geldvermögen noch Grundbesitz und eine vermietete Wohnung, die einigen Ertrag abwirft. Es bestehen keine Uneinigkeiten und man möchte das Erbe bestmöglich unter Absicherung des überlebenden Ehegatten eines Tages den Kindern vermachen.*

Hier bietet sich die Rechtsform des Ehegattentestaments an, die der Gesetzgeber insbesondere zur Vereinfachung für derartige Fälle geschaffen hat. Es kann als öffentliches oder privates Testament errichtet werden.

Für das notarielle Testament gelten keine zusätzlichen Formvorschriften, da der Notar immer dieselben Formalitäten beachten muss und umfassende Belehrungspflichten hat. Dabei ist es nicht von Belang, ob eine Person oder ein Ehepaar bei ihm ein Testament errichtet. Für das privatschriftliche Testament der Ehegatten gelten die bereits dargelegten Besonderheiten: Ein Ehegatte verfasst das gemeinschaftliche Testament eigenhändig handschriftlich, versieht es mit Ort und Datum und unterschreibt. Der andere Ehegatte versieht dieses Testament handschriftlich mit dem Zusatz „Dies ist auch mein letzter Wille" und unterzeichnet ebenfalls mit Ort und Datum (§ 2267 BGB). Die Aufbewahrung kann entweder an sicherer Stelle zu Hause erfolgen oder das Testament wird in die amtliche Verwahrung gegeben. Ein einfaches Ehegattentestament könnte folgendermaßen aussehen:

Das Ehegattentestament enthält zwei Testamente in einem: die letztwilligen Verfügungen beider Ehepartner.

TESTAMENT

„Wir setzen uns hiermit gegenseitig zu Alleinerben ein.
Wiesbaden, den 25. April 1996
– Achim Schwarz –
Dies ist auch mein letzter Wille.
Wiesbaden, den 25. April 1996
– Yvonne Schwarz –"

Dies würde nun bedeuten, dass damit nach dem Tode des Erstverstorbenen der andere Ehegatte erbt und sonstige gesetzliche Erben ausgeschlossen wären. Dies sind in unserem Beispiel bei Achim und Yvonne Schwarz wie in vielen anderen Familien die Kinder. Die Folge eines
Ehegattentestaments in dieser Form ist, dass die Kinder ihre Pflichtteilsansprüche schon nach dem Tode des Erstverstorbenen geltend machen könnten.

Dies kann nur auf zweierlei Weise verhindert bzw. eingeschränkt werden, wobei allerdings darauf hinzuweisen ist, dass es noch zahlreiche
andere Gestaltungsmöglichkeiten über den Weg der Vermächtnisse oder Auflagen gibt, die im Einzelfall bei einem
Rechtsberater erfragt werden müssen.

Vergleichen Sie hierzu das Kapitel „Pflichtteilsrecht", Seite 128ff.

Der sicherste Weg ist, dass die pflichtteilsberechtigten
Kinder durch notariellen Vertrag auf die Geltendmachung
ihres Pflichtteils nach dem Erstversterbenden verzichten.
Hierzu werden diese aber oft nicht bereit sein bzw. dies könnte zu Un-
gerechtigkeiten führen und würde den Familienfrieden erheblich stören.

Pflichtteilsabschreckungsklausel

Um Unstimmigkeiten innerhalb der Familie von vornherein auszuschließen, wird in der Regel folgende zusätzliche Anordnung im Ehegattentestament empfohlen:

„Sollte eines unserer Kinder nach dem Tode des Erstversterbenden
den Pflichtteil von dem Überlebenden verlangen, so soll es
auch nach dem Tode des Letztversterbenden nur den Pflichtteil erhalten."

Diese so genannte Pflichtteilsabschreckungsklausel hindert natürlich die Kinder gegebenenfalls nicht, nach dem Tode des Erstversterbenden doch den Pflichtteil einzufordern, weil sie beispielsweise in einer konkreten Notlage sind und lieber bereits zu einem früheren Zeitpunkt wenigstens etwas erhalten wollen, als später ein eventuell höheres, jedoch unsicheres Vermögen. Jedes Ehepaar, das ein solches Ehegattentestament mit einer Pflichtteilsabschreckungsklausel errichtet, sollte diese Situation einkalkulieren und sicherstellen, dass der überlebende Ehegatte den Pflichtteil gegebenenfalls aus dem Ertrag des Vermögens abgelten kann und dass für ihn immer noch genügend verbleibt. Hierzu sind Berechnungen der Pflichtteilsansprüche von Kindern nötig, wofür auch der Güterstand, in dem die Ehegatten leben, eine Rolle spielt.

Weitere Informationen zum Thema Pflichtteil entnehmen Sie bitte dem entsprechenden Kapitel ab Seite 128ff.

Scheidungsfall

Wie bereits in den grundsätzlichen Ausführungen zu Beginn dargelegt wurde, können immer nur Ehegatten ein gemeinsames Testament errichten. Verlobte oder Lebenspartner sind hierzu nicht berechtigt. Für die Wirksamkeit ist weiterhin Voraussetzung, dass die Ehe zur Zeit des Erbfalles erst durch den Tod eines Ehegatten aufgelöst wird.

Wird die Ehe hingegen durch Scheidung aufgelöst, bliebe das Ehegattentestament nur dann wirksam, wenn angenommen werden muss, dass es auch für diesen Fall gültig bleiben sollte. Da dies selten der Fall sein dürfte, ist davon auszugehen, dass mit diesem Ereignis das Testament unwirksam wird. Sollten die geschiedenen Ehegatten anschließend wieder heiraten, lebt dadurch die Wirksamkeit des Testaments nicht wieder auf.

Im Scheidungsfalle verliert im Regelfall das Ehegattentestament seine Gültigkeit!

Wenn das Scheidungsverfahren im Todesfall noch läuft, gilt Folgendes: Hatte der Erblasser die Scheidung beantragt oder ihr zugestimmt, so wird die wechselbezügliche Verfügung im Ehegattentestament ebenfalls unwirksam. Da in diesem Bereich jedoch große Auslegungsprobleme hinsichtlich des gemeinsamen Willens der Ehepartner bestehen, empfiehlt sich im Falle einer Scheidung zusätzliche Klarstellung in Form

eines ausdrücklichen notariell formwirksamen Widerrufs bzw. die Neu-
errichtung eines Testaments nach der Scheidung.

Minderjährige Ehegatten

*Vergleichen Sie
hierzu auch den
Abschnitt „Der
Minderjährige",
Seite 42ff.*
Bei einem minderjährigen Ehegatten ist zu beachten, dass
dieser auch ein privatschriftliches Ehegattentestament
nicht wirksam schließen kann; selbst wenn der andere
Ehegatte volljährig ist. Dem Minderjährigen verbleibt nur
die Möglichkeit eines öffentlichen (notariellen) Testaments.

Rücknahme des öffentlichen Ehegattentestaments

Die Rücknahme eines öffentlichen gemeinsamen Ehegattentestaments
aus der amtlichen Verwahrung als eine Form des Widerrufs ist nur durch
beide Ehegatten gemeinsam möglich. Ein Ehegatte allein erhält das Testament nicht aus der Verwahrung zurück.

Wechselbezügliche und einseitige Verfügungen

Bei Ehegattentestamenten ist grundsätzlich zu unterscheiden zwischen
so genannten wechselbezüglichen und einseitigen Verfügungen.

Wechselbezügliche Verfügungen
sind solche, bei denen anzunehmen
ist, dass diese Verfügung nicht ohne
eine andere, mit dieser zusammen-
hängenden Verfügung getroffen
worden wäre. Sie hängen in der
Weise voneinander ab, dass die Unwirksamkeit oder der Widerruf einer
dieser Verfügungen automatisch die
Unwirksamkeit auch der anderen
zur Folge hat. Man nennt diese Verfügungen korrespektive Verfügungen. Hingegen können einseitige

Achtung!

Durch Anordnungen im Testament
kann auch auf die Wechselbezüg-
lichkeit Einfluss genommen werden.
So ist es möglich, einem Ehegatten
das Recht einzuräumen, nach dem
Tode des anderen Ehegatten anderweit über sein Vermögen zu verfügen.

Verfügungen eines Ehegatten ohne Auswirkung auf die Verfügungen des anderen Ehegatten widerrufen werden.

Im Einzelfall muss ein solches Abhängigkeitsverhältnis ermittelt werden. Dieses wird jedoch bei gegenseitiger Erb- oder Vermächtniseinsetzung vermutet, ebenso bei der Klausel, dass ein Verwandter oder Nahestehender des Erstversterbenden für den Fall bedacht wird, dass einer den anderen überlebt. Wechselbezüglich können und dürfen im Übrigen nur Erbeinsetzungen, Vermächtnisse und Auflagen von Ehegatten angeordnet werden. Sämtliche anderen Verfügungen, beispielsweise Teilungsanordnungen, bleiben wirksam, auch wenn die Verfügungen des anderen Ehegatten, etwa durch dessen Widerruf, entfallen.

Vergleichen Sie hierzu auch die Mustertestamente im Anhang, Seite 174ff.

Ferner kann ausdrücklich im Testament festgelegt werden, dass nur die Verfügungen eines Ehegatten wechselbezüglich sein sollen, der andere Ehegatte jedoch nur einseitig testiert hat und deshalb jederzeit widerrufen kann.

Änderung des Ehegattentestaments

Die Abänderung eines gemeinschaftlichen Testaments ist nicht so leicht möglich wie diejenige eines Einzeltestaments. Wenn sich beide Ehegatten einig sind, können sie insoweit in derselben Form ein neues Ehegattentestament errichten, in welchem sie entweder das alte Testament aufheben oder dieses abändern. Auch hier sind die Probleme der „Aufbewahrung" zu beachten. Wenn nur ein Ehegatte eine Änderung oder Aufhebung des Ehegattentestaments wünscht und der andere hierzu nicht bereit ist, verbleibt nur die Möglichkeit des Widerrufs des Ehegattentestaments.

Vergleichen Sie hierzu den Abschnitt „Widerruf eines Ehegattentestaments", Seite 53ff.

Das Berliner Testament

Beim so genannten Berliner Testament handelt es sich um einen besonderen im Gesetz geregelten Fall eines speziellen Ehegattentestaments, und zwar dergestalt, dass sich Ehegatten in einem Testament gegenseitig zu Erben einsetzen und bestimmen, dass nach dem Tode des Längstlebenden der beiderseitige Nachlass an einen Dritten fallen soll. Dies sind in den meisten Fällen die Kinder. Es können aber auch Patenkinder oder Freunde eingesetzt werden.

Zur Verdeutlichung vergleichen Sie den Abschnitt „Die Vor- und Nacherbschaft", Seite 28ff.

In diesem Fall wird unterstellt, dass der Dritte für den gesamten Nachlass beider Ehegatten als Erbe des Längstlebenden eingesetzt ist. Dieser ist dann der so genannte Schlusserbe und sollte zum Zwecke der Vermeidung von Problemen auch so bezeichnet werden; im Unterschied zu Vor- und Nacherben. Der überlebende Ehegatte ist Vollerbe und unterliegt keinerlei Beschränkungen wie ein Vorerbe.

Beispiel: *Egon Blume und seine Ehefrau Anja setzen sich in einem Ehegattentestament gegenseitig zu Alleinerben ein und bestimmen, dass „Nacherbe beim Tod des Letztversterbenden unsere gemeinsame Tochter Lara" sein soll.*

Im Klartext!

Es empfiehlt sich, mithilfe eines Rechtsberaters klarzustellen, ob in einem Berliner Testament Vor- und Nacherbschaft oder echte Voll- und Schlusserbschaft gewollt ist.

Hier kann die Auslegung ergeben, dass trotz der Verwendung des Wortes „Nacherbe" nicht auf eine Vor- und Nacherbschaft, sondern auf eine gegenseitige Einsetzung als Vollerbe mit Schlusserbenbestimmung abgezielt ist. Es kann allerdings Fälle geben, in denen auch in einem Ehegattentestament die Bestimmung einer Vor- und Nacherbschaft gewollt ist, beispielsweise wenn der Nachlass des vorverstorbenen Ehegatten nur an Verwandte seiner Familie fallen soll oder falls ein Ehegatte völlig vermögenslos war. Bei Unklarheiten müsste insoweit zusätzlich festgestellt werden, ob es sich um eine befreite Vorerbschaft handelt. Merke: Durch die Neuregelung des Erbschaftssteuergesetzes 1996 ist heute das Berliner Testament sehr oft nicht mehr die richtige Entscheidung (Seite 163 ff.).

Die Wiederverheiratungsklausel

Beispiel: *Egon und Anja Blume sind recht lebenslustig. Sie sind sich beide nicht sicher, ob der überlebende Ehegatte nicht wieder heiratet. Sie möchten verhindern, dass das Erbe dann an den neuen Ehegatten fällt, und erreichen, dass im Falle einer solchen Wiederheirat der Nachlass an die Tochter Lara fällt.*

In diesem Fall gibt es zahlreiche Gestaltungsvariationen, die ohne Einschaltung eines Rechtsberaters nicht anzuraten sind, jedoch den Rahmen dieses Erbrechtsratgebers sprengen würden; die Skala reicht von „bedingter" Vollerbeneinsetzung bis zum Nießbrauch des Ehegatten. Die gängigste Variante ist die Anwendung einer Vor- und Nacherbeneinsetzung, wobei die Tochter Lara beim Tod des Überlebenden in jedem Fall Nacherbe wird und für den Fall der Wiederheirat des Überlebenden als bedingte Nacherbin eingesetzt gilt. Der überlebende Ehegatte sollte befreiter Vorerbe werden. Sicher wird es in jedem Einzelfall schwierig sein, eine solche Wiederverheiratungsklausel überhaupt in das Ehegattentestament aufzunehmen und dann zudem noch den überlebenden Ehegatten nur zum Vorerben einzusetzen. Speziell dann, wenn beide Ehegatten entscheidend zum Vermögensaufbau in der Ehe beigetragen haben und keiner von ihnen deshalb einsieht, dass er selbst bei großer Wahrscheinlichkeit einer Wiederverheiratung nur Vorerbe des anderen Ehegatten werden soll. Deshalb sollte für den Fall einer Wiederheirat nicht leichtfertig und ohne Rechtsrat eine unklare Testierung erfolgen.

Vergleichen Sie hierzu das Muster eines Berliner Testaments, Anhang, Seite 174f.

Der Widerruf eines Ehegattentestaments

Obwohl es sich um ein gemeinschaftliches Testament handelt, ist die einseitige Lösung eines Ehegatten zu Lebzeiten des anderen möglich.

Beispiel: *Anja Blume hat bereits zu Lebzeiten beider Ehegatten eine ernste Alternative zu Egon kennengelernt und Egon möchte deshalb*

gleich klare Verhältnisse schaffen. Er will widerrufen und schreibt die-
sen Widerruf an Anja. Mehr tut er nicht.

Anja freut sich, denn dies reicht nicht aus. Egon hätte zu einem Notar gehen müssen. Ehegattentestamente können lediglich auf drei Arten wirksam widerrufen werden:
* Durch gemeinsame Aufhebung
* Durch gemeinsame Rücknahme eines öffentlichen Testaments aus der amtlichen Verwahrung
* Durch einseitigen Widerruf

Der einseitige Widerruf

Die gemeinsame Aufhebung bzw. Rücknahme ist die einfachere und sicherere Möglichkeit, um ein Ehegattentestament zu widerrufen. Der einseitige Widerruf eines Ehegatten erfordert jedenfalls eine eingehende Rechtsberatung. Er muss – wie ein Rücktritt von einem Erbvertrag – vor einem Notar erklärt werden. Der einseitige Widerruf wird erst dann wirksam, wenn er dem anderen Ehegatten formgerecht zugegangen ist. Dies übernimmt der Notar, der für eine ordnungsgemäße Zustellung des Widerrufs an den anderen Ehegatten Sorge tragen muss.

Bei Uneinigkeit der Eheleute ist der einseitige Widerruf nur in notarieller Form möglich.

Der einseitige Widerruf hat natürlich Folgen: Durch den Widerruf tritt automatisch die Unwirksamkeit der entsprechenden wechselbezüglichen Verfügungen des anderen Ehegatten ein. Wenn also Egon die Erbeinsetzung seiner Ehefrau widerruft, ist damit auch seine Erbeinsetzung durch Anja unwirksam geworden sowie die Schlusserbeneinsetzung des gemeinsamen Kindes. Dies bedeutet nunmehr, dass das komplette Ehegattentestament durch den einseitigen Widerruf jedenfalls unwirksam geworden ist.

Wie würde es sich aber verhalten, wenn Anja schon tot gewesen wäre, als Egon von ihrer langjährigen Bindung erfuhr und er nun das gemeinsame Testament widerrufen möchte, um aus seiner weiter bestehenden Bindung herauszukommen; beispielsweise weil auch Verwandte von Anja als Schlusserben eingesetzt wurden?

Falls nicht ausnahmsweise – was zulässig ist – dem überlebenden Ehegatten vorbehalten wurde, auch nach dem
Tode des Erstversterbenden seine Anordnungen noch zu
ändern, ist ein einseitiger Widerruf wechselseitiger Verfügungen, insbesondere Erbeinsetzungen etc., nicht mehr
möglich. Lediglich einseitige Verfügungen, wie zum Beispiel eine Teilungsanordnung unter mehreren Schlusserben, könnte Egon widerrufen. In diesem Fall hätte Egon
nur die Möglichkeit, falls die Frist noch nicht abgelaufen ist, seinerseits
die Erbschaft nach seiner verstorbenen Ehefrau auszuschlagen.

Vergleichen Sie dazu den Abschnitt „An-nahme und Ausschlagung einer Erbschaft", Seite 96ff.

Dieselbe Möglichkeit bestünde auch bei einem Vermächtnis. Dann wäre
Egon seinerseits nicht Erbe bzw. Vermächtnisnehmer geworden und
könnte nun seinerseits über seinen Nachlass neu testieren. Dies hätte
aber auch zur Folge, dass der Nachlass der Ehefrau dann
an deren gesetzliche Erben fallen würde. Die Entscheidung wäre also in einem solchen Falle stark davon abhängig, welche Vermögenswerte der Erstversterbende
hinterlassen würde. Allerdings bliebe dem ausschlagen-
den Ehegatten die Möglichkeit, nach dem Tode des Erstversterbenden noch den so genannten kleinen Pflichtteil
und den Zugewinnausgleich geltend zu machen.

Detaillierte Informationen dazu entnehmen Sie bitte dem Kapitel „Pflicht-teilsrecht", Seite 128ff.

Es bleibt also in jedem Fall eine Rechenaufgabe, ob es sich für einen
verärgerten Ehegatten nach dem Tode des anderen Ehegatten wirklich
lohnt, auf einen wesentlichen Teil der Erbschaft nach dem Erstversterbenden zu verzichten, um die Schlusserbeneinsetzung nach seinem Willen korrigieren zu können.

Die Enterbung

Die Enterbung bedeutet den Ausschluss von der Erbfolge mit der Konsequenz, dass dann die anderen gesetzlichen bzw. testamentarischen
Erben zum Zuge kommen, so als ob die enterbte Person nicht vorhanden wäre. Es verbleiben dem Enterbten natürlich seine Pflichtteilsan-

Vergleichen Sie hierzu den Abschnitt „Der Pflichtteilsentzug", Seite 137.

sprüche, wenn er zu dem Kreis der Pflichtteilsberechtigten gehört. Dieses Pflichtteilsrecht kann vom Erblasser nur unter besonders schwerwiegenden Voraussetzungen entzogen werden. Für die Form der Enterbung gibt es mehrere Möglichkeiten.

<u>Beispiel:</u> *Sonja und Thomas Jung wollen ihren Sohn Michael enterben, weil sich dieser in die Drogenszene begeben hat. Stattdessen wollen sie ihren gesamten Nachlass der Tochter Tanja zukommen lassen.*

Sie können folgendes Testament errichten:

Muster

„Unser letzter Wille
Unser Sohn Michael soll nichts erben.
Frankfurt/Main, den 20.03.1997
– Thomas Jung –
Dies ist auch mein letzter Wille.
Frankfurt/Main, den 20.03.1997
– Sonja Jung –"

Damit wäre das Ziel erreicht und über den Nachlass könnten die Ehegatten jetzt anderweit testieren. Die einfachere Lösung besteht darin, dass der Erblasser oder die Ehegatten ein ordentliches, durchdachtes Testament errichten und dabei einfach die zu enterbende Person übergehen oder ausdrücklich „auf den Pflichtteil setzen". Bei der reinen Enterbung ist darüber hinaus zu beachten, dass diese sich im Zweifel nicht auf die Abkömmlinge des Enterbten erstreckt, was oft nicht berücksichtigt wird. Würde also außer dieser Enterbung kein Testament existieren und die gesetzliche Erbfolge zum Zuge kommen, so würden an die Stelle des enterbten Kindes gegebenenfalls dessen Abkömmlinge treten.

Achtung!

Die Ehegattentestamentsform ist hier zu beachten. Dieses Testament könnte nur erschwert widerrufen werden, wenn ein Ehegatte seine Meinung ändert.

Deshalb könnte auch jeder ein entsprechendes Einzeltestament errichten.

Sollte auch auf den Ausschluss der Abkömmlinge von der Erbfolge abgezielt sein, so müsste auch dies ausdrücklich im Enterbungstestament erwähnt werden. Deshalb ist ein umfassendes Testament besser, weil dadurch eindeutig festgeschrieben ist, wer sonst Erbe sein soll.

Auch ausgeschlossene Abkömmlinge eines enterbten Kindes haben gegebenenfalls einen Pflichtteilsanspruch, falls das enterbte Kind im Zeitpunkt des Erbfalles nicht mehr lebt.

Die Enterbung des Ehegatten

Beispiel: *Franz Böhm ist erfolgreicher Computerhersteller. Er hat im fortgeschrittenen Alter eine um 30 Jahre jüngere Frau geheiratet, ohne jedoch einen Ehevertrag zu schließen. Er möchte allerdings nicht, dass seine Ehefrau neben den Kindern aus erster Ehe die Hälfte des Vermögens erbt.*

Hier böte die Enterbung der Ehefrau eine Möglichkeit – wenn diese nicht bereit ist, Gütertrennung zu vereinbaren –, den hälftigen Erbanfall neben den Kinder zu verhindern. Dieser beruht auf der Tatsache der Zugewinngemeinschaft. Aufgrund des Zugewinns erhält der Ehegatte pauschal die Hälfte des Erbes neben den Kindern, egal wie viele vorhanden sind. Dies ist ungerecht, wenn ein Ehegatte zu einem Zugewinn überhaupt nichts beigetragen hat. Damit kann allerdings nicht verhindert werden, dass die Ehefrau ihrerseits den kleinen Pflichtteil von einem Viertel der Erbschaft sowie einen etwaigen Zugewinnausgleichsanspruch geltend macht, falls während der Dauer der Ehe ein Zugewinn entstanden sein sollte.

Durch Enterbung wird der Pflichtteil des Ehegatten auf den so genannten kleinen Pflichtteil beschränkt.

Die Enterbung eines Ehegatten sollte keinesfalls erwogen werden, wenn eine Ehe über lange Jahre bestanden hat und beide Partner ihren Beitrag geleistet haben; sei es auch nur durch Unterstützung des anderen Partners, damit dieser erwerbstätig sein konnte. Nur in Extremsituationen sind derartige Enterbungen denkbar. Sie können vermieden werden, wenn insbesondere in Zweckehen oder bei extremen Altersunterschieden rechtzeitig Eheverträge geschlossen werden.

Die Anfechtung eines Testaments

An eine Anfechtung von Testamenten denkt man, wenn man sich geirrt hat oder getäuscht wurde. Für den Erblasser selbst stellen sich zu Lebzeiten insoweit keine Probleme. Er kann, wenn er zum Beispiel feststellt, dass er sich geirrt hat, das Testament jederzeit aufheben. Anders verhält es sich unter Umständen beim gemeinschaftlichen Testament. Zu Lebzeiten beider Ehegatten scheidet eine Anfechtung aus, weil ein Widerrufsrecht gemäß § 2271 BGB besteht; auch soweit die Erklärungen wechselbezüglich sind. Nach dem Tode eines Ehegatten gelten dieselben Regeln wie beim Erbvertrag.

Vergleichen Sie hierzu den Abschnitt „Die Anfechtung des Erbvertrages", Seite 70ff.

Durch die Anfechtung einer wechselbezüglichen Erklärung eines Ehegatten wird auch die des anderen Ehegatten hinfällig. Dies führt im Einzelfall zu großen Problemen, die unbedingt den Rat eines Rechtsbeistandes erfordern.

Anfechtungsgründe

Wie verhält es sich beispielsweise für einen gesetzlichen Erben, dem ein Testament missfällt?

Beispiel: *Olaf Schneller ist Witwer und hat zwei Söhne. Er hat im Jahre 1990 ein Testament errichtet, mit welchem er die beiden Söhne zu seinen Erben eingesetzt hat. Zwei Jahre später hat er wieder geheiratet und aus dieser Ehe stammt eine Tochter. Sein Testament hat er nie geändert. Nachdem Olaf im Jahre 1995 verstarb, fragten seine Ehefrau und seine Tochter aus zweiter Ehe, ob sie gegen das Testament etwas unternehmen können.*

Die Übergehung eines Pflichtteilsberechtigten im Testament ist einer der häufigsten Anfechtungsgründe. Die Ehefrau und die Tochter aus zweiter Ehe sind im Testament übergangen worden. Sie sind – und dies ist von besonderer Bedeutung – zudem erst zeitlich nach der Abfassung des Testaments pflichtteilsberechtigt geworden. In einer solchen Situation unterstellt der Gesetzgeber, dass der Erblasser irrtümlich und aus Rechtsunkenntnis das Testament nicht geändert hat. Wie das Testament zeigt, wollte Olaf seine Kinder gleichmäßig behandeln. Man kann unterstellen, dass er in Kenntnis der späteren Entwicklung seine Ehefrau und deren Kind entsprechend der gesetzlichen Erbfolge berücksichtigt hätte.

Die übergangenen Pflichtteilsberechtigten können folglich in derartigen Fällen erreichen, dass durch ihre Anfechtung die gesetzliche Erbfolge hergestellt wird. Dies bedeutet im konkreten Fall: Wenn Olaf in Zugewinngemeinschaft gelebt hatte, erben die Ehefrau die Hälfte und die drei Kinder je ein Sechstel des Nachlasses. Es gilt der Grundsatz, dass derjenige ein Testament anfechten kann, der durch das Entfallen der testamentarischen Verfügung einen Vorteil hätte.

Das Gesetz sieht noch weitere Anfechtungsgründe vor (§ 2078 BGB);

beispielsweise Irrtümer des Erblassers in seiner Erklärung oder im Inhalt seiner Testierung (Namensverwechslungen), Täuschungen oder Drohungen.

Inhalt, Frist und Form der Anfechtungserklärung

Bezüglich des Inhaltes der Anfechtungserklärung ist kein bestimmter Text vorgeschrieben. Es muss sich jedoch unzweifelhaft aus der Erklärung ergeben, dass ein Testament angefochten werden soll und um welches Testament es sich handelt. Außerdem sollte gleichzeitig die Begründung für die Anfechtung angeführt werden. Die Frist für die Abgabe der Anfechtungserklärung beträgt ein Jahr. Sie beginnt mit dem Zeitpunkt des Todes des Erblassers zu laufen, jedoch nur, wenn der Berechtigte dann schon Kenntnis vom Anfechtungsgrund hat. Andernfalls beginnt die Frist ab dem Zeitpunkt, zu dem der Anfechtungsberechtigte Kenntnis vom Anfechtungsgrund erlangt. Dieser kann unter Umständen lange Jahre nach dem Tod des Erblassers liegen. Allerdings ist eine Anfechtung nach 30 Jahren seit dem Erbfall nicht mehr möglich.

Die Folge der Anfechtung besteht darin, dass das angefochtene Testament von Anfang an unwirksam ist, jedoch nur bezüglich der Punkte, auf die sich die Anfechtung bezieht. Sollten sonstige Verfügungen in dem Testament enthalten sein, die damit nicht in Zusammenhang stehen, bleiben diese bestehen.

Was geschieht nach Eingang der Anfechtungserklärung bei dem Nachlassgericht? Dieses erlässt nicht etwa ein Urteil oder einen Beschluss, sondern nimmt die Erklärung nur zu den Akten. Der Anfechtende sollte sich immer bestätigen lassen, wann die Erklärung beim Nachlassgericht eingegangen ist, damit er den Nachweis für die Einhaltung der Jahresfrist erbringen kann.

Vergleichen Sie hierzu den Abschnitt „Der Erbschein", Seite 157ff.

Die Angelegenheit wird erst dann aktuell und eventuell streitig, wenn die Personen, die durch die Anfechtung benachteiligt werden, diese nicht akzeptieren. Dann werden üblicherweise zwei Erbengruppen verschiedenartige Erbscheine beantragen.

Hierbei begründet jede Erbengruppe ihren unterschiedlichen Erbscheinsantrag naturgemäß aus ihrer Sicht und erst im Erbscheinsverfahren muss sich das Nachlassgericht mit der Frage befassen, ob die Anfechtung wirksam war. Dieser Beschluss des Gerichts kann dann angefochten werden und letztlich müssen gegebenenfalls höhere Rechtsmittelinstanzen (Landgericht und Oberlandesgericht) die Rechtsfragen endgültig entscheiden.

Die Verwahrung von letztwilligen Verfügungen

Bei der Errichtung eines Testaments erscheint die Frage des Aufbewahrungsortes zunächst zweitrangig. Das Testament sollte an einem

möglichst sicheren Ort verwahrt werden; beispielsweise in einem Bank-
schließfach, im Schreibtisch oder an dem Ort, wo sonst die persönlichen Dokumente des Testators aufbewahrt werden. Damit begeht dieser auch keinen Fehler und gefährdet keineswegs die Wirksamkeit des
Testaments. Er geht jedoch das Risiko ein, dass das Testament nach
seinem Tode entweder nicht gefunden oder von einem übergangenen
Erben absichtlich oder einer anderen Person zufällig vernichtet wird.

Amtliche Verwahrung

Um dem Testator eine Alternative anzubieten, eröffnet das
Gesetz die Möglichkeit, dass das Testament von jedem
Testierenden in amtliche Verwahrung gegeben werden
kann. Dieser kann das Testament beim Nachlassgericht
– empfehlenswert ist dasjenige am Ort des Wohnsitzes –
hinterlegen; er erhält dann einen Hinterlegungsschein.
Dieser Weg ist wesentlich sicherer als die private Aufbewahrung. Wenn der Hinterlegungsschein zum Beispiel ent-
wendet wird, kann kein Dritter allein mit dem Schein die
Herausgabe des Testaments verlangen. Er muss sich
zusätzlich als Testator ausweisen. Und auch wenn der Hinterlegungsschein nach dem Tod des Erblassers nicht gefunden wird, schadet dies
überhaupt nichts. Das Testament wird trotzdem eröffnet – und zwar automatisch: Denn von der Hinterlegung des Testaments benachrichtigt
das Nachlassgericht das Standesamt des Geburtsortes des Erblassers;
dieses wiederum informiert im Falle des Todes des Erblassers das
Nachlassgericht über den Tod, welches sodann das Testament eröffnet
und die Erben in Kenntnis setzt. So ist es also nicht möglich, ein hin-
terlegtes Testament durch Vernichtung des Hinterlegungsscheins zu
verheimlichen (§ 2248 BGB).

Ein öffentliches Testament wird in der Regel bei dem Nachlass-gericht hinterlegt, in dessen Zustän-digkeitsbereich der beauftragte Notar seinen Sitz hat.

Die Hauptkartei für Testamente

Sollte der Geburtsort des Erblassers im Ausland liegen, so wird vom
Nachlassgericht die so genannte „Hauptkartei für Testamente" beim
Amtsgericht Berlin-Schöneberg benachrichtigt. Wenn der Sterbeort des

Erblassers nicht mit dem Geburtsort identisch ist, benachrichtigen die Standesbeamten des Sterbeorts, wo der Tod zur Eintragung in das Sterbebuch angemeldet wird, die Standesbeamten des Geburtsorts bzw.

Vergleichen Sie hierzu den Abschnitt „Das Erbschafts-steuerrecht", Seite 163ff. das Amtsgericht in Berlin-Schöneberg; diese wiederum ersehen aus einem Vermerk, welches Nachlassgericht nunmehr zu informieren ist. Zudem benachrichtigen die Standesbeamten des Sterbeorts auch das zuständige Finanzamt wegen der Erbschaftssteuer. Dies kann allerdings auch nicht durch Verheimlichung eines Testaments verhindert werden.

Ausnahmen und Ablieferungspflicht

Notarielle Testamente werden vom Notar automatisch – versehen mit einem amtlichen Umschlag und Notariatssiegel – in die besondere amtliche Verwahrung beim Nachlassgericht des Ortes der Testamentserrichtung gegeben. Dasselbe gilt für einen Erbvertrag, der immer notariell beurkundet werden muss.

Der Erbvertrag wird vom Notar nur dann nicht in besondere amtliche Verwahrung gegeben, wenn die Vertragsparteien diese in der Urkunde ausschließen. Dies ist im Zweifel dann anzunehmen, wenn

Vergleichen Sie hierzu die entsprechenden Abschnitte über den Erbvertrag, Seite 65ff. der Erbvertrag mit einem anderen notariellen Vertrag, zum Beispiel einem Ehevertrag, in derselben Urkunde verbunden ist (§ 34 Abs. 2 BeurkG).

In einem derartigen Fall übernimmt der Notar eine große Verantwortung: Er muss dafür Sorge tragen, dass der Erbvertrag im Todesfall aufgefunden wird. Er muss diesen spätestens im Erbfall unverzüglich dem Nachlassgericht abliefern. Diese Ablieferungspflicht trifft im Übrigen jede Person, die irgendeine letztwillige Verfügung nach dem Tod eines Erblassers auffindet. Dies gilt ebenso für Entwürfe, Fotokopien, ungültige, aufgehobene oder sonst teilzerstörte oder zerstörte Urkunden und desgleichen dann, wenn der Finder meint, dass diese Urkunde ohne Bedeutung oder überholt sei. Auch Kopien eines notariellen Erbvertrages sind abzuliefern. Man kann sich nicht auf den Notar verlassen. Dieser könnte die Ablieferung auch vergessen.

Ob eine letztwillige Verfügung wirksam ist oder nicht, entscheidet allein das Nachlassgericht. Wer dagegen verstößt, macht sich unter Umständen sogar strafbar.

Kosten der amtlichen Verwahrung

Die Verwahrung der Testamente durch die Nachlassgerichte verursacht Verwaltungskosten. Die Gebühr errechnet sich nach der Kostenordnung entsprechend der Formel Nachlass- bzw. Vermögenswert abzüglich bestehender Verbindlichkeiten (= etwa ein Viertel Gebühr).

Das Nachlassgericht

Jeder hat wohl schon einmal vom Nachlassgericht gehört. Aber außer bei einem konkreten Anlass, meistens einem Erbfall in der Familie, erfährt selten jemand, der nicht beruflich mit Rechtssachen zu tun hat, Näheres über dieses Gericht. Es handelt sich hier um eine Abteilung der Amtsgerichte, die ausschließlich für Nachlasssachen zuständig ist und gleichberechtigt neben den anderen Abteilungen, zum Beispiel Grundbuchamt, Vormundschaftsgericht oder Zivil- und Strafabteilung, steht. Nachlassrichter ist derjenige Richter am Amtsgericht, der für Nachlasssachen zuständig ist. In verschiedenen gesetzlich bestimmten Fällen entscheidet an seiner Stelle ein beim Nachlassgericht tätiger Rechtspfleger.

„Für die besondere amtliche Verwahrung der Testamente sind die Amtsgerichte zuständig. (....)"
(§ 2258a BGB).

Zuständigkeit

Wenngleich man beispielsweise ein privatschriftliches Testament bei jedem Nachlassgericht zur Aufbewahrung geben kann, gibt es doch in vielen Fällen eine Bestimmung, dass nur das örtlich zuständige Nachlassgericht tätig werden darf. Örtlich zuständig ist das Nachlassgericht des letzten inländischen Wohnsitzes des Erblassers; falls ein solcher nicht gegeben ist, ist der letzte inländische Aufenthaltsort maßgeblich (§ 73 FGG).

Checkliste Nachlassgericht

Das Nachlassgericht ist zuständig für:

* Ablieferung von Testamenten und Erbverträgen

* Einziehung von Erbscheinen und Testamentsvollstreckerzeugnissen

* Eröffnung sämtlicher Verfügungen von Todes wegen

* Erteilung eines Erbscheins

* Erteilung eines Testamentsvollstreckerzeugnisses

* Nachlasspflegschaften

* Nachlassverwaltungen

* Sicherung von Nachlässen

* Sonstige Erbschaftsverfahren

Wie bei Verwahrungsangelegenheiten gilt generell: Wenn weder der letzte Wohnsitz noch der letzte Aufenthaltsort des Erblassers in der Bundesrepublik Deutschland war, liegt die Zuständigkeit beim Amtsgericht Berlin-Schöneberg als zuständig (§ 73 Abs. 2 FGG).

Wenn es sich bei dem Erblasser um einen Ausländer handelt, dessen letzter Wohnsitz und Aufenthaltsort ebenfalls nicht im Inland lag, so ist jedes Nachlassgericht zuständig, in dessen Bezirk sich Nachlassgegenstände befinden. Dies gilt zumindest für den inländischen Nachlass des Erblassers.

„Freiwillige Gerichtsbarkeit"

Man darf das Nachlassgericht nicht mit einem Zivilgericht vergleichen, welches erst tätig wird, wenn eine Klage oder ein bestimmter Antrag eingereicht wurde. Vielmehr gilt hier das Recht der so genannten „freiwilligen Gerichtsbarkeit".

Dies hat nichts mit „freiwillig" zu tun, sondern bedeutet, dass das Gericht meist von Amts wegen tätig wird, und dass die so genannte Inquisitionsmaxime oder auch das Amtsermittlungsprinzip gilt. Das heißt, dass das Gericht sich nicht auf den Vortrag der Parteien und die von ihnen angebotenen Beweise beschränken darf, sondern die Wahrheit von Amts wegen ermitteln muss. Allerdings gilt der Grundsatz des rechtlichen Gehörs auch hier sehr streng. Jede Partei hat Anspruch darauf, dass sie erschöpfend vortragen darf und angehört werden muss. Verfahren in Nachlasssachen sind nicht öffentlich. Somit dürfen ohne Zustimmung der Parteien keine dritten Personen anwesend sein. Das Nachlassgericht entscheidet bei streitigen Nachlasssachen durch Beschluss, der mittels der Beschwerde angefochten werden kann. Über die Beschwerde entscheidet das Landgericht. Gegen diese Entscheidung gibt es das Instrument der Rechtsbeschwerde, über die das Oberlandesgericht entscheidet. Die Rechtsbeschwerde kann nur durch einen Rechtsanwalt erfolgen. Während grundsätzlich für die normalen Beschwerden keine Fristen laufen, gibt es in einigen gesetzlichen Fällen eine Zwei-Wochen-Frist, wenn nämlich eine so genannte „sofortige Beschwerde" als Rechtsmittel vorgesehen ist.

Zur Vermeidung der Versäumung eventueller Fristen ist dringend anzuraten, auch Prozesse vor dem Nachlassgericht selbst dann mit Hilfe eines Rechtsanwalts zu führen, wenn an sich kein Vertretungszwang besteht. Der Schaden, der sonst eintreten kann, liegt oft weit höher als das Honorar des Anwalts.

Der Erbvertrag

Der Abschluss eines Erbvertrages

Beispiel: *Alois Fuchs ist in die Jahre gekommen und wird gebrechlich. Da er keine Familie hat, ist er darauf angewiesen, dass sich ein Dritter um ihn kümmert. Seine Nichte Ilona Wolf pflegt ihn aufopfernd und ist nicht ohne Interesse an seinem erheblichen Vermögen.*
Wie kann sie erreichen, dass Alois in ihrem Sinne testiert, ohne sich einseitig daraus lösen zu können?

Die einzige Möglichkeit ist der Erbvertrag. Er ist beliebt bei Personen, die bedacht werden wollen, und birgt Risiken für Personen, die sich damit in der Regel unwiderruflich binden.

Vergleichen Sie hierzu das Kapitel „Der Unterschied zwischen Testament und Erbvertrag", Seite 11ff.

Der Erbvertrag ähnelt insoweit einem Testament, als er ausschließlich letztwillige Verfügungen enthalten darf, und unterscheidet sich von diesem dadurch, dass es sich um einen erbrechtlichen Vertrag handelt, aus dem normalerweise keine einseitige Lösung möglich ist. Im Erbvertrag können sowohl der Vertragspartner als auch eine dritte Person als Erbe oder Vermächtnisnehmer eingesetzt werden. Im letzteren Falle handelt es sich um einen Erbvertrag zu Gunsten Dritter. Im Unterschied zu sonstigen Verträgen kann der Erbvertrag nur höchstpersönlich abgeschlossen werden. Es ist grundsätzlich nicht zulässig, dass sich jemand in einem Erbvertrag vertreten lässt. Auch gesetzliche Vertreter können nicht für einen Minderjährigen handeln. Allerdings kann sich der Vertragspartner bei einem Erbvertrag vertreten lassen, der nicht selbst in dem Vertrag testiert, sondern lediglich von dem anderen Vertragspartner darin bedacht wird.

Wer darf einen Erbvertrag abschließen?

Zunächst gilt für den Abschluss eines Erbvertrages, dass derjenige, der testiert, voll testierfähig sein muss.

Für den Abschluss eines Erbvertrages wird jedoch mehr als bloße Testierfähigkeit verlangt, weil es sich um einen endgültig bindenden Vertrag handelt. Wer in einem Erbvertrag als Erblasser auftritt, muss unbeschränkt geschäftsfähig sein (§ 2275 Abs. 1 BGB). Geschäftsfähigkeit setzt Volljährigkeit voraus; ferner darf der Betreffende nicht wegen Geisteskrankheit entmündigt sein und sich nicht in einem die freie Willensbestimmung ausschließenden Zustand befinden. Eine Ausnahme besteht beim Abschluss eines Erbvertrages mit dem Ehegatten oder Verlobten des Erblassers. In diesem Fall genügt es, wenn der Erblasser wenigstens in der Geschäftsfähigkeit lediglich beschränkt, also nicht gänzlich geschäftsunfähig ist. Allerdings muss dann der gesetzliche Vertreter des Erblassers zustimmen, der meist ein Vormund (Betreuer) sein wird. Dieser bedarf schließlich der Zustimmung des Vormundschaftsgerichts. Man sieht, dass die Anforderungen hinsichtlich des Erbvertrages wesentlich strenger als beim Testament sind. Für das Vorliegen der entsprechenden Voraussetzungen trägt der protokollierende Notar die Verantwortung.

Zur Testierfähigkeit vergleichen Sie bitte Seite 13f.

Achtung!

Anders als bei der Rücknahme von notariellen Testamenten aus der amtlichen Verwahrung hat die Rücknahme von Erbverträgen keine Konsequenzen für deren Gültigkeit. Die Gültigkeit bleibt bestehen.

Anders verhält sich die Situation beim Vertragspartner, der keine eigenen Verfügungen von Todes wegen trifft (einseitiger Erbvertrag). Dieser kann auch minderjährig sein, wenn er durch die Zuwendung lediglich einen rechtlichen Vorteil erlangt.

Wie wird ein Erbvertrag geschlossen?

Der Erbvertrag kann nur zu Protokoll eines Notars abgeschlossen werden, und zwar bei gleichzeitiger Anwesenheit beider Vertragspartner, wobei der Erblasser persönlich anwesend sein muss und der lediglich Bedachte sich auch vertreten lassen kann. Hinsichtlich der Art der Beurkundung gilt dasselbe wie beim öffentlichen Testament. Es ist sowohl eine mündliche Erklärung des Textes zu Protokoll des Notars möglich als auch die Übergabe einer verschlossenen Schrift mit der Erklärung, dass diese eine Verfügung von Todes wegen enthalte. Bei Erbverträgen ist davon allerdings eher abzuraten, da meist die Kontroll- und Belehrungsmöglichkeiten des Notars dadurch eingeschränkt werden.

Der Notar veranlasst die amtliche Verwahrung des Erbvertrages, es sei denn, die Vertragsparteien verzichten ausdrücklich hierauf. Dies kann durchaus gefährlich werden, da im Todesfall der Notar zwar den Erbvertrag beim Nachlassgericht abliefern muss, aber nicht sicher ist, ob jeder Notar bei der Vielzahl seiner Urkunden dies auch entsprechend überwachen kann.

Im Klartext!

Es ist ein Irrtum, zu glauben, dass eine vertragliche Bindungswirkung beipielsweise einer Erbeinsetzung in jedem Fall allein deshalb eintritt, weil die Anordnung in einem Erbvertrag enthalten ist. Meist wird dies zwar der Fall sein, insbesondere wenn gerade der Vertragspartner durch den Erbvertrag als Erbe eingesetzt wird oder ein Vermächtnis erhält, oder wenn der Erblasser ein eigenes Interesse mit der Anordnung verfolgt (zum Beispiel die Abgeltung von Pflegeleistungen). Im Zweifelsfall muss dies jedoch klargestellt werden, weshalb der Notar vorsichtigerweise immer ausdrücklich erwähnen muss, welche der erbvertraglichen Verfügungen vertragsmäßig getroffen werden.

Der Inhalt des Erbvertrages

Grundsätzlich können beide Vertragspartner in einem Erbvertrag Verfügungen von Todes wegen treffen (zweiseitiger Erbvertrag). Dies würde bedeuten, dass beide entweder sich gegenseitig oder/und Dritte zum Beispiel zu Erben oder Vermächtnisnehmern einsetzen. Es ist aber auch möglich, dass nur eine Vertragspartei als Erblasser auftritt und der andere beispielsweise nur der Bedachte ist (einseitiger Erbvertrag). Hierbei ist zu beachten, dass vertragsmäßige Verfügungen mit Bindungswirkung nur Erbeinsetzungen, Vermächtnisse und Auflagen sein können. Dazu zählen natürlich auch Vor- und Nacherbeneinsetzungen.

Im Klartext!

Ehegatten können einen gemeinsamen Erbvertrag genauso durch ein gemeinschaftliches Testament nach den geltenden Formvorschriften aufheben; und zwar auch durch ein privatschriftliches gemeinsames Testament.

Andere Verfügungen, wie Teilungsanordnungen, Testamentsvollstreckerbestellungen oder Enterbungen sind möglich, jedoch nicht mit bindender Wirkung; das heißt, sie können jederzeit widerrufen werden.

Die Aufhebung des Erbvertrages

Mit dem Abschluss des Erbvertrages ist zumindest insoweit eine Bindung des Erblassers eingetreten, als er anderweit nicht mehr letztwillig, also durch ein anderes Testament oder einen anderen Erbvertrag verfügen kann. Auch frühere Testamente, die dem Erbvertrag widersprechen, werden hinfällig. Andererseits kann der Erblasser zu Lebzeiten weiterhin völlig frei über sein Vermögen verfügen. Er kann den Nachlass verbrauchen, veräußern oder sogar verschenken. Hier gibt es nur eine Einschränkung: Wenn der Erblasser Schenkungen ausdrücklich in der böswilligen Absicht vornimmt, den Vertragserben zu benachteiligen, dann sind diese unwirksam und der Vertragserbe hätte ein Herausgaberecht gegenüber dem Beschenkten. Ansonsten kann der Erbvertrag nur gemeinsam wieder aufgehoben werden. Dies gilt auch, wenn dort Dritte bedacht werden. Diese können die Aufhebung nicht verhindern. Insoweit ist ein notarieller Aufhebungsvertrag erforderlich; auch dabei muss der Erblasser höchstpersönlich anwesend sein. Die Aufhebung ist beispielsweise nicht mehr möglich, wenn einer der Vertragsteile gestorben ist.

Der Widerruf des Erbvertrages

Ein einseitiger Widerruf vertragsmäßiger bindender Erklärungen des Erblassers ist nicht möglich. Lediglich ein Rücktritt kommt in Betracht, wenn dieser vertraglich vorbehalten wurde oder wenn ein gesetzlicher Rücktrittsgrund vorliegt. Ein den gesamten Erbvertrag umfassendes vorbehaltenes Rücktrittsrecht dürfte ziemlich sinnlos sein, weil damit der Zweck des Erbvertrages ausgehöhlt würde. Sinnvoll kann hingegen ein auf einzelne Verfügungen beschränktes Rücktrittsrecht sein. Grundsätzlich gibt es zwei wesentliche gesetzliche Rücktrittsrechte des Erblassers:

* Wenn der Erblasser berechtigt wäre, dem pflichtteilsberechtigten Vertragspartner, den er bedacht hat, wegen einer Verfehlung o.Ä. den Pflichtteil zu entziehen oder
* wenn die Verpflichtung zur Gegenleistung, die der Bedachte in dem Erbvertrag gegenüber dem Erblasser übernommen hatte, vor

Checkliste Widerruf

* Der Rücktritt kann nur bis zum Tode einer der Vertragspartner erklärt werden. Nach dem Tod eines Vertragspartners hat der Überlebende nur die Alternative, das ihm Zugewendete auszuschlagen, um die Testierfreiheit seinerseits zurückzuerhalten.
* Wenn der allein vertragsgemäß testierende Erblasser überlebt und sich nicht aus dem Erbvertrag ergibt, dass nach dem Tod des Vertragspartners andere Personen erben (z.B. die Abkömmlinge), kann der Erblasser nach dem Tod des Vertragspartners auch den Erbvertrag durch Testament aufheben. Dasselbe gilt, wenn er ein Rücktrittsrecht hatte (§ 2297 BGB).
* Durch den wirksamen Rücktritt wird der gesamte Erbvertrag hinfällig.
* Der Rücktritt erfolgt durch Erklärung gegenüber dem anderen Vertragsschließenden und bedarf der Beurkundung durch einen Notar. Dieser muss dem anderen Vertragspartner die Urschrift oder eine Ausfertigung der Rücktrittserklärung zustellen; eine beglaubigte Fotokopie genügt nicht.
* Wegen des Zeitraums für das Rücktrittsrecht ist gegebenenfalls Rechtsrat einzuholen (Verwirkungsgefahr).

dem Tod des Erblassers aus irgendwelchen Gründen wieder aufgehoben wurde oder entfällt.

In beiden Fällen ist der Erblasser nicht mehr verpflichtet, an dem Erbvertrag festzuhalten und kann zurücktreten. Wenn die Gegenleistung (zum Beispiel Pflege) hingegen bloß schlecht erbracht wird, führt dies nicht ohne weiteres zu einem Rücktrittsrecht des Erblassers. In speziellen Fällen sollte daher jedenfalls Rat von einem Rechtsbeistand eingeholt werden.

Die Anfechtung des Erbvertrages

Beispiel: *Alois Fuchs hat den Erbvertrag nur deshalb abgeschlossen, weil ihn Ilona Wolf ständig bedroht hatte, sie würde sonst seine Steuerhinterziehungen dem Finanzamt mitteilen und alle Freunde gegen ihn aufhetzen. Er vertraut sich einem Freund an und fragt ihn um Rat.*

Zweckmäßigerweise sollte Alois eine Anfechtung des Erbvertrages erwägen, da er bei noch weiter fortschreitendem Alter von Ilona eher immer schlechter behandelt werden wird. Durch eine Selbstanzeige beim Finanzamt kann er auch eine Bestrafung verhindern und Ilona damit „den Wind aus den Segeln nehmen".

Vergleichen Sie dazu auch den Abschnitt „Die Anfechtung eines Testaments", Seite 58ff.

Bei Erbverträgen gelten dieselben Anfechtungsgründe wie bei Testamenten. Es gibt jedoch einige Besonderheiten. Während beim Testament der Erblasser selbst nicht anfechtungsberechtigt ist, da er das Testament jederzeit widerrufen kann, ist dies beim Erbvertrag sowie beim gemeinschaftlichen Testament anders. Hier kann der Erblasser Erklärungen anfechten, soweit er diese nicht mehr selbst widerrufen kann. Außerdem sind diejenigen anfechtungsberechtigt, denen die Anfechtung zustatten kommen würde: Ersatzerben, gesetzliche Erben, Vorerben, ein übergangener Pflichtteilsberechtigter oder die Erben bei Anordnung einer Testamentsvollstreckung.

Als Anfechtungsgründe kommen in Betracht:

* Drohung

* Irrtum über die Erklärungshand-
lung (zum Beispiel der Erblasser
hat versehentlich DM 20.000,—
vermacht, obwohl er nur DM
10.000,— vermachen wollte)
* Irrtum über den Inhalt einer Erklärung (zum Beispiel der Erblasser ordnet gesetzliche Erbfolge
an und befindet sich nachweisbar
im Irrtum, welche Personen damit
bedacht worden sind)
* Motivirrtum: Hier nennt das
Gesetz zum Beispiel die irrige
Erwartung oder Annahme des
Eintritts bzw. Nichteintritts eines
Umstandes (§ 2078 Abs. 2 BGB)
oder das Übergehen eines Pflichtteilsberechtigten (§ 2879 BGB);
letzteres jedoch nur, wenn nicht
anzunehmen ist, dass der Erblasser auch bei Kenntnis der Sachlage die Verfügungen getroffen
haben würde. Hierunter fallen Situationen, in denen eine Erbeinsetzung oder ein Vermächtnis beispielsweise davon geprägt ist,
dass eine bestimmte Familiensi-
tuation erhalten bleibt, also dass
der Erblasser nicht mehr heiratet

oder keine Kinder mehr bekommt. Oder der Erblasser hat mit der Zuwendung eine bestimmte Erwartung verknüpft, zum Beispiel im Fall
von Alois und Ilona bei ihrem Erbvertrag hinsichtlich der Pflegeleistungen. Es wäre denkbar, dass Alois wenigstens auch dann ein Anfechtungsrecht hätte, wenn seine Erwartungen auf anständige Pflegeleistungen in keiner Weise erfüllt werden. Wie oft in solchen Fällen
müssen hier selbstverständlich stichfeste Beweise geliefert werden.

Die Anfechtungserklärung erfolgt gegenüber dem Anfechtungsgegner, solange dieser lebt. Nach dem Tod des Vertragspartners ist die Anfechtung gegenüber dem Nachlassgericht zu erklären. Sie bedarf stets der notariellen Beurkundung.

Die Frist für die Anfechtung beträgt ein Jahr und beginnt mit dem Zeitpunkt, zu dem der Anfechtungsberechtigte vom Grund der Anfechtung Kenntnis erlangt hat bzw. bei Drohung mit dem Wegfall der Zwangslage. Die absolute Ausschlussfrist für die Anfechtung beträgt jedoch 30 Jahre nach dem Erbfall.

Die Eröffnung der Verfügungen von Todes wegen

Vergleichen Sie hierzu den Abschnitt „Die Verwahrung von letztwilligen Verfügungen", Seite 60ff.

Beispiel: *Xaver Huber weiß, dass seine verstorbene Tante ihm einen größeren Geldbetrag vermacht hat. Er möchte wissen, wann und wie er Näheres erfährt und ob dies den Tatsachen entspricht.*

Wir hatten bereits gesehen, dass notarielle Testamente automatisch in amtliche Verwahrung gegeben werden und dass für alle anderen Testamente nach dem Tode des Erblassers eine Ablieferungspflicht an das Nachlassgericht besteht.

Die Ablieferungspflicht sollte ernst genommen werden, da im Extremfall eine Person, die ein aufgefundenes Testament vernichtet, nicht nur mit einer Bestrafung wegen Urkundenunterdrückung (§ 274 StGB), sondern auch mit Schadensersatzansprüchen der Erben rechnen muss. Durch die Strafandrohung soll sichergestellt werden, dass das Nachlassgericht, sobald es Kenntnis vom Tode des Erblassers erlangt, das verwahrte und/oder abgelieferte Testament eröffnen kann. Die Eröffnung ist Voraussetzung dafür, dass ein Erbe gegenüber Dritten seine Erbenstellung nachweisen kann. Denn nur aufgrund eines eröffneten Testamentes oder Erbvertrages kann dem Erben ein entsprechender Erbschein ausgestellt werden.

Der Eröffnung kommt so große Bedeutung zu, dass es für die Umschreibung eines Grundstücks auf die Erben ausreicht, wenn sich die Erbenstellung aus einem notariell beurkundeten Testament ergibt und dieses zusammen mit dem Protokoll über die Eröffnung dem Grundbuchamt vorgelegt wird. Dies gilt natürlich nur für klare Erbverhältnisse. Bei Unklarheiten oder Zweifeln wird auch das Grundbuchamt die Erben zur Vorlage eines Erbscheins auffordern.

Detaillierte Informationen erhalten Sie im Abschnitt „Der Erbschein", Seite 157ff.

Der Eröffnungstermin

Nach Kenntniserlangung vom Tode des Erblassers bestimmt das Nachlassgericht einen Termin zur Eröffnung des Testaments, vorausgesetzt, die letztwillige Verfügung – Erbvertrag oder Testament – befindet sich in amtlicher Verwahrung oder eine derartige Verfügung ist pflichtgemäß beim zuständigen Nachlassgericht abgeliefert worden. Es werden in diesem Termin sämtliche dem Gericht vorliegende Urkunden eröffnet. Dabei ist es unerheblich, ob es sich um wirksame oder widerrufene Testamente, Entwürfe oder sonstige Schriftstücke handelt.

Beim Eröffnungstermin werden vom Nachlassgericht sämtliche aus den Testamenten erkennbare beteiligte Personen und außerdem die gesetzlichen Erben, soweit diese feststellbar sind, geladen. Dies gilt auch für Nacherben, Vermächtnisnehmer und natürlich einen Testamentsvollstrecker. Soweit geladene Personen zu dem Termin nicht erscheinen oder sich weitere Beteiligte im Rahmen des Eröffnungstermins ergeben (zum Beispiel, wenn bei verschlossenen Urkunden Personen erst beim Termin bekannt werden), wird diesen der Inhalt des Testaments, soweit es sie betrifft, vom Nachlassgericht später mitgeteilt. Dadurch soll jeder Beteiligte ausreichend Gelegenheit erhalten, seine Rechtssituation zu klären.

Vergleichen Sie auch den Abschnitt „Die Annahme und Ausschlagung einer Erbschaft", Seite 96ff.

Beim Termin werden Testament oder Erbvertrag geöffnet, den Beteiligten mitgeteilt und auf Verlangen vorgelegt. Es ist außerdem zulässig, von einer Terminsladung abzusehen und den Beteiligten lediglich eine Kopie der eröffneten Schriftstücke zu übersenden. Es wird aber immer ein Protokoll über die Eröffnung erstellt.

Die gesetzlichen Vorschriften der Testaments-eröffnung sind in §§ 2260-2264 BGB geregelt.

Der Eröffnung kommt u.a. deshalb große Bedeutung zu, weil ab diesem Zeitpunkt die Frist für die Ausschlagung der Erbschaft beginnt, auch wenn der Erbe schon vorher Kenntnis vom Inhalt des Testaments etc. haben sollte. Allerdings beginnt die Frist für einen Erben, der trotz der Eröffnung erst durch Übersendung der Durchschrift seitens des Nachlassgerichts Kenntnis erhält, erst von diesem Zeitpunkt der Kenntniserlangung zu laufen (§ 1944 BGB).

Das Original des Testaments verbleibt in der Nachlassakte. Jeder, der ein rechtliches Interesse an einer Einsicht hat und dies glaubhaft macht, kann diese sowie eine Abschrift des Testaments erhalten.

Beim gemeinschaftlichen Testament und Erbvertrag werden die letztwilligen Verfügungen des Überlebenden, soweit sie sich von denjenigen des Verstorbenen trennen lassen, noch nicht eröffnet. Die Verfügungen werden dann separiert. Von den eröffneten Verfügungen des Erstverstorbenen werden beglaubigte Abschriften gefertigt. Das Testament oder der Erbvertrag werden dann wieder in besondere amtliche Verwahrung genommen.

Achtung!

* Wenn Sie feststellen oder glauben, als gesetzlicher Erbe im Testament übergangen worden zu sein oder sich in irgendeiner Form übergangen fühlen, sollten Sie sich jedenfalls mit einem Rechtsbeistand – Rechtsanwalt oder Notar – eingehend beraten.

* Beantragen Sie eine Prüfung der betreffenden letztwilligen Verfügung und informieren Sie sich, welche Rechte ihnen bezüglich des Nachlasses zustehen können; hierbei geht es insbesondere auch um die eventuelle Geltendmachung von Pflichtteilsansprüchen.

* Weiter detaillierte Informationen entnehmen Sie bitte dem Abschnitt „Die Anfechtung eines Testaments", Seite 58ff.

Keine Prüfung durch das Nachlassgericht

Bei der Eröffnung eines Testaments oder Erbvertrags wird die Wirksamkeit nicht durch das Nachlassgericht geprüft. Eine gerichtlich Prüfung erfolgt erst mit der Beantragung eines Erbscheins.

Die gesetzlichen Erbregelungen

Die gesetzliche Erbfolge

Die gesetzliche Erbfolge tritt ein, wenn keinerlei letztwillige Verfügung existiert, also weder ein Testament noch ein Erbvertrag vorliegt. Der Gesetzgeber hat sich dabei davon leiten lassen, was dem wahrscheinlichsten Willen des Erblassers entspricht. Die gesetzliche Erbfolge soll demnach den Normalfall dessen darstellen, was dem Interesse einer Person entspricht, die zum Beispiel absichtlich kein Testament errichten wollte.

Erbfolgeordnungen

Die Erbfolge der Verwandten ist in mehrere Ordnungen eingeteilt. Es gilt das Prinzip des Erbrechts nach Stämmen. Jedes noch lebende Mitglied einer vorhergehenden Ordnung schließt sämtliche Mitglieder der nächsten Ordnung von der Erbfolge aus.

I. Ordnung

Erben der I. Ordnung sind die Abkömmlinge und – wenn ein Kind nicht mehr lebt – dessen Abkömmlinge usw., also die Enkel und Urenkel.

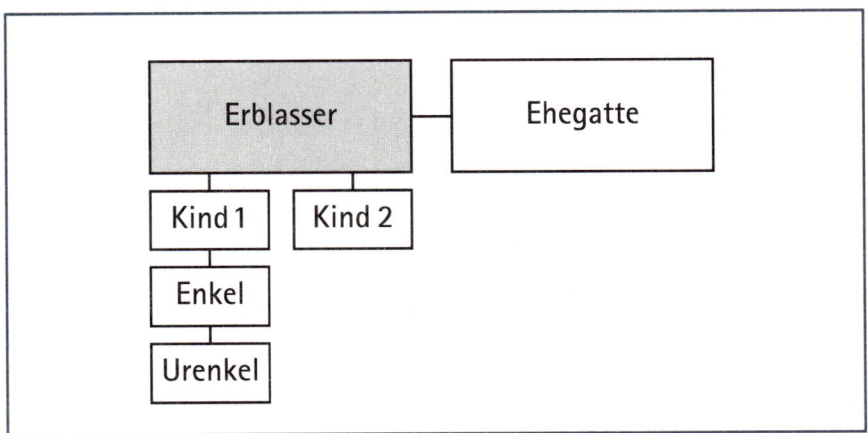

Somit schließt ein Kind des Erblassers die Eltern des Erblassers, seine Geschwister, Onkel und Tanten sowie Nichten und Neffen von der Erbschaft aus. Dasselbe gilt für einen Enkel, falls das Kind nicht mehr leben sollte. Adoptivkinder haben die Stellung eines ehelichen Kindes, sodass für sie dasselbe gilt.

Zum Erbrecht nichtehelicher Kinder siehe Seite 91ff.

Innerhalb der ersten drei Ordnungen gilt das Erbrecht der Stämme. Das heißt, die nächsten Abkömmlinge schließen die entfernteren aus, also der Sohn den Enkel usw. In der zweiten und dritten Ordnung schließen jeweils die lebenden Eltern ihre Abkömmlinge aus. Sie müssen aber beide noch leben. Die Kinder erben zu gleichen Teilen.

Im Klartext!

Stiefkinder werden niemals gesetzliche Erben der Stiefmutter oder des Stiefvaters; umgekehrt erben auch Stiefeltern nicht von ihren Stiefkindern.

Beispiel: *Thomas Schreiber will kein Testament verfassen. Er hat zwei Kinder. Eines ist vor seinem Tode verstorben und hinterlässt seinerseits zwei Kinder.*

In diesem Fall erbt das noch lebende Kind die Hälfte und die beiden Enkel je ein Viertel. Sie müssen sich den Anteil des verstorbenen Kindes teilen.

II. Ordnung

Erben der II. Ordnung sind die Eltern des Erblassers und deren Abkömmlinge, also die Mutter, der Vater, der Bruder und die Schwester des Erblassers. Sie erben nur, wenn kein Mitglied der I. Ordnung mehr lebt.

Beispiel: *Thomas Schreiber hat keine Kinder. Seine Mutter lebt noch sowie zwei Geschwister. Wer erbt wie viel?*

Da er keine Kinder hat, gibt es keine Erben der I. Ordnung. Es erben seine Eltern zu gleichen Teilen. Wenn jedoch ein Elternteil nicht mehr lebt, so treten an dessen Stelle seine Abkömmlinge (§ 1925 BGB), also der Bruder und die Schwester bzw. deren Abkömmlinge. Es würde demnach seine Mutter die Hälfte erben, die andere Hälfte ginge mit je einem Viertel an Bruder und Schwester. Wenn auch der Bruder nicht mehr leben würde, aber ein Kind hinterlassen hätte, so würde dieses ein Viertel erben.

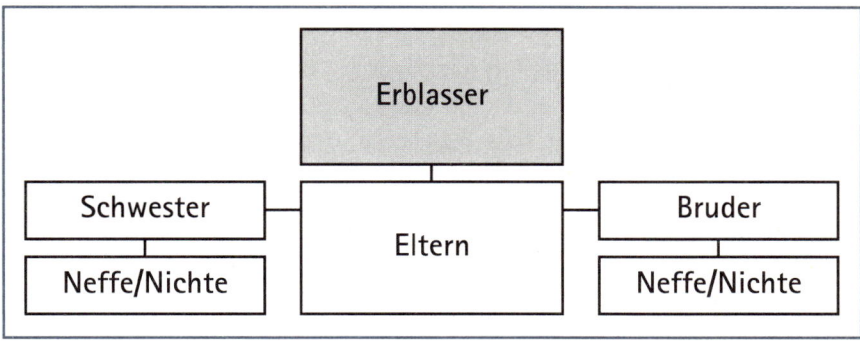

III. Ordnung

Die Erben der III. Ordnung sind die Großeltern des Erblassers und deren Abkömmlinge, also die Onkel und Tanten sowie die Vettern und Cousinen.

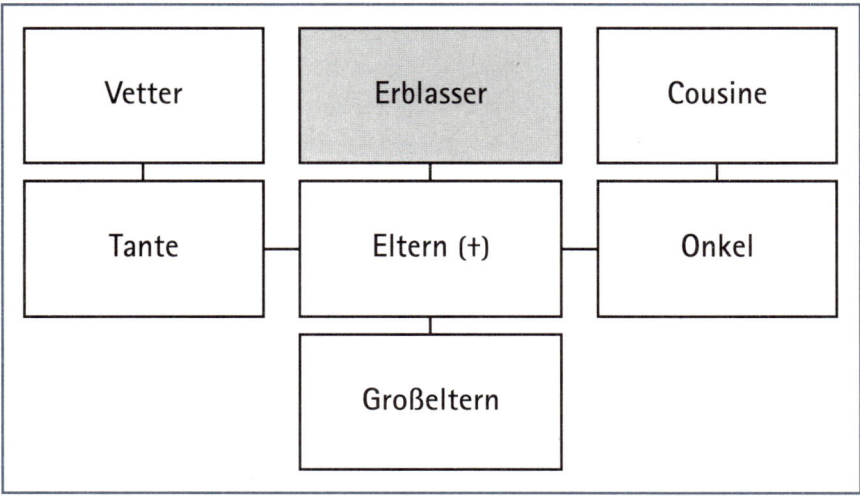

Beispiel: *Thomas Schreiber ist kinderlos. Er hat kriegsbedingt auch seine Eltern verloren. Es lebt aber noch ein Großvater und ein Onkel. Wer erbt wie viel?*

Wenn nur noch die Großeltern leben, so erben diese alleine und zu gleichen Teilen. Lebt ein Großelternteil nicht mehr, so treten auch hier dessen Abkömmlinge an seine Stelle. War der Erblasser verheiratet, gilt aber eine besondere Regelung (siehe „Ehegattenerbrecht").
Mithin erbt der Großvater in diesem Beispiel die Hälfte, die andere Hälfte geht an den Onkel des Erblassers. Würde auch dieser nicht mehr leben und hätte zwei Kinder hinterlassen, also Vetter und Cousine des Erblassers, so würde die zweite Hälfte mit je einem Viertel an diese beiden fallen.

IV. Ordnung

Erben der IV. Ordnung sind die Urgroßeltern des Erblassers und deren Abkömmlinge. Sollten lediglich die Urgroßeltern des Erblassers zur Zeit des Erbfalls noch leben, was ein eher unwahrscheinlicher Fall ist, so erben diese zu gleichen Teilen. Falls die Urgroßeltern nicht mehr leben, werden diejenigen ihrer Abkömmlinge Erbe, die mit dem Erblasser am nächsten verwandt sind. Mehrere gleich nahe Verwandte erben zu gleichen Teilen. In der IV. Ordnung schließt bereits nur ein lebender Urgroßelternteil sämtliche Abkömmlinge aus und erbt allein. In der IV. Ordnung verlässt der Gesetzgeber das reine System der Stämme und Linien, um eine zu große Zersplitterung des Nachlasses zu vermeiden. In dieser fernen Erbordnung ist es im Übrigen möglich, dass ein potenzieller Erbe mit dem Erblasser mehrfach verwandt ist, zum Beispiel weil die Eltern aus dem Kreis der Vettern und Cousinen zweiten Grades stammen. Ist dies der Fall, erhält ein solcher Erbe auch mehrere ihm angefallene Erbteile.

Weitere Ordnungen

Theoretisch gibt es auch noch gesetzliche Erben der V. Ordnung und weiterer Ordnungen. Dort gilt dann immer der strikte Grundsatz, dass jeder nähere Verwandte alle ferneren Verwandten ausschließt. Diese Situation dürfte aber wohl sehr selten eintreten.

Das gesetzliche Ehegattenerbrecht

Beispiel: *Franz und Eva Lorenz leben seit Jahren verheiratet zusammen und haben zwei Kinder. Ein Testament wollen sie nicht machen, weil sie glauben, dass auch gesetzlich alles bestens geregelt sei.*

Zunächst ist richtig, dass auch der Ehegatte ein gesetzliches Erbrecht hat. Dies setzt jedoch voraus, dass zum Zeitpunkt des Todes des Erblassers eine gültige Ehe bestanden hat. Wer rechtskräftig geschieden ist, hat kein gesetzliches Erbrecht mehr.

Checkliste Ehegattenerbrecht

* Leben Verwandte der I. Ordnung: Kinder, Enkel, Urenkel?

* Leben Verwandte der II. Ordnung: Eltern, Geschwister, Neffen, Nichten?

* Leben Verwandte der III. Ordnung: Großeltern, Onkel, Tanten, Vettern und Cousinen?

* Leben noch fernere Verwandte?

* Gibt es Adoptivkinder?

* Gibt es Kinder aus früheren Ehen?

* Gibt es nichteheliche Kinder?

* Gibt es Stiefkinder?

Erbordnung

Die Quote des überlebenden Ehegatten ist sehr unterschiedlich. Abgesehen vom so genannten Voraus, der an anderer Stelle behandelt wird, richtet sie sich einerseits danach, in welchem Güterstand die Ehegatten ge-

Zum Ehegattenvoraus siehe Seite 106f.

lebt haben und andererseits danach, neben welchen Verwandten des Erblassers der Ehegatte erbt, also welche der Erbordnungen zum Zuge kommt. Unabhängig vom Güterstand ist zunächst zu prüfen, was das Erbrecht vorsieht. Danach gilt:

* Neben Verwandten der I. Ordnung erbt der Ehegatte ein Viertel. Hierzu gehören nicht nur die Kinder und Enkel der betreffenden Ehe, sondern auch die Abkömmlinge des Erblassers aus früheren Ehen, einschließlich Adoptiv- und nichteheliche Kinder.

* Neben Verwandten der II. Ordnung (Eltern, Geschwister, Neffen und Nichten des Erblassers) und Großeltern erbt der Ehegatte die Hälfte.
* Interessant ist, was passiert, wenn nur Großeltern als Erben zum Zuge kommen würden, aber ein Großelternteil nicht mehr lebt. Wie wir oben gesehen haben, würde dessen Erbteil dann an sich dessen Abkömmlingen zustehen, also etwaigen Onkeln, Tanten, Vettern oder Cousinen. Dies gilt jedoch nicht, wenn der Ehegatte noch lebt. Dieser erhält dann zusätzlich zu seinem Erbteil von einem Viertel noch deren Erbteil. Der Gesetzgeber wollte bei so ferner Erbfolge den Ehegatten bevorzugen.

Grundsätzlich gilt: Nähere Verwandte schließen entferntere von der Erbfolge aus (§ 1930 BGB).

* Noch mehr bevorzugt wird der Ehegatte, wenn überhaupt keine Verwandten der I. oder II. Ordnung sowie keine Großeltern des Erblassers mehr leben sollten. Dann erbt der überlebende Ehegatte den gesamten Nachlass.

Güterstand der Ehe

Die Abklärung der Erbordnung reicht für das Ehegattenerbrecht längst nicht aus. Der Güterstand der Ehe hat einen wesentlichen Einfluss auf die Erbquote. Es gibt drei Güterstände: Zugewinngemeinschaft, Gütertrennung und Gütergemeinschaft. Dabei sind zwei weitere Besonderheiten zu beachten:
* Die so genannten Altehen, die bis zum 30.06.1958 den Ausschluss der Zugewinngemeinschaft beim zuständigen Amtsgericht einseitig erklären und dadurch ab diesem Zeitpunkt die Gütertrennung herbeiführen konnten.

Zum Erbrecht in den neuen Bundesländern siehe Seite 160f.

* Die Ehegatten in den neuen Bundesländern, für die bis zum 03.10.1990 der in den alten Bundesländern unbekannte gesetzliche Güterstand der „Eigentums- und Vermögensgemeinschaft" entsprechend dem Familienrecht der ehemaligen DDR galt. Auch hier bestand eine Wahlmöglichkeit. Jeder Ehegatte konnte bis zum 03.10.1992 gegenüber dem früher zuständigen Kreisgericht in den neuen Bundesländern erklären, dass er den sonst automatisch eintretenden Güterstand der Zugewinngemeinschaft ablehnte. Alsdann verblieb es für denjenigen beim alten DDR-Güterstand.

Von diesen Besonderheiten abgesehen, gilt hinsichtlich der Güterstände, dass der gesetzliche Güterstand die Zugewinngemeinschaft ist. Dieser Güterstand gilt immer dann, wenn die Ehegatten keinerlei abweichende Vereinbarungen getroffen, also weder Gütertrennung noch Gütergemeinschaft vereinbart haben, die ohnehin nur notariell wirksam wären.

Zugewinngemeinschaft

Im Alltagsleben wird von den Konsequenzen her die Zugewinngemeinschaft oft mit der Gütergemeinschaft gleichgestellt. Der Nichtjurist meint, dass auch bei der Zugewinngemeinschaft das gesamte Vermögen beiden Ehegatten gehört und dass man deshalb schon aus Haftungsgründen die Zugewinngemeinschaft ausschließen müsse. Dies ist ein schwer aufzuklärender Irrtum, zu dem sicher die Sprache des Gesetzes beigetragen hat. Eine Vermögensgemeinschaft tritt ausschließlich bei der ausdrücklich zu vereinbarenden Gütergemeinschaft ein. Bei der Zugewinngemeinschaft verbleibt es dagegen bei der Gütertrennung mit Besonderheiten gegenüber der Gütertrennung:

Die Erbquote des überlebenden Ehegatten wird maßgeblich dadurch bestimmt, in welchem Güterstand die Ehepartner zum Zeitpunkt des Todes des Erblassers gelebt haben.

* Zugewinnausgleich der Ehegatten bei Scheidung und Tod
* Verfügungsbeschränkungen der Ehegatten, zum Beispiel bei Verträgen über große Vermögensteile (§ 1365 BGB)
* Verfügungseinschränkung über Haushaltsgegenstände (§ 1369 BGB)
* Eigentumsvermutung bei Besitz eines Ehegatten (§ 1362 BGB)

Insbesondere aufgrund des § 1362 BGB, wonach vermutet wird, dass ein im Besitz eines Ehegatten befindlicher Vermögenswert diesem auch gehört, ist zu empfehlen, von vornherein ein Vermögensverzeichnis aufzustellen, aus dem genau ersichtlich ist, welche Vermögensgegenstände jedem Ehegatten allein gehören. Dieses Verzeichnis muss das Datum der Erstellung erkennen lassen und sollte aus Beweisgründen notariell beglaubigt sein. Wenn dies beachtet ist, braucht aus Haftungsgründen jedenfalls keine Gütertrennung vereinbart zu werden. Ganz anders ist natürlich die Frage zu entscheiden, ob aus Erbrechts- oder Erbschaftssteuergründen die Zugewinngemeinschaft oder ein anderer Güterstand Vorteile bringt. Dafür ist es jedoch unabdingbar, erst einmal den Einfluss der Güterstände auf das Erbrecht zu kennen.

Beispiel 1: *Ralf Ohnesorg und seine Frau Isabel haben keinen Ehevertrag abgeschlossen. Sie haben zwei Kinder und ein mittelgroßes Vermögen erarbeitet. Sie überlegen, ob sie an dem Güterstand etwas ändern müssen.*

„Zugewinn ist der Betrag, um den das Endvermögen eines Ehegatten das Anfangsvermögen übersteigt." (§ 1373 BGB).

Da das Ehepaar im gesetzlichen Güterstand der Zugewinngemeinschaft lebt, hat der überlebende Ehegatte einen höheren Erbteil als bei Gütertrennung. Dies beruht auf dem gesetzlichen System der Zugewinngemeinschaft, die zur Folge hat, dass im Fall der Scheidung und des Todes ein Ausgleich zwischen den Ehegatten hinsichtlich des Zugewinns der Ehe stattfinden soll. Als Zugewinn wird im Allgemeinen der Mittelwert des Vermögens bezeichnet, der sich im Laufe der Ehejahre als Steigerung gegenüber dem Anfangsvermögen der Ehegatten ergeben hat. Im Fall der Scheidung der Ehe wird dieser Zugewinn nach genau festgelegten Regelungen des Gesetzes ganz konkret ermittelt und es wird die Differenz des beiderseitigen Zugewinns ausgerechnet. Diese Differenz ist demjenigen Ehegatten zur Hälfte auszuzahlen, der den geringeren Zugewinn erzielt hat.

Im Erbfall ist die Regelung einfacher. Der überlebende Ehegatte erhält als Ausgleich für den Zugewinn eine Erhöhung seines gesetzlichen Erbteils um ein Viertel (§ 1371 BGB). Diese Erhöhung steht jedem überlebenden Ehegatten völlig unabhängig davon zu, ob er tatsächlich aufgrund eines Zugewinnvergleiches einen Ausgleichsanspruch hätte oder nicht. Dies bedeutet im konkreten Beispiel, dass Ralf bzw. Isabel neben den Kindern die Hälfte erbt, unabhängig davon, wie viele Kinder vorhanden sind. Mit dieser Situation können beide leben und brauchen keine Güterstandsänderung zu vereinbaren. Ein Testament wäre höchstens unter Pflichtteilsgesichtspunkten der Kinder oder zum Zwecke der Versorgung des Ehegatten je nach Vermögensgröße zu überlegen.

Wären keine Kinder vorhanden, so würde der überlebende Ehegatte im Güterstand der Zugewinngemeinschaft neben den Erben der zweiten Ordnung (also den Eltern des Erblassers und deren Abkömmlingen) sowie neben den Großeltern drei Viertel erhalten. Falls nur noch entferntere Verwandte des Erblassers zum Zuge kommen, würde der Ehegatte den gesamten Nachlass erhalten.

Ein Viertel des gesamten Nachlasses wird pauschal von der Erbschaft ausgenommen.

Diese Regelung des Gesetzes, dem überlebenden Ehegatten unabhängig von einem erzielten Zugewinn eine pauschale Erhöhung der Erbquote zu gewähren, dürfte im Normalfall einer langjährigen Ehe angemessen sein, wenn beide Ehegatten zur Erarbeitung des Vermögens entsprechend beigetragen haben. In Extremsitutationen, die leider heutzutage durchaus nicht selten sind, zeigt sich jedoch, dass diese pauschalierte Zugewinnabgeltung im Todesfall auch ungerecht sein kann.

Beispiel 2: *Ralf Ohnesorg ist verstorben. Ein Zugewinn ist nur beim Vermögen von Ralf entstanden, weil Isabel kein eigenes Vermögen hatte; der Zugewinn ist erheblich, weil Ralf ein umfangreicher Grundbesitz gehörte, welcher im Laufe der Jahre wertmäßig noch gestiegen ist. Da er das Vermögen während der Ehe erworben hat, stellt dieses praktisch insgesamt auch seinen Zugewinn dar.*

Hier würde Isabel die pauschalierte zusätzliche Erbquote von einem Viertel als Ausgleich für den Zugewinnanspruch weniger bringen als der tatsächliche Zugewinnausgleichsanspruch. Über diesen würde sie bereits ohnehin die Hälfte des Vermögens erhalten. Dies wäre genauso viel wie sie neben ihren Kindern insgesamt als Erbanteil hätte, nämlich die Hälfte des Nachlasses des Ehemannes. In diesem Fall hätte Isabel folgende Alternative:

Vergleichen Sie hierzu auch den Abschnitt „Annahme und Ausschlagung einer Erbschaft", Seite 96ff.

Sie braucht es nicht bei der pauschalierten Abgeltung des Zugewinns durch Erhöhung des gesetzlichen Erbteils um ein Viertel zu belassen. Stattdessen kann sie die so genannte „güterrechtliche Lösung" wählen und den Zugewinnanspruch konkret gegenüber den Erben geltend machen. Dann darf sie natürlich nicht selbst Erbin sein; das heißt, sie muss die Erbschaft ausschlagen.

*Zum Ehegatten-
pflichtteil siehe
Seite 134.*

Dann erhält sie über diesen güterrechtlichen Anspruch die Hälfte des Nachlasses. Daneben kann sie außerdem ihren Pflichtteilsanspruch geltend machen und erhält insgesamt mehr als im Falle einer Erbschaft.

Dieser Pflichtteil wird jetzt allerdings so berechnet, als ob ihr Erbteil nicht um ein Viertel erhöht worden wäre (kleiner Pflichtteil). Sie würde dann als Pflichtteil noch einmal zusätzlich die Hälfte von einem Viertel (dem normalen Erbteil) erhalten, also zusätzlich ein Achtel. Den so genannten „großen Pflichtteil", also die Hälfte aus dem erhöhten Erbteil von 50 Prozent, mithin 25 Prozent des Nachlasses könnte der Ehegatte nur verlangen, wenn er nicht zusätzlich die Zugewinnforderung geltend macht.

In unserem Beispiel hätten Ralf und Isabel natürlich auch vorsorglich an diese Situation denken können und dadurch dem überlebenden Ehegatten viele Überlegungen und Ärger ersparen können. Sie hätten testamentarisch den Nachlass für den Fall des Vorversterbens von Ralf so aufteilen können, dass für keine Seite der Überlebenden (Ehegatte und Kinder) große Nachteile entstehen. Dabei sind auch Pflichtteils- und Erbschaftssteuergesichtspunkte zu berücksichtigen.

Im Klartext!

Bei Familien, bei denen ein Ehegatte das Vermögen während der Ehe im Wesentlichen alleine erarbeitet hat und Kinder vorhanden sind, nicht ohne Testament aufgrund eingehender rechtlicher Beratung leben.

<u>Beispiel 3:</u> *Ralf Ohnesorg hat in zweiter Ehe eine wesentlich jüngere Frau geheiratet und sein Vermögen in diese Ehe ohne Ehevertrag eingebracht.*

Dies ist die umgekehrte Extremsituation. In diesem Fall wird die zweite Ehefrau bei der erbrechtlichen Lösung neben den Kindern aus erster Ehe ebenfalls die um ein Viertel erhöhte Erbquote erhalten, mithin die Hälfte. Dies kann als ungerecht empfunden werden, weil in dieser zweiten Ehe kein Zugewinn erzielt und das gesamte Vermögen von Ralf allein in der ersten Ehe erarbeitet wurde. Die Kinder aus der ersten Ehe werden dadurch mehr benachteiligt, als es den Vorstellungen des Gesetzgebers entsprach.

Eine Besserstellung kann auf zweierlei Weise erreicht werden:

* Durch Vereinbarung des Güterstandes der Gütertrennung in der zweiten Ehe

* Durch ein Testament, welches die Kinder aus der ersten Ehe begünstigt

Um hier die richtige Entscheidung zu treffen und auch wegen des korrekten Inhaltes eines Testaments in einer deratigen Situation, muss unbedingt Rechtsrat eingeholt werden.

Beispiel 4: *Ralf Ohnesorg und seine zweite Ehefrau haben notariell Gütertrennung vereinbart und wollen wissen, wie nunmehr das Erbrecht des Ehegatten aussieht.*

Bekanntlich findet bei diesem Güterstand kein Ausgleich eines Zugewinns statt. Grundsätzlich verbleibt es hier bei der gesetzlichen Erbquote des überlebenden Ehegatten von einem Viertel neben Verwandten der I. Ordnung bzw. der Hälfte neben Verwandten der II. Ordnung oder neben Großeltern des Erblassers (§ 1931 BGB). Eine Veränderung des Erbteils des Ehegatten ergibt sich hier nur, wenn als gesetzliche Erben neben dem überlebenden Ehegatten ein oder zwei Kinder vorhanden sind; dann erben diese zusammen mit dem Ehegatten zu gleichen Teilen; das heißt, der Ehegatte erhält zum Beispiel neben einem Kind die Hälfte und neben zwei Kindern ein Drittel des Nachlasses. Sobald mehr als zwei erbberechtigte Kinder vorhanden sind, verbleibt es mithin bei der Grundregel, dass der Ehegatte ein Viertel erbt. Auch hier gilt – wie bei der Zugewinngemeinschaft –, dass an die Stelle nicht mehr lebender Kinder deren Abkömmlinge treten und dass selbstverständlich auch Kinder aus früheren Ehen des Erblassers, Adoptivkinder und nichteheliche Kinder des Erblassers genauso zu berücksichtigen sind.

Vergleichen Sie hierzu den Abschnitt „Das Erbschaftssteuerrecht", Seite 163ff.

Bei der Wahl des Güterstandes müssen stets auch steuerrechtliche Überlegungen angestellt werden. Es bedarf daher einer eingehenden Rechts- und Steuerberatung, ob im Erbfall eine güterrechtliche Lösung oder ein Testament vorteilhafter ist.

Der Vollständigkeit halber soll kurz erwähnt werden, dass bei dem – sehr seltenen – Güterstand der Gütergemeinschaft, der ausdrücklich notariell vereinbart werden muss, keine großen erbrechtlichen Besonderheiten auftreten. Auch hier verbleibt es bei den oben dargelegten Erbquoten neben den Erben der I. und der II. Ordnung etc. Hier gibt es Gestaltungsmöglichkeiten im Zusammenhang mit der fortgesetzten Gütergemeinschaft; das heißt, mit einer Vereinbarung, dass die Gütergemeinschaft zwischen dem überlebenden Ehegatten und den gemeinsamen Kindern nach dem Tode des Erstversterbenden fortgesetzt wird. Diese Möglichkeit sollte jedoch wegen ihrer Kompliziertheit und der Steuerfolgen nicht ohne Hinzuziehung eines Rechtsberaters vollzogen werden.

Achtung!

Bei der Gütertrennung können Erbschaftssteuernachteile entstehen, weil der – oft sehr erhebliche – Zugewinnausgleichsfreibetrag gemäß § 5 Abs. 1 ErbStG entfällt.

Für diejenigen Bürger der neuen Bundesländer, die weiterhin im Güterstand der Eigentums- und Vermögensgemeinschaft leben, sei festgehalten, dass für sie erbrechtlich ebenfalls keine Besonderheiten gelten. Es gelten die dargestellten Ehegattenerbquoten; und da es sich dabei um keine Zugewinngemeinschaft handelt, erfolgt keine Erhöhung der Ehegattenquote. Wegen sonstiger Konsequenzen dieses Güterstandes im Erbfalle, sollte ein Rechtsberater mit Erfahrung im Recht der neuen Bundesländer jedenfalls hinzugezogen werden.

Das gesetzliche Erbrecht des geschiedenen Ehegatten

Beispiel: *Ilona Ohnesorg hat sich von Ralf scheiden lassen und lebt danach allein. Nachdem dieser eine wesentlich jüngere Frau geheiratet hat, aber sein Vermögen von ihr mit aufgebaut wurde, möchte sie wissen, ob sie bei seinem Tod nicht doch noch Erbansprüche an seinem Nachlass hat.*

Ehegatten können grundsätzlich nur dann erben, wenn im Todesfall die Ehe noch formgültig bestand.

Mittelbare Erbmöglichkeit

Es gibt jedoch eine mittelbare Erbmöglichkeit des geschiedenen Ehegatten. Wenn nach dem Erbfall eines der gemeinschaftlichen Kinder stirbt, ohne ein Testament zu hinterlassen, würde der geschiedene Ehegatte als leiblicher Elternteil dieses Kindes gesetzlicher Miterbe auch des Teils des Nachlasses, den dieses Kind von dem geschiedenen Ehegatten vorher geerbt hatte. In diesem Falle sind, falls keine anderen Regelungen zur Vermeidung dieser Situation getroffen wurden, folgende Maßnahmen zu überdenken: Um zu verhindern, dass der geschiedene Ehegatte nach dem verstorbenen Ehegatten als gesetzlicher Erbe eines danach verstorbenen Kindes dessen Nachlass miterbt, sollte Vor- und Nacherbschaft angeordnet werden. Es ist außerdem zu bedenken, dass das Kind beim Tod noch minderjährig sein kann. In diesem Fall hätte möglicherweise der geschiedene Ehegatte das Sorgerecht und damit auch das Verwaltungsrecht an dem Kindesnachlass. Dies wäre eine zusätzliche Einflussmöglichkeit des Geschiedenen auf das weitere Schicksal des Nachlasses des anderen Ehegatten. Um gegebenenfalls auch dies zu verhindern, könnte entweder Testamentsvollstreckung angeordnet oder der geschiedene Ehegatte gemäß § 1638 Abs. 1 BGB vom Erblasser von der Verwaltung des Nachlasses ausgeschlossen werden. Auch hier ergeben sich schwierige Testamentsfragen, die die Einholung von Rechtsrat erfordern.

Das Erbrecht nach gemeinsamen Kinder bleibt auch im Scheidungsfalle bestehen.

Todesfall während des Scheidungsverfahrens

Es kann auch der Fall eintreten, dass ein Ehepartner während des Scheidungsverfahrens stirbt. Dann gilt: Wenn nur der überlebende Ehe-

In derartigen Fällen ist ein Rechtsberater hinzuzuziehen, der sich sowohl im Erbrecht als auch im Scheidungsrecht auskennt.

gatte Scheidungsantrag gestellt hatte, nicht aber der Verstorbene, und hatte der Verstorbene dem Scheidungsantrag auch nicht zugestimmt, so besteht das Erbrecht des überlebenden Ehegatten weiter.

Anders verhält es sich, wenn der Verstorbene selbst die Scheidung eingereicht oder dem Scheidungsgesuch des Ehegatten zugestimmt hatte. Hier ist der überlebende Ehegatte jedenfalls dann vom Erbrecht ausgeschlossen, wenn die Scheidung begründet gewesen wäre. Es muss also in dieser Situation geprüft werden, ob die Ehe bei normalem Fortgang des Verfahrens tatsächlich geschieden worden wäre. Das Erbrecht des überlebenden Ehegatten entfällt zudem, wenn der Erblasser auf Aufhebung der Ehe hätte klagen können und die Klage auch erhoben hatte (§ 1933 BGB). Da dies jedoch in Details des Scheidungsrechts führen würde, kann im Rahmen dieses Buches keine weitere Vertiefung dieses speziellen Sachverhalts erfolgen.

Das Erbrecht der Adoptiv- und Stiefkinder

Checkliste Adoption

* Adoptivkind minderjährig oder volljährig?

* Adoption vor oder nach dem 1.1.1977?

* Adoption durch einen oder beide Elternteile?

* Adoptionserstreckung auch auf Verwandte des Adoptierenden gewünscht?

* Vormundschaftsgericht einschalten?

Beispiel: *Hans und Elfriede Rosemann haben eine glückliche Familie. Sie haben nicht nur eigene Kinder, sondern auch ein Adoptivkind, Lucy aus Kenia, und eine Stieftochter, Svenja aus der ersten Ehe von Elfriede. Sie wollen kein Testament machen, weil sie der Meinung sind, dass alle Kinder gleichermaßen erben.*

Hier unterliegen sie einem großen Irrtum. Beginnen wir mit dem Fall der Adoptivtochter Lucy: Lucy wurde als Volljährige, nämlich mit 20 Jahren, lediglich von Hans Rosemann adoptiert, jedenfalls vor der Ehe mit Elfriede. Somit ist festzuhalten, dass einerseits das Adoptionsverfahren anders verlaufen ist als bei der Adoption Minderjähriger; andererseits ist die Rechtsfolge differenziert: je nachdem, ob ein Elternteil oder beide das Kind adoptiert haben. Es gibt jedoch Ausnahmefälle, wenn weitergehende Rechtsfolgen gewünscht sind, die der Mitwirkung des Vormundschaftsgerichts und zudem der Einschaltung eines Beraters bedürfen. Da in unserem Beispiel lediglich Hans die Tochter Lucy adoptiert hatte und nicht auch Elfriede, würde Lucy nur den Vater beerben. Es zeigt sich, wie fahrlässig die Ansicht der Eltern hinsichtlich des Testaments war.

Wenn Lucy bei der Adoption noch minderjährig gewesen wäre, hätte sie durch die Adoption die volle Rechtsstellung eines ehelichen Kindes von Hans erhalten. Somit erstreckt sich die Adoption in diesem Fall nicht nur auf sämtliche Abkömmlinge des Adoptivkindes, sondern auch auf die Verwandten des Adoptivvaters, also zum Beispiel Eltern und Großeltern des Adoptivvaters, die natürlich umgekehrt gegebenenfalls auch vom Adoptivkind erben, wenn eine vorgehende Erbordnung nicht zum Zuge kommen sollte. Hingegen erlöschen die blutsmäßigen Verwandtschaftsverhältnisse des Adoptivkindes. Lucy könnte nach deutschem Erbrecht nicht mehr die Straußenfarm ihres Onkels in Kenia erben. Wie dies nach kenianischem Recht beurteilt wird, muss an dieser Stelle offen bleiben.

Das Erbrecht von Adoptivkindern gegenüber Verwandten des Adoptierenden löst sehr oft deren Unwillen aus. Diesen Personen kann nur angeraten werden, in geeigneter Form zu testieren.

Checkliste Stiefkind

* Stiefkind adoptieren?

* Stiefkind durch Testament bedenken?

* Ausbildungsanspruch der „einseitigen" Kinder eines Ehepartners gegenüber dem überlebenden Ehegatten beachten!

* Erbausschlagung des überlebenden Ehegatten und Zugewinnanspruch geltend machen wegen Ausbildungsanspruch „einseitiger" Kinder?

Betrachten wir nun den Fall der Stieftochter Svenja. Auch hier befinden sich die Eltern in einem Irrtum. Svenja erbt nicht von beiden Eltern. Das gesetzliche Erbrecht steht nur leiblichen Kindern oder Adoptivkindern gegenüber den Adoptierenden zu, da diese dadurch zu einem leiblichen Kind werden. Dies gilt natürlich auch umgekehrt. Der Stiefvater Hans erbt ebenso wenig etwas von Svenja. Dies kann also nur durch ein Testament oder gegebenenfalls eine Adoption von Svenja durch Hans geändert werden; ebenso wie Lucy auch nachträglich von Elfriede adoptiert werden könnte.

Ausbildungsanspruch

Wenn Hans und Elfriede dabei bleiben, kein Testament zu machen, sind die beiden Kinder Lucy und Svenja immerhin in einem wichtigen Bereich nicht ganz rechtlos. Die einseitigen Abkömmlinge eines Ehegatten haben nämlich gegen den überlebenden Ehegatten gemäß § 1371 Abs. 4 BGB einen Ausbildungsanspruch. Dies ist aus folgendem Grund für den überlebenden Ehegatten akzeptabel: Die einseitigen Abkömmlinge des zuerst Verstorbenen beerben anders als gemeinsame Kinder den überlebenden Ehegatten nicht, sodass dessen erhöhtes Ehegattenerbrecht diese Kinder dadurch benachteiligt, dass sie davon später nicht mehr als Erben des überlebenden Ehegatten partizipieren. Deshalb ist es gerecht, dass der überlebende Ehegatte aus diesem Erbe wenigstens die angemessene Ausbildung auch dieser Kinder finanzieren muss.

Der Ausbildungsanspruch gilt jedoch nur bei gesetzlicher Erbfolge. Falls der Ehegatte aufgrund eines Testaments erbt, besteht ein Ausbildungsanspruch der „einseitigen" Kinder des Verstorbenen auch dann nicht, wenn der überlebende Ehegatte wesentlich mehr als seinen gesetzlichen Erbteil erhält. Diese Rechtslage spielt für Überlegungen des überlebenden Ehegatten eine Rolle, gegebenenfalls statt den erhöhten Erbteil zu verlangen, lieber die Erbschaft auszuschlagen und den konkreten Zugewinnausgleichsanspruch gegen die Erben des Erstverstorbenen geltend zu machen. Der Ausbildungsanspruch der „einseitigen" Kinder des Verstorbenen ist dann nicht gegeben, wenn diese ihre Ausbildung aus eigenem Vermögen und/oder dem Erb- oder Pflichtteil aus dem Nachlass des verstorbenen Ehegatten finanzieren können.

Das Erbrecht der nichtehelichen Kinder*

Beispiel: *Rolf Sägemehl hat sich durch seinen Betrieb einen großen landwirtschaftlichen Grundbesitz erarbeitet. Seine Ehefrau und sein Sohn haben ihm beim Aufbau geholfen. Er möchte nicht, dass seine nichteheliche Tochter, die sich der Modebranche zugewendet hat, später an diesem Grundbesitz partizipiert.*

Seit der Gesetzesänderung von 1970 werden „uneheliche" Kinder als „nichteheliche" Kinder bezeichnet. Durch die Gesetzesnovelle haben nichteheliche Kinder zudem eine deutliche Besserstellung hinsichtlich ihrer Erbsituation erfahren. Während früher das nichteheliche Kind nur mit der Mutter als verwandt galt, wird nunmehr auch die

Im Klartext!

* Wenn der Erblasser vor dem 01.07.1970 gestorben ist oder das nichteheliche Kind vor dem 01.07.1949 geboren wurde, besteht kein Erbrecht nach dem Vater. In diesen Fällen helfen gegebenenfalls nur letztwillige Verfügungen.

* Die Abstammung vom Vater muss eindeutig geklärt sein. Und zwar entweder durch Anerkennung des Vaters oder durch eine gerichtliche Feststellung der Vaterschaft.

* Das Erbrecht besteht auch umgekehrt seitens des Vaters gegenüber dem nichtehelichen Kind.

---

* Wahrscheinlich wird im Laufe des Jahres 1998 eine Gesetzesänderung in Kraft treten, wonach nichteheliche den ehelichen Kindern gleichgestellt werden. Die §§ 1934a-1934e sowie 2338a BGB werden dann gestrichen. Die folgenden Ausführungen stellen die bisherige Rechtslage dar.

volle Verwandtschaft mit dem Vater anerkannt. Das Kind ist gegenüber beiden Elternteilen innerhalb der I. Ordnung der Erbengruppen voll erbberechtigt.

Allerdings ist das Erbrecht des nichtehelichen Kindes gegenüber dem Vater dann anders geregelt, wenn nach dem Vater noch dessen Ehegatte oder/und dessen eheliche Kinder erben. In derart gelagerten Fällen will der Gesetzgeber verhindern, dass zwischen diesen engen Familienangehörigen und dem nichtehelichen Kind eine Erbengemeinschaft entsteht. Das nichteheliche Kind wird neben diesen Personen nicht Miterbe in der klassischen gesetzlich definierten Form, sondern erhält nur einen so genannten „Erbersatzanspruch" gegen den Nachlass. Dies gilt im übrigen auch beim Tode von väterlichen Verwandten des Erblassers, also wenn der Großvater stirbt und zu diesem Zeitpunkt der Vater des nichtehelichen Kindes schon gestorben war.

Vergleichen Sie dazu Abschnitt zur Berechnung von Erbersatzansprüchen, Seite 93f.

Der Erbersatzanspruch besteht in Form einer Geldforderung gegen die Erben in Höhe des Wertes des gesetzlichen Erbteils, der dem nichtehelichen Kind zustünde, wenn es vollberechtigter Miterbe geworden wäre. Das Kind ist somit nicht in der Form an den Nachlassgegenständen beteiligt, dass es insoweit eine Auseinandersetzung verlangen und real beispielsweise ein bestimmtes Grundstück herausbekommen könnte. Es besteht nur ein Geldanspruch, vergleichbar dem Pflichtteilsanspruch oder einem Vermächtnisanspruch, nur dass dieser wertmäßig so hoch ist wie der volle Erbanteil.

Achtung!

Ob diese immer noch bestehende Benachteiligung nichtehelicher Kinder unter verfassungsmäßigen Gesichtspunkten auf Dauer bestehen bleibt, ist unsicher. Es muss in absehbarer Zeit auch mit einer gesetzlichen Änderung gerechnet werden.

Dasselbe gilt im Übrigen auch umgekehrt: Auch der Vater des nichtehelichen Kindes hat nach dem Tode neben der Mutter und deren ehelichen Abkömmlingen lediglich denselben Erbersatzanspruch. Daraus folgt für unser Beispiel, dass Rolf Sägemehl nicht befürchten muss, dass seine nichteheliche Tochter konkrete Erbansprüche auf den landwirtschaftlichen Besitz erheben kann. Wenn zum Zeitpunkt seines

Todes seine Ehefrau und/oder seine leiblichen Kinder noch leben, hat das nichteheliche Kind nur den Erbersatzanspruch als Geldanspruch gegen die Erbengemeinschaft. Sollten diese allerdings zum Zeitpunkt seines Todes auch nicht mehr leben, erbt das nichteheliche Kind den Nachlass allein.

Der Erbersatzanspruch

In unserem Beispielsfall möchte die nichteheliche Tochter gerne wissen, wie hoch ihr Erbersatzanspruch konkret ist, und begibt sich zu Rechtsanwalt Dr. Rolf Schneider, der die Berechnung durchführen soll. Zunächst muss herausgefunden werden, in Höhe welches Anteils die Tochter als Miterbin in Betracht käme, wenn sie leibliches Kind von Rolf Sägemehl wäre. Da dieser noch eine Ehefrau und einen Sohn hat und im gesetzlichen Güterstand der Zugewinngemeinschaft lebt, würden die beiden Kinder neben der Ehefrau die Hälfte erben, also hätte die Tochter ein Viertel Erbanteil. Somit hat die Tochter einen Anspruch auf Zahlung einer Geldsumme in Höhe von einem Viertel des Nachlasswertes. Es wird demnach zunächst der genaue Nachlasswert zum Zeitpunkt des Todes errechnet. Hierbei sind zum Beispiel Grundstückswerte durch Sachverständige zu schätzen, ebenso Autos, Wertgegenstände und sonstige Nachlasswerte, die nicht eindeutig einen bestimmten Geldwert haben.

Im Klartext!

* Der Erbersatzanspruch verjährt in drei Jahren, gerechnet ab dem Zeitpunkt der Kenntnis des Kindes vom Erbfall und den Umständen, aus denen sich das Bestehen dieses Anspruchs ergibt, spätestens in 30 Jahren ab dem Erbfall.

* Der Erbersatzanspruch ist vererblich und übertragbar, kann also abgetreten und gepfändet werden.

* Falls der Erbersatzanspruch vom Erblasser eingeschränkt oder mit einem Vermächtnis oder einer Auflage beschwert wurde, kann der Erbersatzberechtigte den Anspruch wie eine Erbschaft ausschlagen und seinen Pflichtteil verlangen.

* Unter bestimmten Voraussetzungen können die Erben eine Stundung des Erbersatzanspruchs verlangen (§ 1934 b Abs. 2 S.1 BGB).

Vergleichen Sie dazu auch die Abschnitte „Die Annahme und Ausschlagung einer Erbschaft" sowie „Pflichtteilsrecht", Seite 96ff. bzw. 128ff.

Im Klartext!

* Eine Vereinbarung, die zwischen dem Vater und dem Kind über den vorzeitigen Erbausgleich geschlossen wird, bedarf der notariellen Beurkundung.

* Der Vater kann die Stundung des Ausgleichsanspruchs verlangen, wenn er dem Kind laufend Unterhalt zu gewähren hat und ihm die Zahlung neben der Gewährung des Unterhalts nicht zugemutet werden kann.

* Falls über den Erbausgleich eine wirksame Vereinbarung getroffen oder der Anspruch anderweit erfüllt wurde, sind beim Tod des Vaters bzw. väterlicher Verwandter (Großeltern etc.) das nichteheliche Kind und dessen Abkömmlinge nicht mehr erb- oder pflichtteilsberechtigt. Der Erbersatzanspruch entfällt.

* Der Anspruch auf vorzeitigen Erbausgleich verjährt in drei Jahren ab dem Zeitpunkt, in dem das Kind das 27. Lebensjahr vollendet hat.

Zwar richtet sich der Erbersatzanspruch der Tochter gegen alle Erben. Da aber das eheliche Kind infolge der Umqualifizierung des Erbteils des nichtehelichen Kindes in einen Geldanspruch einen höheren Erbteil erhält, muss das eheliche Kind im Innenverhältnis in Höhe dieses Vorteils, das heißt, des weiteren Viertels, die Last dieses Erbersatzanspruchs tragen. Dies bedeutet, die anderen Miterben, hier die Ehefrau, können verlangen, dass der eheliche Sohn diesen Anspruch aus dem Nachlass erfüllt (§§ 1934 b Abs. 2, 2320 BGB).

Der vorzeitige Erbausgleich

Beispiel: *Die Tochter von Rolf Sägemehl ist 21 Jahre alt geworden und braucht dringend Geld, um ihre Modeausbildung im teuren New York fortsetzen zu können. Sie hat gehört, dass sie als nichteheliches Kind ihren Erbanspruch auch schon vorzeitig realisieren kann.*

Diesen – nicht zu unterschätzenden – Vorteil haben nichteheliche Kinder gegenüber den anderen Erben in der Tat. Ein nichteheliches Kind, welches das 21. Lebensjahr vollendet hat, aber noch nicht 27 Jahre alt ist, kann von seinem Vater den so genannten „vorzeitigen Erbausgleich" in Geld verlangen. Der Ausgleichsbetrag muss nicht – kann jedoch – geringer als der spätere Erbersatzanspruch sein, weshalb das Kind sich diesen Schritt genau überlegen sollte. Der Anspruch beläuft sich auf das Dreifache des Unterhalts, den der Vater dem Kind im Durchschnitt der letzten fünf Jahre, in denen das Kind voll unterhaltsberechtigt war, jährlich gezahlt hat. Allerdings hat der Gesetzgeber aus den vorstehenden Überlegungen hier noch ein Korrektiv eingebaut. Extreme nach oben oder unten sind zu berücksichtigen: Falls dem Vater unter Berücksichtigung seiner sonstigen Verpflichtungen entsprechend seinen Vermögensverhältnissen diese Zahlung nicht zumutbar ist, schuldet er als Ausgleichszahlung einen den Umständen entsprechenden angemessenen Geldbetrag. Dasselbe gilt umgekehrt, wenn der gesetzliche Anspruch angesichts der Vermögensverhältnisse des Vaters unangemessen gering für das Kind wäre.

In beiden Fällen gilt: Es wird jedoch mindestens das Einfache und höchstens das Zwölffache des oben beschriebenen Jahresdurchschnittsbetrages des Unterhalts vom Vater geschuldet (§§ 1934 d, 1934 e BGB).

Der Fiskus als Erbe

Beispiel: *Benno Schröder hat nie eine Familie oder Geschwister gehabt. Sämtliche Verwandten der älteren Generation sind verstorben. Er hinterlässt einiges Vermögen. Wer erbt dieses, wenn er kein Testament hinterlassen hat?*

Es gibt keinen erbenlosen Zustand. Lässt sich ermitteln, dass kein Ehegatte oder Verwandter mehr vorhanden ist, so wird der Staat gesetzlicher Erbe, und zwar derjenige Bundesstaat, in welchem der Erblasser seinen letzten Wohnsitz hatte. Der Staat kann die Erbschaft auch nicht ausschlagen. Es soll auf diese Weise sichergestellt werden, dass im Interesse der Nachlassgläubiger die Schulden des Nachlasses auch ordnungsgemäß abge-

Achtung!

Auch in derartigen Fällen ist eine eingehende Beratung dringend zu empfehlen, um gegebenenfalls Fristen korrekt einzuhalten oder die Erbberechtigung nachzuweisen.

wickelt werden. Natürlich kann auch der Staat die Haftung auf den Nachlass beschränken (§ 1964 BGB).

Diese Rechtslage wird durch Beschluss des Nachlassgerichts festgestellt. Ein etwaiger Erbe kann innerhalb der Fristen diesen Beschluss anfechten und muss dann seine Erbberechtigung nachweisen.

Weitere gesetzliche Bestimmungen

Die Annahme und Ausschlagung einer Erbschaft

<u>Beispiel:</u> *Roland Eder hat von seiner Tante unerwartet eine Erbschaft erhalten. Noch ehe er vom Nachlassgericht nach deren Tode eine Benachrichtigung erhält, schreibt er ungeduldig an das Nachlassgericht: „Ich nehme die Erbschaft an".*

Hinsichtlich des Erbschaftsanfalls gilt der Grundsatz, dass niemand eine Erbschaft ausdrücklich annehmen muss, um diese zu erhalten. Wenn jemand zum Erben berufen wird und überhaupt nichts tut, wird er automatisch Erbe, gleichgültig, ob der Betreffende als gesetzlicher oder testamentarischer Erbe berufen wurde. Allerdings kann niemand gezwungen werden, eine Erbschaft anzunehmen, da diese ja auch verschuldet sein kann und mit Pflichten verbunden ist (Ausnahme: Der Staat als Erbe kann ein Erbe nicht ausschlagen.). Der Gesetzgeber gewährt den Erben und Vermächtnisnehmern das Recht, die Erbschaft oder das Vermächtnis auszuschlagen, wobei beim Vermächtnisnehmer, wie noch zu sehen sein wird, die Situation etwas anders ist.

Vergleichen Sie hierzu „Das gesetzliche Ehegattenerbrecht", Seite 79ff.

Die Ausschlagung kommt meist in Betracht, wenn der Nachlass hoch verschuldet ist. Deshalb sollte umgehend überprüft werden, welche Aktiv- und Passivnachlasswerte vorhanden sind und welche Schulden zusammen mit dem Erbfall entstehen (Beerdigungskosten etc.). Sollte danach noch ein wesentlicher Vermögenswert übrig bleiben, braucht keine Ausschlagung zu erfolgen. Wer zum Kreis der Pfichtteilsberechtigten gehört, sollte zusätzlich prüfen, ob es nicht günstiger ist, eine Erbschaft auszuschlagen und den Pflichtteil zu verlangen (beispielsweise als Ehegatte bei Zugewinngemeinschaft).

Sollte die Entscheidung für eine Ausschlagung getroffen sein, ist Folgendes zu beachten: Es sind Formen und Fristen vorgeschrieben (§ 1945 BGB). Die Ausschlagung erfolgt wirksam immer nur durch Erklärung gegenüber dem Nachlassgericht; und zwar entweder zur Niederschrift des Nachlassgerichts oder in Form einer Erklärung vor einem Notar in beglaubigter Form, wobei dann der Notar dafür Sorge tragen muss, dass diese Erklärung fristgemäß beim Nachlassgericht eingeht. Bevollmächtigung ist zulässig, falls zum Beispiel der Ausschlagende durch Krankheit oder sonstige Gründe an einer persönlichen Abgabe der Erklärung verhindert ist. Dann muss jedoch eine öffentlich (notariell) beglaubigte Vollmacht der Erklärung beigefügt oder innerhalb der Ausschlagungsfrist nachgereicht werden.

Für einen Minderjährigen oder nicht voll geschäftsfähigen Erben kann der gesetzliche Vertreter ausschlagen, wobei hierfür im Regelfall die Genehmigung des Vormundschaftsgerichts erforderlich ist, da geprüft werden muss, ob zum Beispiel der Minderjährige dadurch

Im Klartext!

* Eine Ausschlagung ist nicht vor Eintritt des Erbfalles möglich.

* Die Ausschlagung kann nicht mit einer Bedingung oder einer Zeitbestimmung verbunden werden.

* Die Erbschaft kann nur insgesamt angenommen oder ausgeschlagen werden; man kann sich also nicht auf den werthaltigen Teil des Nachlasses beschränken und die Schulden ausschlagen.

* Wenn ein Erbe durch Testament berufen ist, kann er, falls er ohne das Testament zum gesetzlichen Erben berufen wäre, die Erbschaft als Testamentserbe ausschlagen und als gesetzlicher Erbe annehmen – wenn dies sinnvoll ist. Form und Inhalt einer entsprechenden Erklärung sollte unbedingt mit einem Fachmann besprochen werden.

* Wenn jemand aus mehreren Gründen zum Erben berufen ist, zum Beispiel weil er mit dem Erblasser doppelt verwandt oder verwandt und verheiratet ist, kann er einen Erbteil annehmen und den anderen ausschlagen (§§ 1927, 1934, 1951 BGB). Auch hier gilt die Beratungsempfehlung wegen Gefahr bei eigenen Entscheidungen.

* Wenn jemand in zwei Testamenten zu verschiedenen sich ergänzenden Erbteilen berufen ist, zum Beispiel im ersten zu der Hälfte und im zweiten zu einem weiteren Achtel, so bezieht sich die Ausschlagung einer Berufung im Zweifel auch auf die andere.

* Die Ausschlagung kann in allen Fällen nur binnen sechs Wochen erfolgen. Die Frist verlängert sich auf sechs Monate, wenn der Erblasser seinen letzten Wohnsitz nur im Ausland hatte oder sich der Erbe bei Beginn der Frist im Ausland aufhält. Die Frist beginnt mit dem Zeitpunkt, in dem der Erbe von dem Erbfall und dem Grund seiner Berufung Kenntnis erlangt hat. Wann die zweite Kenntnis vorliegt, kann oft sehr zweifelhaft sein, bespielsweise wenn nicht sicher ist, ob ein Testament vorliegt oder nicht. Daher ist im Zweifel zu empfehlen, ab Kenntnis vom Todesfall und der Möglichkeit einer Erbschaft die Frist zu berechnen und die notwendigen Überlegungen anzustellen. Bei Minderjährigen kommt es auf die Kenntnis des gesetzlichen Vertreters an. Wenn der Erbfall auf einem Testament beruht, beginnt die Frist nicht vor der Eröffnung des Testaments.

finanzielle Nachteile erleidet. Dass die Genehmigung des Vormundschaftsgerichts ebenfalls innerhalb der vorgesehenen Frist vorliegen muss, dürfte nicht zu verlangen sein, da dieses in seiner Prüfung dadurch unzumutbar beeinträchtigt würde. Dennoch sollte jeder Einzelfall mit einem Rechtsberater besprochen werden, da in der Rechtsprechung auch zum Teil die Meinung vertreten wird, dass die vormundschaftliche Genehmigung und deren Bekanntmachung an den gesetzlichen Vertreter innerhalb der Ausschlagungsfrist dem Nachlassgericht nachgewiesen werden muss.

In der Praxis ist häufig der Fall anzutreffen, dass die Eltern eine ihnen nicht genehme Erbschaft ausschlagen und verhindern wollen, dass diese dann an ihre Kinder fällt. Deshalb schlagen die Eltern die Erbschaft zugleich für ihre Kinder aus. Hier ist die vormundschaftsgerichtliche Genehmigung nicht erforderlich, weil der Gesetzgeber unterstellt, dass die Eltern im eigenen Interesse die Werthaltigkeit des Nachlasses schon geprüft haben. Anders aber, wenn der ausschlagende Elternteil und das Kind Miterben sind. Dann ist die vormundschaftsgerichtliche Genehmigung trotzdem erforderlich (§ 1643 Abs. 2 BGB).

Übertragbarkeit der Ausschlagung

Das Ausschlagungsrecht ist nicht übertragbar. Es kann nicht abgetreten werden. Es ist aber vererblich und geht im Todesfall des vorläufigen Erben auf dessen Erben über, was nur noch Sinn macht, wenn der erste Erbe innerhalb der Ausschlagungsfrist stirbt. Wenn dies passiert, endet die Frist desjenigen, der den vorläufigen Erben beerbt, nicht vor dem Ablauf der für seine Erbschaft nach dem vorläufigen Erben laufenden Frist.

Kosten der Ausschlagung

Für die Ausschlagung berechnet das Nachlassgericht bzw. der Notar Kosten in Höhe von einem Viertel der vollen Gebühr nach der Kostenordnung. Die Ausschlagung hat die Wirkung, dass der Ausschlagende nicht Erbe geworden ist. Die Erbschaft fällt nun rückwirkend zum Erbfall an den nächstberufenen Erben an.

Angenommen, Roland Eder bleibt bei seinem schnellen Entschluss, die Erbschaft anzunehmen. Was ist ihm zu raten? Der schnelle Gang zum Nachlassgericht kann als Annahme der Erbschaft gewertet werden, wobei fraglich ist, ob diese Annahme schon vor Testamentseröffnung zulässig ist. Wenn er aber sowieso bei der Annahme der Erbschaft bleiben will, gibt es folgende Möglichkeiten:

* Er lässt die Ausschlagungsfrist verstreichen.
* Er erklärt nochmals ausdrücklich nach Eröffnung des Testaments die Annahme der Erbschaft. Diese Erklärung kann gegenüber dem Nachlassgericht, einem Miterben oder auch einem Nachlassgläubiger erfolgen.
* Er lässt durch so genanntes „schlüssiges Verhalten" erkennen, dass er annehmen will. Dieses Verhalten kann zum Beispiel in der Beantragung eines Erbscheins liegen oder in der Aufnahme eines

Achtung!

Im Einzelfall können Handlungen des Erben als Annahme gewertet werden, obwohl dieser keinen Annahmewillen hatte.

Prozesses des Erblassers oder in der Korrespondenz mit Gläubigern oder Verkäufen von Nachlassgegenständen – ausgenommen sind bloße Sicherungsmaßnahmen.

Da bei der Ausschlagung und Annahme oft Irrtümer passieren, gibt es eine weitgehend abgesicherte Rechtslage, wann die Annahme oder die Ausschlagung der Erbschaft angefochten werden können.
Eine korrekt erstellte Erbschaftsausschlagung könnte folgendermaßen aussehen:

Muster

I.

Am .... ist Herr ...., zuletzt wohnhaft in .... verstorben. Er hat ein Testament hinterlassen, das am .... vom Nachlassgericht eröffnet worden ist. In diesem Testament bin ich, Frau ...., als Erbe zu einem Drittel Anteil eingesetzt. Außerdem komme ich auch als gesetzlicher Erbe in Frage.

II.

Ich, Frau ...., schlage hiermit die Erbschaft nach Herrn .... aus allen Berufungsgründen und ohne jede Bedingung aus. Durch diese Ausschlagung kommen nach dem Wortlaut des Testaments und möglicherweise kraft gesetzlicher Erbfolge meine beiden Kinder .... und .... als Erben infrage.
Für den noch minderjährigen .... erklären wir, die Ehegatten .... und .... als gesetzliche Vertreter, dass auch dieser die Erbschaft nach Herrn .... aus allen möglichen Berufungsgründen ausschlägt.
Das bereits geschäftsfähige Kind .... wird die Ausschlagung selbst gesondert erklären.

III.

Wir beauftragen den Notar ...., diese Erklärung an das Nachlassgericht .... weiterzuleiten.

Die notarielle Beglaubigung der Unterschriften unter der Erbschaftsausschlagung ist jedenfalls erforderlich.

Beispiel: *Roland Eder hat die Erbschaft durch Verstreichen der Ausschlagungsfrist angenommen. Nach kurzer Zeit stellt er fest, dass diese* *entgegen ersten Annahmen doch überschuldet ist, was nicht gleich feststellbar war. Er möchte gerne die Annahme anfechten.*

In diesem Falle ist die Anfechtung möglich. Generell können ange-fochten werden:
* Die Annahme der Erbschaft
* Die Ausschlagung der Erbschaft
* Die Versäumung der Ausschlagungsfrist

Checkliste Anfechtung

Gründe für eine Anfechtung sind:

* Irrtum über den Inhalt der Erklärung
* Irrtum über die Bedeutung der Erklärung
* Arglistige Täuschung
* Widerrechtliche Drohung

Die Anfechtung erfolgt durch Erklärung gegenüber dem Nachlassge-richt zur dortigen Niederschrift oder vor einem Notar in öffentlich be-glaubigter Form, wobei der Notar die Verantwortung für die fristgemäße Weiterleitung der Erklärung an das Nachlassgericht trägt.

In unserem Beispiel lag ein Irrtum über die Überschuldung des Nach-lasses vor. Dies ist ein anerkannter Anfechtungsgrund. Hingegen wird nicht anerkannt: Der Irrtum über den Wert einzelner Nachlassgegen-stände oder der Irrtum über die alsbaldige Nutzbarkeit eines Immobi-liennachlasses in der ehemaligen DDR oder die zur Ausschlagung führende Annahme eines Erben, dass ein dort gelegenes Grundstück sowieso nicht alsbald nutzbar sein werde.

Die Anfechtung der genannten Tatbestände (Annahme, Ausschlagung, Fristversäumnis der Ausschlagung) muss innerhalb von sechs Wochen erfolgen. Die Frist beginnt ab der Kenntnis des Anfechtungsgrunds. Bei Minderjährigen kommt es auf die Kenntnis des gesetzlichen Vertreters an. Wenn der Erblasser seinen letzten Wohnsitz nur im Ausland hatte oder wenn sich der Erbe bei Beginn der Frist im Ausland aufhält, be-trägt sie sechs Monate. Bei einer Drohung als Anfechtungsgrund beginnt die Frist erst mit dem Wegfall der Zwangslage. Nach 30 Jahren ist jede Anfechtung ausgeschlossen.

Wenn die Annahmeerklärung bzw. die Versäumung der Ausschla-gungsfrist erfolgreich angefochten wurde, gilt die Erbschaft als ausge-schlagen. Wenn die Ausschlagung erfolgreich angefochten wurde, gilt die Erbschaft als angenommen. Eine erfolgreiche Anfechtungserklärung kann unter Umständen zum Schadensersatz gegenüber solchen Per-

Checkliste Annahme und Ausschlagung

* Situation des Nachlasses?
* Soll ich annehmen?
* Soll ich ausschlagen?
* Soll ich die Ausschlagungsfrist verstreichen lassen?

Frist
* Sechs Wochen, eventuell sechs Monate für die Ausschlagung

Form
* Nachlassgericht
* Notar
* Minderjähriger

Anfechtung
* der Annahme
* der Ausschlagung
* der Versäumung der Ausschlagungsfrist

Gründe für die Anfechtung
* Irrtum
* Drohung
* Täuschung

sonen oder Institutionen führen, die zum Beispiel auf die Annahme der Erbschaft vertraut hatten.

Beispiel: *Nachdem Roland die Frist hatte verstreichen lassen, vertrauten die Gläubiger auf seine Erbenstellung und haben kostenaufwendige Prozesse gegen ihn begonnen. Wenn er die Annahme der Erbschaft erfolgreich anficht, muss er diesen gegebenenfalls die Prozesskosten ersetzen.*

Bei Annahmehandlungen ist zu beachten, dass eine ausdrückliche Annahmeerklärung fast nie wirksam angefochten werden kann, da man hier argumentieren kann, dass der Erbe genügend Zeit hatte, etwaige Irrtümer aufzuklären. Anders natürlich bei Täuschungen oder Drohungen und bei Handlungen des Erben, aus denen eine schlüssige Annahme der Erbschaft hergeleitet wird (zum Beispiel Verhandlungen mit Gläubigern). Hier wäre eine Anfechtung eher möglich. Im Zweifel ist Rechtsrat einzuholen.

In der Zeit bis zur Ausschlagung wird der Ausschlagende als vorläufiger Erbe behandelt, der bestimmte Sicherungsmaßnahmen oder Nothandlungen für den Nachlass durchführen kann und der auch als Adressat für wichtige Erklärungen Dritter mit Wirkung für den Nachlass behandelt werden kann. Hierzu gibt es diverse Rechtsprechung. Bei der selten vorkommenden Ausschlagung eines Vermächtnisses gelten andere Regelungen, die gegebenenfalls zu erfragen sind.

Die Ausgleichspflicht
bei Schenkungen zu Lebzeiten

<u>Beispiel:</u> *Theodor Gut hat zwei Kinder. Der Sohn Tonio hat schon eine Familie gegründet und er möchte ihm für seine Lebensgestaltung eines seiner Häuser schenken. Den weiteren Grundbesitz möchte er noch behalten, will aber sicherstellen, dass die Tochter Sylvia im Erbfall durch die Schenkung nicht beeinträchtigt ist.*

Diese Situation gibt es in einer Familie sehr häufig, wie auch die Übertragung eines Unternehmens oder einer Praxis, Finanzierung eines Studiums, Kauf von Möbeln oder Ausstattung in vorweggenommener Erbfolge.

Der Gesetzgeber sieht hier unter bestimmten Voraussetzungen eine Ausgleichspflicht vor (§ 2050 BGB). Nicht jeder ist jedoch hierzu verpflichtet. Davon betroffen sind nur Abkömmlinge, mithin Kinder, Enkel oder Urenkel. Sonstige Verwandte oder Dritte müssen keine Schenkungen ausgleichen – auch der Ehegatte nicht. Allerdings gilt dies zunächst immer nur dann, wenn die Abkömmlinge als gesetzliche Erben zum Zuge kommen; es gilt hingegen nicht, wenn sie als Testamentserben bedacht sind, es sei denn, dass die Beschenkten als Testamentserben genau das erhalten, was sie als gesetzliche Erben erhalten würden, oder in demselben Verhältnis wie die anderen Miterben erben (§ 2050 BGB). Dann wird im Zweifel auch angenommen, dass die Ausgleichspflicht bestehen soll, weil dann auch im Testament von einer völligen Gleichbehandlung der Abkömmlinge ausgegangen wird.

Auszugleichen ist ohne weiteres aber nur das, was der Erblasser einem Abkömmling als Ausstattung zu Lebzeiten hat zukommen lassen, es sei denn, dass der Erblasser bei der Zuwendung angeordnet hat, dass diese nicht ausgeglichen werden soll. Bei anderen Schenkungen, also auch in unserem Beispiel der Schenkung des Hauses, besteht eine Ausgleichspflicht nur dann, wenn der Schenker dies ausdrücklich bei der Schenkung bestimmt. Eine spätere Anordnung genügt nicht mehr. Sie wäre unwirksam. Daher

Der Gesetzgeber sieht vor, dass bestimmte Schenkungen zu Lebzeiten ausgeglichen werden (§ 2050 BGB). Dies beeinträchtigt gegebenenfalls den Erbteil des Nachkommen.

empfiehlt es sich, die Anordnung der Ausgleichspflicht in die Schenkungsurkunde mit aufzunehmen, also in den notariellen Schenkungsvertrag betreffend das Grundstück, da die Anordnung ansonsten später gegebenenfalls nicht nachgewiesen werden kann.

Zu einer normalen Ausstattung gehört alles, was ein Kind im Hinblick auf eine Verheiratung oder eine selbstständige Lebensstellung erhält, beispielsweise eine Wohnungseinrichtung, eventuell eine Finanzierung (hier kommt es jedoch auf den Einzelfall an), eine Aussteuer, Aufwendungen für Berufsausbildung und Lebensunterhalt, soweit sie über das übliche Maß der Lebensverhältnisse des Schenkers hinausgehen. Auch sind umgekehrt ausgleichspflichtig die Leistungen eines Abkömmlings, der durch Mitarbeit im Haushalt, Beruf oder Geschäft des Erblassers während längerer Zeit oder durch erhebliche Geldleistungen oder in an-

Berechnungsbeispiel

Theodor Gut hinterlässt nach seinem Tode einen Nachlass von 1 Million DM. Es erben seine Frau die Hälfte und die beiden Kinder je ein Viertel. Der Wert des an Tonio im Jahre 1970 geschenkten Grundbesitzes betrug damals DM 200.000,—.
Der Nachlass verteilt sich dann wie folgt (gedanklich sind die DM 200.000,— dem Nachlass hinzuzurechnen):

Gesamtnachlass: DM   1.200.000,—

Davon an
* Ehefrau: DM   600.000,—
* Tonio: DM   300.000,—
* Schwester: DM   300.000,—

Hierauf muss sich Tonio das Grundstück mit DM 200.000,— anrechnen lassen, sodass er nur noch DM 100.000,— erhält.

derer Weise (§ 2057 a BGB) erheblich zur Steigerung der Erbschaft beigetragen hat.

Für die Ausgleichspflicht ist der Wert der Schenkung bzw. Zuwendung
zur Zeit der Zuwendung maßgeblich. Spätere Wertsteigerungen werden
nicht berücksichtigt. Andererseits gibt es eine Rechtsprechung, die wenigstens den Kaufkraftschwund bis zum Zeitpunkt des Erbfalles berücksichtigt.

Die Zuwendung einzelner Gegenstände

Beispiel: *Im Testament von Michaela Groß steht, dass ihr Neffe Hans
ihren wertvollen Familienbesitz, ein großes Landgut, erben soll. Weitere Bestimmungen enthält das Testament nicht.*

*Die Zuwendung
eines bestimmten
Gegenstandes
ist meist nur als
ein Vermächtnis
anzusehen.*

Da in dem Testament nicht eindeutig zum Ausdruck
kommt, dass Hans zum Erben eingesetzt wurde, kann nur
durch Auslegung ermittelt werden, ob er zum Erbe berufen ist. Die Zuwendung einzelner Nachlassgegenstände
führt im Allgemeinen nicht zu der Einsetzung als Erbe,
sondern nur dazu, dass ein Vermächtnis ausgesetzt
wurde. Wenn weitere Bestimmungen im Testament nicht vorhanden sind
und auch sonstige Personen nicht erwähnt wurden, hat dies zur Folge,
dass die gesetzlichen Erben die Erbschaft erhalten und dieses Vermächtnis erfüllen müssen. Etwas anderes gilt jedoch, wenn der konkret
ausgesetzte Gegenstand sehr wertvoll ist und praktisch das wesentliche Vermögen des Erblassers darstellt. Dann ist davon auszugehen,
dass diese Person als Erbe eingesetzt wurde; sie erhält dann im Zweifel außerdem den geringfügigen Restnachlass.

Die Zuwendung von Bruchteilen

Beispiel: *Manuela Klein hat in ihrem Testament angeordnet, dass ihr
Neffe Josef ein Viertel ihres Erbes erhalten soll. Weitere Bestimmungen
trifft sie nicht.*

Das Gesetz sieht vor, dass es jedenfalls einen Erben geben muss. Dies ist wichtig, damit jemand für die Erfüllung der Nachlassverbindlichkeiten zuständig ist. Es gibt bei Unklarheiten insoweit gesetzliche Auslegungsregeln. Wenn ein Erblasser sein Vermögen oder einen Bruchteil seines Vermögens jemandem vermacht, so gilt dieser als Erbe. Dies bedeutet: Ist mehreren Personen das Vermögen vermacht, ohne dass insoweit Bruchteile festgelegt wurden, gelten diese im Zweifel als zu gleichen Teilen als Erben eingesetzt.

Anders im obigen Beispiel: Josef ist sicherlich nach dieser Auslegungsregel Erbe geworden, aber eben nur zu einem Viertel. Bezüglich der übrigen drei Viertel, über die nicht testiert wurde, gilt die gesetzliche Erbfolge; das heißt, den gesetzlichen Erben steht dieser Anteil zu, und zwar im Verhältnis von deren Erbquoten (§ 2087 BGB).

Die Einsetzung „meine Verwandten"

Beispiel: *Karin Kessler hat ein Testament gemacht, in welchem sie als Erben nur „meine Verwandten" eingesetzt hat. Wer erbt in diesem Fall?*

Um Unklarheiten von vornherein auszuschließen, empfiehlt sich stets der Rat eines Rechtsbeistandes.

Diese Unklarheit kann nicht zur Folge haben, dass nunmehr sämtliche auch noch so fernen Verwandten von Karin als Erben berufen sind. Vielmehr muss diese unbestimmte Formulierung im Zweifel so ausgelegt werden, dass damit die gesetzlichen Erben entsprechend deren Erbquoten gemeint sind und eingesetzt wurden.

Der Ehegattenvoraus

Beispiel: *Sonja Berg ist testamentarisch neben ihren Kindern zur Hälfte als Erbin ihres Ehemannes eingesetzt. Nach dem Tode beansprucht sie von den Kindern den Ehegattenvoraus.*

Damit hat sie leider kein Glück. Den so genannten Ehegattenvoraus erhält nur der Ehegatte, der als gesetzlicher Erbe zum Zuge kommt, nicht jedoch der testamentarische Erbe. Sie hätte, soweit möglich, bei Testamentsabfassung darauf hinwirken sollen, dass ihr der Voraus zusätzlich vermacht wird. Unter Voraus versteht man die zum ehelichen Haushalt gehörenden Gegenstände, soweit sie nicht Zubehör eines Grundstücks sind, sowie die Hochzeitsgeschenke (§ 1932 BGB). Dazu gehören insbesondere: Möbel, Haushaltsgeräte, Bücher, Teppiche, CDs, Fernseher, Bilder und Auto (außer Geschäftswagen). Nicht darunter fallen die dem persönlichen Gebrauch des Erblassers gehörenden Kleider, Schmuck etc. sowie Sachen der Berufsausübung. Dieser Voraus steht dem Ehegatten aber nur neben Eltern und Geschwistern (Verwandten der II. Ordnung) oder Großeltern des Erblassers zu. Wird er Erbe neben Kindern (Verwandten der I. Ordnung), so erhält er den Voraus nur, soweit er diese Gegenstände zur Führung eines angemessenen Haushalts benötigt.

Das Recht des Ehegatten auf den Voraus ist ausgeschlossen, wenn zur Zeit des Todes des Erblassers die Voraussetzungen für eine Scheidung der Ehe gegeben waren und der Erblasser die Scheidung beantragt oder ihr zugestimmt hatte. Dasselbe gilt, wenn der Erblasser auf Aufhebung der Ehe klagen konnte und die Klage erhoben hatte (§ 1933 BGB).

Checkliste Ehegattenvoraus

* Erbfolge des Ehegatten aufgrund Testament, Erbvertrag oder als gesetzliche Erbfolge?

* Gehören die Miterben zur I. Ordnung oder zur II. Ordnung?

* Was gehört zum ehelichen Haushalt?

* Was waren Hochzeitsgeschenke?

* Was gehörte zur Berufsausübung des Erblassers?

* Was wird zur angemessenen Haushaltsführung benötigt?

Sonstige unbestimmte Erbenbezeichnungen

Beispiel 1: *Fred Wegner macht ein Testament, in welchem er seinen Enkel einsetzt. Er hat aber nur einen Sohn, der noch kinderlos ist.*

In diesem Fall wurde eine noch nicht erzeugte Person als Erbe eingesetzt. Dies ist unzulässig. Es besteht die Regelung, dass dieser Ungeborene als Nacherbe eingesetzt gilt. Die gesetzlichen Erben sind dann die Vorerben. Wäre der Enkel schon gezeugt, aber noch nicht geboren, („nasciturus"), wäre die Erbeinsetzung wirksam, jedoch nur unter der Voraussetzung, dass das Kind lebend zur Welt kommt. Bis dahin werden die Interessen des „nasciturus" durch die Eltern als gesetzliche Vertreter wahrgenommen.

Beispiel 2: *Sven Lehmann setzt seine drei Kinder als Alleinerben ein, weiß aber, dass sein an Krebs erkrankter einer Sohn in Kürze sterben wird.*

Zur Anwachsung vergleiche §§ 2094, 2095 und 2099 BGB.

In diesem Beispiel hat der Erblasser nicht bedacht, dass diese Erbfolge wohl nie so eintreten kann, weil das kranke Kind den Erbfall nicht erleben dürfte. Hier gilt nunmehr Folgendes: Wenn ein testamentarischer Erbe wegfällt, erhalten die restlichen Erben dessen Anteil im Verhältnis ihrer Anteile. Man nennt diese Rechtsfolge Anwachsung (§ 2094 BGB). Wenn der Erblasser dies jedoch nicht will, hat er zwei Möglichkeiten:
* Er schließt die Anwachsung des Erbteils ausdrücklich aus. Dann findet diese nicht statt und es gilt für diesen Erbteil die gesetzliche Erbfolge.
* Der Erblasser setzt für diesen Erbteil einen Ersatzerben ein.
Wenn jedoch ein Abkömmling als Erbe eingesetzt wurde, der wiederum eigene Abkömmlinge hat, so gelten diese im Zweifel als bedacht, wenn sie bei gesetzlicher Erbfolge an seine Stelle treten würden. Dann brauchte Sven Lehmann keinen Ersatzerben einzusetzen. Es würde keine Anwachsung des Erbes auf andere Erben stattfinden.

Beispiel 3: *Oliver Mayer errichtet ein Testament, wonach sein einziger Sohn erst mit Erreichen des 21. Lebensjahres Alleinerbe sein soll. Weitere Anordnungen enthält das Testament nicht.*

In diesem Fall ist davon auszugehen, dass die gesetzlichen Erben von Oliver Mayer als Vorerben eingesetzt sind und der Sohn mit Erreichen des 21. Lebensjahres Nacherbe wird. Sollte er vorher sterben, verbleibt der Nachlass endgültig bei den gesetzlichen Erben (§ 2105 BGB).

<u>Beispiel 4:</u> *Alexander Stöger setzt seine einzige Tochter zur Vorerbin ein, ohne zu bestimmen, wer Nacherbe sein soll.*

Hier ist entsprechend denselben Grundgedanken wie vorstehend im dritten Beispiel anzunehmen, dass die gesetzlichen Erben von Alexander Stöger Nacherben sein sollen (§ 2104 BGB).

Der Einfluss der späteren Geburt eines Kindes auf ein Testament oder einen Erbvertrag

Die spätere Geburt eines Kindes nach Abfassung eines Testamentes oder Erbvertrages führt nicht ohne weiteres zu dessen Unwirksamkeit. Das Gesetz gestattet jedoch die Anfechtung dieser letztwilligen Verfügungen aufgrund eines Irrtums des Erblassers wegen irrtümlichen Übergehens eines Pflichtteilsberechtigten (§§ 2079, 2281 BGB), der zur Zeit des Erbfalles vorhanden war und der ihm bei Errichtung des Testaments nicht bekannt war. Hierzu gehören folgende Fälle:

* Geburt weiterer gemeinschaftlicher Kinder
* Adoptionen
* Wiederverheiratung des überlebenden Ehegatten und Geburt bzw. Adoption in zweiter Ehe

Diese Tatsachen können sich unterschiedlich auf ein Testament oder ein gemeinschaftliches Testament oder einen Erbvertrag auswirken. Die Anfechtung scheidet dann aus, wenn festgestellt wird, dass eine ausdrückliche Enterbung gewollt war, oder dass ein Erblasser auch bei Kenntnis der Sachlage die Verfügung getroffen haben würde. Die Vermutung spricht meist dagegen, also für eine Anfechtung. Daher empfiehlt sich gegebenenfalls folgender Ausschluss eines Anfechtungsrechtes:

Vergleichen Sie hierzu den Abschnitt „Die Anfechtung eines Testaments", Seite 58ff.

Muster

„Das Anfechtungsrecht nach § 2079 BGB, insbesondere für den Fall, dass wir weitere Kinder bekommen oder adoptieren, ohne dass der Überlebende von uns wieder heiratet oder weitere Kinder bekommt, schließen wir aus."

Der Einfluss einer Ehescheidung auf ein Testament oder einen Erbvertrag

Beispiel: *Eduard und Reinhilde Dörr haben zwei Kinder. Sie haben ein Berliner Testament errichtet. Die Ehe wird nach langen Jahren geschieden. Das Testament war vorher nicht geändert worden. Eduard fragt, ob er daran weiter gebunden ist.*

Achtung!

Der Scheidungsantrag muss dem anderen Ehegatten vor dem Tod zugestellt worden sein (§ 622 ZPO).

Das ist nicht der Fall. Dies folgt zunächst aus dem Grundsatz, dass nach allgemeinen Regeln das Erbrecht sowie das Pflichtteilsrecht und das Recht auf den Voraus des überlebenden Ehegatten entfallen, wenn zur Zeit des Todes des anderen Ehegatten die Voraussetzungen für die Scheidung der Ehe gegeben waren und der Erblasser die Scheidung beantragt oder ihr zugestimmt hatte.

Vergleichen Sie hierzu die Abschnitte über Widerruf eines Testaments bzw. Ehegatten-testaments, Seite 44ff. bzw. 53ff.

Dasselbe gilt, wenn der Erblasser auf Aufhebung der Ehe klagen konnte und die Klage erhoben worden war. Sobald diese Voraussetzungen vorliegen und insbesondere, wenn die Ehe geschieden worden ist, werden bestehende Testamente unwirksam. Bei gemeinschaftlichen Testamenten werden natürlich auch die wechselbezüglichen Verfügungen des anderen Ehegatten unwirksam, da diesem nicht zugemutet werden kann, seinerseits an das Testament gebunden zu werden. Allerdings tritt die Unwirksamkeit des Testaments nur ein, wenn nicht anzunehmen ist, dass das Testament auch für den Fall der Scheidung bestehen bleiben sollte. Soweit eine solche Klausel nicht im Testament selbst enthalten ist, dürfte dies sehr schwer zu beweisen sein. Immerhin empfiehlt sich insoweit bei Zweifeln zusätzlich der Widerruf des Testaments in der gebotenen Form.

Vergleichbar verhält es sich bei einem Erbvertrag. Hätten Eduard und Reinhilde einen Erbvertrag abgeschlossen, so würde dieser nach rechtskräftiger Scheidung der Ehe unwirksam. Dasselbe gilt, wenn im Falle des Todes eines Ehegatten dieser die Scheidung beantragt oder ihr zugestimmt hatte bzw. wenn auf Aufhebung der Ehe hätte geklagt werden können und die Klage eingereicht war. Bei einem Erbvertrag von Verlobten wird dieser unwirksam, wenn das Verlöbnis aufgehoben wurde.

Die Erbeinsetzung unter einer Bedingung

Beispiel: *Der kinderlose Oliver Mayer setzt seinen Neffen unter der Bedingung zum Erben ein, dass er seine – Olivers – Ehefrau nach dem Tode in standesgemäßer Form pflegt, gegebenenfalls einschließlich Finanzierung eines Pflegeheims oder – soweit möglich – einer Hauspflege.*

Achtung!

* Beim Erbvertrag kann dieser eventuell doch wirksam bleiben, wenn dort nur Dritte bedacht werden und Anzeichen dafür bestehen, dass dies auch für den Fall der Scheidung gewollt war. Hier kann man sich gegebenenfalls nicht so leicht durch Widerruf – wie vergleichsweise bei einem Testament – lösen.

* Bei einem Erbvertrag von Partnern einer nichtehelichen Lebensgemeinschaft wird dieser nicht ohne weiteres unwirksam, wenn beide Partner sich trennen. Wer will hier aber beweisen, dass nicht gleichzeitig ein Verlöbnis vorlag? Deshalb ist hier eine diffizile Rechtslage vorprogrammiert.

Das Testament ist wirksam. Bedingungen können sowohl im Zusammenhang mit einer Erbeinsetzung als auch mit Vermächtnissen angeordnet werden. Man unterscheidet so genannte aufschiebende und auflösende Bedingungen. Sobald die Voraussetzungen entfallen, also die Pflege durch den Neffen eingestellt wird, muss er die Erbschaft an die gesetzlichen Erben herausgeben. Da der Neffe diese natürlich in der Zwischenzeit verbrauchen kann, ist eine solche Bedingung nicht sehr empfehlenswert. Wenn der Erblasser Oliver Mayer keinen besseren Weg findet, sollte er wenigstens den Neffen nur

Vergleichen Sie hierzu den Abschnitt „Die Vor- und Nacherbschaft", Seite 28ff.

zum Vorerben einsetzen. Weitaus häufiger sind aufschiebende Bedingungen, wonach der Erbe oder Vermächtnisnehmer erst dann das Zugewendete erhält, wenn er eine bestimmte Bedingung erfüllt hat, zum Beispiel ein bestimmtes Alter erreicht hat, sich verheiratet hat oder ein bestimmtes Studium erfolgreich abgeschlossen hat.

Die Erbeinsetzung unter einer Auflage

Im vorhergehenden Beispiel hat Oliver Mayer die Pflege zur Bedingung gemacht, die er hier als Auflage anordnet.

Vergleichen Sie hierzu auch den Abschnitt „Die Auflage", Seite 37f. Wenn der Neffe nunmehr die Auflage nicht erfüllt, führt dies im Gegensatz zu einer auflösenden Bedingung nicht zum Wegfall des Erbes. Vielmehr kann die Ausführung der Auflage lediglich eingeklagt werden. Hierzu berechtigt ist allerdings nicht der Begünstigte, sondern nur derjenige, der als Erbe übergangen wurde. Da hier die Ehefrau von Oliver nicht nur die Begünstigte, sondern auch die übergangene gesetzliche Erbin ist, hätte sie in diesem Fall ein Klagerecht auf Durchführung der Auflage.

Sollte auch ein solcher Prozess beispielsweise aufgrund gerichtlicher Zwangsmaßnahmen (Vollstreckung beim Neffen) nicht zum Ziel führen, bleibt es einer Überprüfung und Beratung im Einzelfall vorbehalten, ob nicht doch Konsequenzen hinsichtlich der Herausgabe der Erbschaft gezogen werden können. Vorausgesetzt diese ist noch vorhanden!

Der „Dreißigste"

<u>Beispiel:</u> *Alfred Rumpel, Witwer mit einem erwachsenen Kind, stirbt überraschend. Seine Tante hatte bei ihm im Haushalt gelebt und ihn versorgt.*

Alleinerbe ist das Kind geworden. Dieses muss in den ersten dreißig Tagen nach dem Erbfall der Tante in demselben Umfang wie der Erblasser Unterhalt gewähren und ihr die Benutzung der Wohnung und der

Haushaltsgegenstände gestatten. Zu solchen Familienangehörigen, die diesen Anspruch haben, gehören auch Personen, mit denen der Erblasser in Lebensgemeinschaft zusammengelebt hatte, oder Pflegekinder, meist jedoch nicht Hausangestellte, die entlohnt wurden. Allerdings wird es in der Regel so sein, dass der Erblasser diese Personen, wenn sie sich lange um ihn gekümmert haben, in einem Testament bedenken wird. Es ist dann – wenn der Erblasser hierzu nichts ausgeführt hat – Auslegungsfrage, ob der „Dreißigste" zu solchen Vermächtnissen noch zusätzlich anfällt oder ausgeschlossen sein soll. Der Anspruch auf den „Dreißigsten" ist nicht abtretbar und nicht pfändbar.

Die Lebensgemeinschaften im Erbrecht

Beispiel: *Jörg Berger und Tanja Frei leben seit drei Jahren in einer auf geistigen Werten aufgebauten eheähnlichen Lebensgemeinschaft zusammen. Sie wollen nicht heiraten und haben ein gemeinsames Kind. Da sie noch sehr jung sind, kommt für sie ein Testament nicht in Frage.*

Obwohl die Rechtsposition des Lebenspartners in einigen Bereichen der Rechtsprechung heute stärker ist, bleibt dessen erbrechtliche Situation ungünstig. Das deutsche Erbrecht kennt nur Ehegatten und leibliche Verwandte als gesetzliche Erben. Die nichtehelichen Partner haben auch kein Pflichtteilsrecht, wenn einer von ihnen stirbt und dessen Nachlass an seine gesetzlichen Erben fällt. Die von der Rechtsprechung entwickelten vergleichbar geringen Rechte des Lebenspartners nach dem Tode des anderen bestehen nur in zweierlei Hinsicht:

Achtung!

Nicht jede Wohngemeinschaft ist eine eheähnliche Lebensgemeinschaft. Homosexuelle Verbindungen werden derzeit noch nicht als solche anerkannt. Es kommt vielmehr auf den Nachweis an, dass die Gemeinschaft auf eine solche Dauer ausgelegt war, dass sie einer Ehe – außer dem Formalakt – praktisch gleichkommt. Hierfür spricht im Beispielsfall natürlich ein gemeinsames Kind.

* Da die Situation des Zusammenlebens der beiden Partner derjenigen gleicht, wenn ein Familienangehöriger bis zum Tode mit dem Erblasser zusammengelebt hat, wird anerkannt, dass der Lebenspartner den „Dreißigsten" erhält. Unterhalt und Wohnrecht werden also im bisherigen Umfang für dreißig Tage nach dem Erbfall aufrecht erhalten.

Insoweit wird er einem Familienangehörigen gleich behandelt und die Erben müssen dies zahlen bzw. dulden.

* Gegenüber dem Vermieter der gemeinsam bewohnten Wohnung kann der überlebende Lebenspartner die Fortsetzung des Mietvertrages verlangen, auch wenn nur der Verstorbene der Mieter war. Auch hier wird der Begriff „Familienangehöriger" in § 659 b BGB erweiternd ausgelegt.

Vergleichen Sie hierzu auch den Abschnitt „Der Dreißigste", Seite 112f.

Wie kann der Lebenspartner auf andere Art abgesichert werden?

* Zum einen durch Schenkungen zu Lebzeiten. Jörg könnte Tanja – oder umgekehrt – Geschenke schon zu Lebzeiten machen, um diese den jeweiligen Erben vorzuenthalten.

Im Zweifel wird derjenige der Lebenspartner dies überlegen, der älter ist oder der mehr Vermögen hat als der andere, um eine gerechte Verteilung des beiderseitigen Vermögens herbeizuführen. Es leben ja heutzutage nicht nur Jugendliche mit in der Regel wenig Vermögen in Lebensgemeinschaften, sondern auch zahlreiche Paare, bei denen jeder schon einen Lebensaufbau hinter sich hat und die im Alter zusammenleben.

In diesem Fall ist die Rechtslage zumindest gefährlich und die Konsequenzen hängen jeweils vom Einzelfall ab. Diese können sein:

* Sittenwidrigkeit der Schenkungen wegen bewusster Schädigung von Pflichtteilsberechtigten. Dies führt zur Rückforderung durch die gesetzlichen Erben.

* Es besteht ein entsprechender Pflichtteilsergänzungsanspruch in Höhe des Wertes dieser Schenkung seitens der Pflichtteilsberechtigten gegenüber dem Erben, wenn z.B. der Lebensgefährte später auch Erbe geworden ist.

Um zunächst die härtere Konsequenz der Rückführung wegen Sittenwidrigkeit zu vermeiden, sollte in der Schenkungsurkunde, die unbedingt notariell abzuschließen ist, da sonst eine Schenkung nur nach Vollzug wirksam ist, aufgeführt werden, dass der Schenkung Gegenleistungen zugrunde liegen. Diese dürfen natürlich nicht im lediglich sexuellen Bereich liegen, sondern es müssen andere als Leistungen anerkannte Dienste, wie zum Beispiel Pflege, Versorgung, Kindererziehung, Vermögensverwaltung etc., im Einzelnen aufgeführt werden. Dies ist jedenfalls in Extremfällen einer besonderer Benachteiligung der Familie nötig und der Erfolg ist stets auch dann zweifelhaft, wenn das Vermögen in der Familie erarbeitet wurde und nicht von einem der Lebensgefährten allein.

Im Klartext!

Angesichts der geänderten heutigen Moralvorstellungen, insbesondere was die Institution der Ehe anbelangt, sind solche Schenkungen wirksam und müssen von den Erben akzeptiert werden.

Es gibt aber Ausnahmen und Extremfälle, bei denen Schenkungen nicht anerkannt werden; und zwar dann, wenn praktisch das gesamte Vermögen, welches der Erblasser z.B. mit seinem Ehepartner zusammen erarbeitet hatte oder welches er vorher von seinem verstorbenen Ehepartner geerbt hatte, nunmehr dem Lebenspartner geschenkt wird und deshalb die Ehefrau und/oder Kinder leer ausgehen.

Etwas mehr abgesichert ist der Lebensgefährte natürlich, wenn der andere Lebensgefährte zu seinen Gunsten ein Testament errichtet und ihn zum Alleinerben einsetzt. Nachdem die frühere Rechtsprechung zum „Geliebtentestament" seit langem überholt ist, bestehen insoweit keinerlei Bedenken mehr. Die einzige Grenze ist heute noch auch hier die Sittenwidrigkeit aus anderen Gründen. Riskant wäre es, wie zuvor bei den Schenkungen dargelegt, wenn ein Lebensgefährte durch ein solches Testament praktisch das gesamte Familienvermögen erhält, an dessen Erwerb der verstorbene

Achtung!

Ein gemeinschaftliches Testament können Lebensgefährten nicht errichten. Dies ist nur Ehegatten gestattet.

oder noch lebende – ehemalige – Ehegatte des verstorbenen Lebensgefährten maßgeblichen Anteil hatte und gemeinsame Kinder vorhanden sind. In diesem Fall kann man zwar durch die oben dargelegte Erwähnung der verschiedenen Verdienste des Lebensgefährten auch im Testament einiges an Schärfe herausnehmen. Dennoch bestehen insoweit Gefahren der Anerkennung eines solchen Testaments. Es ist in derartigen Fällen dringend zu empfehlen, einen Teil des Vermögens doch dem Ehegatten oder den gemeinsamen Kindern zu hinterlassen. Möglich wäre dann die Einräumung eines Nießbrauchs auf Lebensdauer für den Lebensgefährten oder eine Rente in bestimmter Höhe für diesen.

Vergleichen Sie hierzu den Abschnitt „Das Ehegattentestament", Seite 47ff.

Ein unzulässiges gemeinschaftliches Testament von Lebensgefährten wird auch nicht durch nachträgliche Ehe rechtskräftig. Lebensgefährten müssen jeweils Einzeltestamente errichten, die sie jederzeit widerrufen können, oder sie müssen einen Erbvertrag abschließen. In dem Erbvertrag könnte in rechtlich bindender Form all das vereinbart werden, was sonst in einem gemeinschaftlichen Ehegattentestament stünde, jedoch mit noch stärkerer Bindungswirkung. Von dem Erbvertrag können sich die Lebensgefährten nicht mehr ohne weiteres lösen.

Möglich ist allerdings die Vereinbarung eines Rücktritts für jeden der Partner, wobei zu empfehlen ist, dass ein Rücktrittsgrund aufgeführt werden sollte, beispielsweise die Trennung der Lebenspartner. Nach herrschender Meinung ist auch die Vereinbarung eines uneingeschränkten Rücktrittsrechts zulässig. Dies kann man aufgrund der Aushöhlung des Sinns eines Erbvertrages allerdings auch bezweifeln.

Anders als bei einem Verlöbnis führt die Trennung allein – ohne Vorbehalt in der Urkunde – nicht zur Unwirksamkeit des Erbvertrages. Um aber das Gegenteil eventuell zu vermeiden, dass ein Richter unter Umständen urteilt, es sei doch ein Verlöbnis gewesen, sodass eine Trennung zur Unwirksamkeit führt, sollte auch dies im Erbvertrag klargestellt werden – also ob man im Fall einer Trennung die Unwirksamkeit des Erbvertrages will oder nicht. Im Übrigen bleiben die allgemeinen Rücktritts- und Anfechtungsrechte beim Erbvertrag bestehen:

* Bei Nichterbringung von Unterhalts- oder Pflegeleistungen, die als Gegenleistung für die Erbeinsetzung vereinbart worden waren (§ 2295

BGB); wobei hier eine juristische Grauzone besteht, wenn diese Leistungen „nur schlecht" erbracht wurden, so dass auch dies entsprechend geregelt werden sollte.

* Schwere Verfehlungen gegenüber dem anderen Vertragspartner, die zur Entziehung des Pflichtteils berechtigen (§ 2294 BGB)
* Anfechtung bei Irrtum oder Drohung oder Übergehung eines Pflichtteilsberechtigten

Vergleichen Sie hierzu die entsprechenden Abschnitte zum Erbvertrag, Seite 65ff.

Der Erbschaftsbesitzer

Beispiel: *Alfonso Steiner ist verheiratet und hat eine Tochter Pili, die in Spanien lebt. Er hat diese zur Alleinerbin eingesetzt. Nach seinem Tod lebt seine Frau weiter in dem gemeinsamen Haus und zieht auch die Erträge aus den Wertpapieren ein, die Alfonso vorher allein gehörten. Nach zwei Jahren erfährt Pili von der Erbschaft und will diese herausbekommen – einschließlich der Erstattung der Erträge.*

Pili hat vom Prinzip her Recht. Sie ist Erbin. Das Testament war unglücklich formuliert, da die Ehefrau nicht bedacht wurde. Die Ehefrau ist Erbschaftsbesitzer und dieser muss dem Erben die gesamte Erbschaft herausgeben. Wenn beide sich nicht einigen, kann Pili also sowohl das Familienhaus als auch die Wertpapiere und den restlichen Nachlass herausverlangen. Mit den erzielten Erträgen ist es nicht ganz so einfach. Die Ansprüche des Erben gegen den Erbschaftsbesitzer sind im Einzelnen im Gesetz genau geregelt (§§ 2018 bis 2027 BGB). Wenn Erträge guten Gewissens verbraucht wurden, so besteht insoweit keine „Bereicherung" mehr und die Mutter braucht diese mithin nicht zu er-

Achtung!

Die Ansprüche der Erben gegen den Erbschaftsbesitzer können zeitlich nicht unbegrenzt geltend gemacht werden. Sie verjähren in dreißig Jahren seit dem Erbfall. Insofern gibt es auch keine früheren „Ersitzungsmöglichkeiten" des Erbschaftsbesitzes (§ 2026 BGB).

statten. Sie kann im Übrigen in jedem Fall die Kosten gegenrechnen, die sie zur Erhaltung der Nachlassgegenstände aufgewendet hat. Schließlich hat die Mutter noch einen Pflichtteilsanspruch, der von der Erbin erfüllt werden muss, und insoweit kann sie ein Zurückbehaltungsrecht geltend machen.

Erbunwürdigkeit und Erbverzicht

Erbunwürdigkeit

Die Erbunwürdigkeit kann gegenüber jedem Erben geltend gemacht werden, sei es, dass er durch Testament, durch Erbvertrag oder kraft Gesetzes Erbe geworden ist.

* Wer kann Erbunwürdigkeit geltend machen? Jeder, dem der Wegfall des Erbunwürdigen zugute käme, also der an seiner Stelle Erbe werden würde.
* Wie ist diese geltend zu machen? Sie muss nach dem Erbfall durch Anfechtung in Form einer Klage geltend gemacht werden. Die Klage ist innerhalb einer Frist von einem Jahr einzureichen. Die Frist beginnt ab Kenntnis der Anfechtungsgründe. Die erfolgte Klage führt dazu, dass die Erbschaft an denjenigen fällt, der als nächster zur Erbfolge berufen ist, wobei es darauf ankommt, ob ein Testament vorliegt oder nicht.
* Was sind Gründe für eine Erbunwürdigkeit? Diese ergeben sich aus § 2339 BGB: „Erbunwürdig ist: Wer den Erblasser vorsätzlich und widerrechtlich getötet oder zu töten versucht oder in einen Zustand versetzt hat, infolgedessen der Erblasser bis zu seinem Tode unfähig war, eine Verfügung von Todes wegen zu errichten oder aufzuheben."

Achtung!

Die Anfechtung ist dann nicht mehr möglich, wenn der Erblasser dem betreffenden Erben verziehen hatte. Dies muss natürlich bewiesen werden und setzt voraus, dass der Erblasser diese Umstände einerseits kannte und andererseits Handlungen vorgenommen hat, aus denen seine Verzeihung zu entnehmen ist.

Inwieweit sich die Erbunwürdigkeit auch auf den Pflichtteil auswirkt, ist eine Frage des Pflichtteilsrechts, die gegebenenfalls eingehend geprüft werden muss. Es gibt
auch eine Pflichtteilsunwürdigkeit, die durch Anfechtung
geltend zu machen ist (§ 2345 BGB).

*Vergleichen Sie
dazu das Kapitel
„Pflichtteilsrecht",
Seite 128ff.*

Erbverzicht

Der Erbverzicht kommt vor, wenn
bestimmte Erben gegen Abfindung
zu Lebzeiten dem Erblasser gegenüber auf ihr Erbrecht verzichten.
Dies kann für sämtliche Erben in
Betracht kommen, insbesondere für
den Ehepartner und entfernte Verwandte. Häufig werden derartige
Verträge zur Erhaltung von Unternehmen oder Gesellschaften geschlossen. Der Erblasser möchte
beispielsweise ein Unternehmen einem zur Nachfolge geeigneten Sohn
hinterlassen und vereinbart mit der
Ehefrau und den anderen Kindern
einen Erbverzicht, wenn er genügend liquide Mittel oder sonstiges
Vermögen für Abfindungszahlungen
zur Verfügung hat. Mit dem Erbverzicht ist der betreffende Erbe von
der Erbschaft insgesamt ausgeschlossen. Der Verzicht erstreckt
sich auch auf die Abkömmlinge und
eigenen Verwandten des Verzichtenden, die nicht direkt mit dem Erblasser verwandt sind, sondern nur
über ihn. Diese müssen nicht um
Zustimmung gefragt werden.

Achtung!

* Die Erbverzichtserklärung eines
  Ehegatten bedeutet nicht zugleich
  den Verzicht auf den Anspruch auf
  Zugewinnausgleich, der geltend
  gemacht werden kann, wenn der
  Ehegatte kein Erbe geworden ist.

* Erbverzichtsverträge bedürfen notarieller Beurkundung (§ 2348 BGB).

* Es gibt häufig Fälle, wo es sinnvoller
  ist, nur einen Pflichtteilsverzicht statt
  eines Erbverzichts zu vereinbaren:
  wenn nur ein Teil der abgefundenen
  Erben verzichtet, ein anderer aber
  nicht. Dann erhöht sich nämlich
  dessen Pflichtteilsanspruch bei
  einem Erbverzicht der „guten Verzichtenden"; die „bösen Nichtver-
  zichtenden" erhalten zu Lasten des
  gewünschten Erben (zum Beispiel
  Unternehmensnachfolgers) zu viel.
  In diesem Falle ist dringend juristischer Rat geboten.

Der Erbverzicht erstreckt sich im Zweifel auch auf den Pflichtteil (§ 2346 BGB). Allerdings kann der Erbverzichtsvertrag auch abweichend formuliert werden. Der Verzicht kann sich zum Beispiel nur auf Teile der Erbschaft beschränken. Möglich ist auch, den Verzicht nicht auf das Pflichtteilsrecht zu erstrecken, also dies auszuschließen, oder nur auf das Pflichtteilsrecht zu verzichten; beispielsweise verzichtet bei einem gemeinschaftlichen Testament nur ein Kind nach dem Erstversterbenden auf sein Pflichtteilsrecht. Dann ist der überlebende Ehegatte nicht mit diesen Ansprüchen belastet. Dafür kann das verzichtende Kind ja eine Gegenleistung erhalten. Der Verzicht kann auch zu Gunsten eines Dritten erfolgen. Wenn dieser dann wider Erwarten nicht Erbe wird, ist der Verzicht unwirksam (§ 2350 BGB). Verzichtet ein Abkömmling, so ist im Zweifel anzunehmen, dass er nur zu Gunsten der anderen Kinder und des Ehegatten des Erblassers verzichten wollte (§ 2350 Abs. 2 BGB).

Die Erbengemeinschaft

Im Klartext!

Bei Grundstücken wird die dargestellte Rechtslage besonders deutlich. Nach dem Erbfall trägt ein Grundbuchbeamter die einzelnen Erben nicht etwa als Bruchteilseigentümer in das Grundbuch ein, sondern er trägt die Erbengemeinschaft, bestehend aus den einzelnen Personen (Erben), ohne Angabe von einzelnen Erbquoten in das Grundbuch ein. Damit wird für einen Erwerber klargestellt, dass er in diesem Fall nicht von einem Miterben allein einen Anteil an dem Grundbesitz erwerben kann.

Beispiel: *Anton Dittrich ist gestorben. Gemäß seinem Testament erben seine Ehefrau Beate und die Kinder Olaf und Annette zu je einem Drittel. Sie sind damit zufrieden, können sich aber nicht über die Aufteilung des umfangreichen Vermögens untereinander einigen.*

Die Erbengemeinschaft, so nennt der Gesetzgeber die Gruppe der Erben, unterliegt eigenen Regelungen. Sie ist hinsichtlich der Vermögenszuordnung bis zur Auseinandersetzung ähnlich strukturiert wie eine Gesellschaft bürgerlichen Rechts (GbR) oder eine offene Handelsgesellschaft (oHG). Sie ist eine

Gesamthandsgemeinschaft; das heißt, der Nachlass gehört den Miterben „zur gesamten Hand"; dies bedeutet, er gehört allen gemeinsam. Bis zur Auseinandersetzung erhält jedoch kein Miterbe einen genauen Bruchteil an dem Nachlass bzw. einzelnen Nachlassgegenständen als Miteigentum, über den er verfügen könnte. Es kann demnach kein Miterbe beispielsweise einem seinem Erbanteil entsprechenden Anteil an einem Nachlassgrundstück veräußern.

Dasselbe gilt sinngemäß für andere Vermögenswerte wie Unternehmen, Gesellschaftsanteile, Aktien, Forderungen, Wertpapiere etc. Auch hier achten die Banken und die Geschäftsführer bzw. Verwaltungen der Gesellschaften genau darauf, dass nicht ein Miterbe allein etwaige Verfügungen trifft. Bei Gesellschaften ist zusätzlich darauf zu achten, dass grundsätzlich der Gesellschaftsvertrag Vorrang vor dem Testament oder dem Erbvertrag hat. Nur wenn der Gesellschaftsvertrag es überhaupt zulässt, dass ein Anteil vererblich ist, kann dieser auch vererbt werden.

Wenn ein Miterbe unbedingt schon vor der Auseinandersetzung der Erbengemeinschaft aus seinem Erbe „Geld machen" möchte, hat er allerdings eine Möglichkeit: Er kann –

> **Achtung!**
>
> Wenn der Erblasser Gesellschafter einer Handels- oder BGB-Gesellschaft war, unbedingt den Gesellschaftsvertrag überprüfen. Die Grenzfragen zwischen Gesellschafts- und Erbrecht sind allerdings oft so kompliziert, dass ohne juristischen Rat hier kaum Klarheit gewonnen werden kann.

ohne dass die anderen Miterben dies verhindern können – seinen Erbanteil insgesamt (also den Anteil am gesamten Nachlass, nicht nur an einzelnen Gegenständen) verkaufen. Er kann ihn besipielsweise auch seiner Ehefrau etc. schenken.

Verkauf eines Miterbenanteils

Bei Verkauf eines Miterbenanteils steht den übrigen Miterben ein gesetzliches Vorkaufsrecht zu. Das heißt, sie können im Verhältnis ihrer Erbquoten in den Kaufvertrag eintreten und den Anteil ihres Miterben erwerben, wenn sie dem Käufer den vereinbarten Kaufpreis zahlen.

Achtung!

* Bei Schenkungen immer die Steuerfolgen beachten!

* Die Veräußerung eines Erbteils
  bedarf notarieller Beurkundung.
  Sonst riskieren Sie die Unwirksamkeit des Vertrages.

Der Grund liegt darin, dass den Miterben nicht zugemutet werden soll,
sich im Verkaufsfall zukünftig mit
fremden Personen auseinander-
setzen zu müssen. Dies gilt allerdings nicht bei Schenkungen, da
man davon ausgeht, dass es wohl
meist engere Familienangehörige
sind, die beschenkt werden, und
weil es ein Vorkaufsrecht begrifflich hier nicht geben kann, da dieses
eine zu zahlende Gegenleistung voraussetzt. Dann hätte das Gesetz die
Schenkung nur verbieten können, was nicht geschehen ist. Das Vorkaufsrecht muss innerhalb von zwei Monaten ausgeübt werden. Die
Frist beginnt mit dem Zeitpunkt, zu dem die Miterben über den Ver-
kaufsvertrag informiert wurden. Die Information, zu der der verkaufende
Miterbe verpflichtet ist, liegt mithin in seinem eigenen Interesse, da
sonst die Frist ständig weiterläuft bzw. nicht zu laufen beginnt. Das Vorkaufsrecht wird durch Erklärung gegenüber dem Miterben ausgeübt,
der verkaufen will. Sollte der Anteil bereits auf den Käufer übertragen
sein, ist es gegenüber diesem auszuüben. Für die Erklärung ist keine
bestimmte Form vorgeschrieben. Sie muss aber eindeutig erkennen lassen, worauf sie abzielt.

Vorbereitung der Auseinandersetzung

*Vergleichen Sie
hierzu auch
den Abschnitt
„Die Nachlass-
pflegschaft",
Seite 147f.*

Im Normalfall kommt es bei einer Erbengemeinschaft zur
Auseinandersetzung des Nachlasses, da diese Gemeinschaft in der Regel nicht auf Dauer ungeteilt bestehen
bleiben will. Zunächst aber müssen die wichtigsten Maßnahmen zur Vorbereitung der Auseinandersetzung getroffen werden. Der Nachlass kann bis zur Auseinandersetzung nur gemeinsam verwaltet und abgewickelt werden.
Alles was zur Sicherung des Nachlasses erforderlich ist, muss gemeinsam in die Wege geleitet werden.
In gewisser Hinsicht ähnelt die Erbengemeinschaft einer Eigentümer-
gemeinschaft bei Wohnungen. Wenn sich bezüglich Verwaltungsmaß-

nahmen, zum Beispiel Sanierung eines Hauses, die Erben nicht einigen können, entscheidet die Stimmenmehrheit; jedenfalls insoweit als es sich um Maßnahmen ordnungsgemäßer Verwaltung handelt. In derartigen Fällen sind oft Streitgründe vorhanden. Wenn ein Mehrheitsbeschluss innerhalb der Erbengemeinschaft nicht erreicht wird, etwa bei Stimmengleichheit oder wenn der Mehrheitsbeschluss von der überstimmten Minderheit nicht akzeptiert wird, müssen die Gerichte bemüht werden. Dies führt in der Regel zu langwierigen Auseinandersetzungen.

Was passiert jedoch, wenn die Erbengemeinschaft länger besteht?

Beispiel: *Anton Zwiebelhuber hat testamentarisch verfügt, dass die Erbengemeinschaft drei Jahre nicht auseinandergesetzt werden darf. Danach sollen die Erben jeweils bestimmte Gegenstände, die er festgelegt hat, in Anrechnung auf ihr Erbe erhalten.*

Dies bedeutet, dass ein zulässiges Auseinandersetzungsverbot für drei Jahre verbunden mit Teilungsanordnungen vom Erblasser angeordnet wurde. In dieser Zeit laufen oft Erträge auf, zum Beispiel aus Mietwohnungen, Wertpapieren, Aktien etc. Andererseits müssen Schulden

Vergleichen Sie hierzu die Abschnitte „Testamentsvollstreckung" und „Nachlassverbindlichkeiten", Seite 140ff. bzw. 148ff.

beglichen werden, beispielsweise aus Darlehenszinsen, Geschäftsschulden etc. Dabei gilt Folgendes: Die Erbengemeinschaft muss natürlich von Beginn an die Nachlassschulden tilgen (wozu auch Vermächtnisse gehören), Auflagen des Erblassers erfüllen und alles tun, was nicht mit der laufenden Verwaltung zusammenhängt. Alles was an die Substanz geht und mit Veräußerungen zusammenhängt, also über eine Abwicklung und Verwaltung hinausgeht, kann jedoch kein Miterbe verlangen und auch nicht durch einen Mehrheitsbeschluss erreichen.

Es sieht demnach so aus, als ob eine Erbengemeinschaft bis zur Auseinandersetzung den Nachlass nur verwalten könnte und darüber hinaus handlungsunfähig wäre. Dies ist jedoch nicht zutreffend. Wenn sich alle Erben einig sind, können sie gemeinsam natürlich auch jeden Nachlassgegenstand veräußern, da er allen gemeinsam – als Gesamthand – gehört. Sie können auch gemeinsam das Auseinandersetzungsverbot torpedieren und sich gemeinsam früher oder später auseinander setzen. Sie können gemeinsam sogar Teilungsanordnungen des Erblassers abändern und den Nachlass anders verteilen.

Die Auseinandersetzung der Erbengemeinschaft

Im vorhergehenden Abschnitt haben wir erörtert, dass bei Einigkeit aller Miterben das Prozedere reibungslos vonstatten geht und selbst der Wille des Erblassers außer Acht gelassen werden kann. Solange kein Testamentsvollstrecker eingesetzt ist und sich alle Miterben einig sind, können sie nach Begleichung der Nachlassschulden das Vermögen so unter sich aufteilen, wie sie dies vereinbaren. Schlecht sieht es aber aus, wenn insoweit Uneinigkeit zwischen den Miterben besteht. Der Grundsatz lautet, dass jeder Erbe jederzeit die Auseinandersetzung der Erbengemeinschaft verlangen kann, solange dem nicht Auseinandersetzungsverbote des Erblassers entgegenstehen. Ein solcher Ausschluss darf allerdings nicht länger als 30 Jahre seit dem Erbfall festgelegt werden, sonst wird er unwirksam. Ein Auseinandersetzungsverbot kann auch bezüglich einzelner Nachlassgegenstände angeordnet werden,

zum Beispiel bezüglich eines großen Feriengrundstücks im Ausland.
In diesem Falle gilt jedoch, dass
trotz eines solchen Ausschlusses
ein Miterbe auf Auseinandersetzung
dann klagen kann, wenn ein wichtiger Grund vorliegt; beispielsweise
dann, wenn bei einer völligen Zer-
strittenheit der Erben eine ordnungsgemäße Verwaltung dieses
betreffenden Nachlassgegenstan-
des nicht gewährleistet ist und dieser gegebenenfalls sogar verkom-
men würde.

Hindernisse vor Durchführung der
Auseinandersetzung, auf die sich
jeder Miterbe berufen kann, können
sein:

Im Klartext!

Die Grundsätze der Erbengemeinschaft mit Mehrheitsentscheidung für
die Verwaltung bei strikter Einhaltung
bzw. Anwendung der testamentarischen Anordnungen gelten nur solange sich nicht alle Erben einig sind.
Zusammen können die Erben mit
dem Nachlass grundsätzlich machen,
was sie wollen. Einzige Einschränkung: Der Erblasser hätte Testamentsvollstreckung angeordnet oder der
Nachlass wäre überschuldet und es
müsste zum Beispiel Nachlasskonkurs
angemeldet werden.

* Abwicklung der Nachlassverbindlichkeiten. Dies sind natürlich nur die
  sofort fälligen Schulden. Wenn langfristige Hypothekendarlehen auf
  einem Haus lasten, welches ohnehin ein Miterbe übernimmt, so werden diese natürlich nicht vorzeitig getilgt. Jeder Miterbe kann verlangen, dass die fälligen Nachlassverbindlichkeiten zunächst einmal
  abzulösen sind.

* Wenn weitere Miterben oder
  Nachlassgläubiger ermittelt werden müssen, kann jeder Miterbe
  bis zu deren Ermittlung den Aufschub der Auseinandersetzung
  verlangen, damit deren Rechte
  auf den Gesamtnachlass vorab
  geklärt werden und sich nicht
  eventuell jeder Miterbe später allein mit diesen Personen ausein-

Achtung!

Jeder Auseinandersetzungsvertrag
zwischen den Miterben ist formlos
gültig, wobei aus Beweisgründen die
Schriftform zu empfehlen ist. Ausnahme: Grundstücke und GmbH-Anteile.

ander setzen muss. Wenn sämtliche Voraussetzungen für die Auseinandersetzung gegeben sind, kann jeder Erbe die Teilung verlangen.

Checkliste Auseinandersetzung

* Harmonische Erbengemeinschaft oder Streit zu erwarten?

* Testamentsvollstreckung angeordnet?

* Gefahr der Überschuldung des Nachlasses?

* Verkauf des Erbanteils? Vorkaufsrecht beachten!

* Einigkeit über Verkauf einzelner Gegenstände?

* Laufende Verwaltung bis zur Auseinandersetzung?

* Notmaßnahmen?

* Auseinandersetzungsplan?

* Teilungsversteigerung?

* Vermittlung des Nachlassgerichts?

* Auseinandersetzungsklage?

* Hierbei sind die Teilungsanordnungen des Erblassers zu berücksichtigen. Im Übrigen ist nach Quoten zu verteilen. Bei manchen Gegenständen einigt man sich schneller, bei anderen dauert es etwas länger, da erst Wertgutachten eingeholt werden müssen, zum Beispiel bei Grundstücken oder GmbH-Anteilen.

Zur Aufteilung von Grundstücken, die sich im Nachlass befinden, z.B. entsprechend den Quoten der Miterben, sowie von GmbH-Anteilsabtretungen ist notarielle Beurkundung unbedingt erforderlich. Diese ist natürlich nicht kostenlos. Man muss hier, da es sich um einen Vertrag handelt, mindestens die 20/10 Gebühr zuzüglich Durchführungskosten, berechnet nach dem Verkehrswert der Objekte, einkalkulieren.

Zur Kostenordnung siehe Seite 182f.

Wenn Kosten keine entscheidende Rolle spielen, kann gleich der gesamte Erbauseinandersetzungsvertrag beim Notar beurkundet werden. Ansonsten kann die Erbengemeinschaft die Verträge aufteilen, indem sie einen schriftlichen Vertrag über alle übrigen Nachlasswerte schließt und den notariellen Vertrag nur bezüglich der Gegenstände protokollieren lässt, die notarieller Beurkundung bedürfen.

Die Auseinandersetzungsklage

Was passiert jedoch, wenn keine Einigkeit über die Auseinandersetzung der Miterben zu erreichen ist?

Bevor der Gerichtsweg beschritten werden muss, sieht der Gesetzgeber das Vermittlungsverfahren durch das Nachlassgericht vor. Dieses kann jeder Miterbe einleiten, was natürlich Kosten verursacht. Im Rahmen des Vermittlungsverfahrens kann jeder der Miterben einen Auseinandersetzungsplan vorlegen; das Gericht wird eine Vermittlung versuchen. Das Gericht hat in diesem Falle nicht die Möglichkeit, einen eigenen Auseinandersetzungsplan durchzusetzen. Deshalb wird der Vermittlungsversuch bei zerstrittenen Erbengemeinschaften wohl in den meisten Fällen zum Scheitern verurteilt sein.

Der letzte Weg ist die Auseinandersetzungsklage, die bei dem Landgericht einzureichen ist, in dessen Zuständigkeit der Erblasser seinen letzten Wohnsitz hatte. Ausnahme: Der Streitwert liegt unter DM 10.000,— oder einer gesetzlich bevorstehenden höheren Summe; dann ist das Amtsgericht zuständig. Der Kläger muss mit der Klage einen bestimmten Teilungsvorschlag machen und die Miterben auf Zustimmung zu diesem Vorschlag verklagen. Hierbei kann die vorherige Begleichung der Nachlassverbindlichkeiten mit einbezogen werden, falls diese noch nicht erledigt ist, sich aber schon abzeichnet, dass man sich auch nach Begleichung dieser Schulden über die Auseinandersetzung nicht einigen wird.

Für den Prozess entstehen die üblichen Anwalts- und Gerichtskosten je nach Streitwert, die bei jedem Zivilprozess anfallen. Der Unterliegende hat die Kosten zu tragen. Im Vergleichsfall werden die Kosten meistens geteilt.

Die Teilungsversteigerung

Beispiel: *Anton Dittrich hat seiner Familie im Nachlass auch ein Grundstück hinterlassen. Beate meint, dass man hier schneller zu einer Auseinandersetzung kommt.*

In diesem Fall braucht man nicht den langen Weg einer Klage zu wählen. Soweit das Grundstück nicht über eine Teilungsanordnung einem bestimmten Erben zugedacht ist, kann jeder Miterbe hier durch einfachen Antrag beim Versteigerungsgericht die so genannte Teilungsversteigerung beantragen. Diese erfolgt sehr schnell und problemlos. Es wird zwar vom Gericht ein Wertgutachten über das Grundstück eingeholt, meist werden Grundstücke aber über die Teilungsversteigerung unter Preis veräußert, sodass dies nicht im Sinne der Miterben ist.

Pflichtteilsrecht
Der Pflichtteil

<u>Beispiel:</u> *Constantine und Allegra, Töchter der wohlhabenden Familie Bergmann, gehen unerwartete Wege. Während sich Constantine zur Zufriedenheit ihrer Eltern entwickelt, wendet sich Allegra erst der klassischen Musik zu und heiratet dann einen Technomusiker, mit dem sie in die Alkohol- und Drogenszene abdriftet. Vater Eugen ändert daher das Testament und setzt Constantine als Alleinerbin ein. Die Mutter war bereits vor Gram über Allegras Entwicklung verstorben. Nach dem Tod ihres Vaters fragt Allegra um Rat, ob sie nun überhaupt nicht am Erbe partizipiert.*

Vergleichen Sie hierzu auch den Abschnitt „Der Pflichtteilsentzug", Seite 137f.

Wir bewegen uns nunmehr auf dem Terrain des Pflichtteilsrechts. Der Gesetzgeber hat zwar den Menschen völlige Freiheit gelassen, wen sie als Erben einsetzen und wie ihr Testament aussieht. Er hat es jedoch als unbillig angesehen, dass bestimmte engste Verwandte bzw. Familienangehörige gegebenenfalls völlig leer ausgehen, zumal sehr oft die Familie und deren innerer Halt es dem Erblasser erst ermöglicht haben, sein Vermögen aufzubauen. Hierbei wird nicht danach gefragt, ob die Pflichtteilsberechtigten den Pflichtteil „verdient" haben oder nicht, ob sie sich um den Erblasser gekümmert haben oder nicht und wie das persönliche Verhältnis zum Erblasser war. Die einzige Grenze bildet gegebenenfalls ein Verhalten des Pflichtteilsberechtigten, das zum Entzug des Pflichtteils führen würde.

Im Unterschied zum Erben erhält der Pflichtteilsberechtigte keinen konkreten Anteil an der Erbschaft und wird deshalb auch nicht Mitglied der Erbengemeinschaft. Ihm steht nur ein schuldrechtlicher Pflichtteilsanspruch in Geld gegen den Nachlass zu, den er gegebenenfalls einklagen müsste. Daran ändert sich auch nichts in folgendem Beispiel (§ 2304 BGB):

Vater Eugen schreibt in das o.a. Testament: „Meiner Tochter Allegra wende ich hiermit den Pflichtteil zu." Man könnte dies nämlich so auslegen, dass er der Tochter Allegra so viel an Erbe zuwenden wollte, wie wertmäßig dem Pflichtteil entspricht. Dann wäre sie nämlich doch Miterbin geworden. § 2304 BGB bestimmt jedoch, dass dies im Zweifel nicht als Erbeinsetzung zu werten ist. Es dürfte allerdings auf die gesamten Umstände und den weiteren Inhalt des Testaments ankommen, um dies abschließend zu beurteilen.

Der Pflichtteilsanspruch entsteht mit dem Erbfall. Er ist vererblich und übertragbar, sodass er abgetreten, veräußert und gepfändet werden kann (§ 2317 BGB). Die sofortige Fälligkeit des Ausgleichs bewirkt, dass der Berechtigte gegebenenfalls unmittelbar nach dem Tod die Erben verklagen kann. Diese wiederum haben lediglich eine gewisse Verzögerungsmöglichkeit durch Berufung auf eine Inventarerrichtung.

Vergleichen Sie hierzu den Abschnitt „Nachlassverbindlichkeiten", Seite 148ff.

Bekanntlich können Pflichtteilsansprüche zu einer großen Belastung von Nachlässen führen, was insbesondere zur Gefährdung von Unternehmen beitragen kann. Deshalb darf die entsprechende Vorsorge bei Unternehmertestamenten insoweit nicht unterschätzt werden. Denkbare Möglichkeiten, soweit kein Pflichtteilsverzicht oder bei nichtehelichen Kinder ein vorzeitiger Erbausgleich erreichbar sind, wären hier:

Vergleichen Sie auch die Abschnitte „Der Pflichtteilsverzicht" und „Schenkungen als vorweggenommene Erbfolge", Seite 138 bzw. 153ff.

* Eine Pflichtteilsversicherung: Diese scheitert in der Realität oft daran, dass zu Lebzeiten überhaupt noch nicht übersehen werden kann, wie hoch die Pflichtteilsansprüche gegebenenfalls sein können oder die Prämien sind im Einzelfall zu hoch.

Der Anspruch muss innerhalb der Verjährungsfrist klageweise in einer Form geltend gemacht werden, die die Verjährung unterbricht, falls er nicht vorher bezahlt oder anerkannt wurde. Wegen der Risiken der Verjährung und der Berechnung des Verjährungsbeginns sollten Sie unbedingt juristischen Rat einholen.

* Die Zuwendung von Vermögenswerten an den Pflichtteilsberechtigten zu Lebzeiten mit der Bestimmung, dass diese auf Erb- und Pflichtteilsansprüche anzurechnen sind.

* Das Recht, eine angemessene Stundung der Auszahlung des Pflichtteils zu verlangen. Dies ist nur statthaft, wenn der die Stundung begehrende Erbe selbst zu den pflichtteilsberechtigten Personen gehört und diesen die sofortige Erfüllung des Anspruchs besonders hart treffen würde: zum Beispiel Zwang zur Aufgabe eines laufenden Unternehmens, Aufgabe des Familienhauses etc. Der Antrag muss beim Nachlassgericht gestellt werden, welches alsdann eine Abwägung mit den Interessen der Pflichtteilsberechtigten trifft (§ 2331 a BGB).

Der Pflichtteilsanspruch verjährt in drei Jahren. Die Verjährung beginnt mit dem Zeitpunkt, zu dem der Pflichtteilsberechtigte Kenntnis vom Eintritt des Erbfalles und der sein Erbe ausschließenden letztwilligen Verfügung erlangt, jedoch spätestens in 30 Jahren ab Eintritt des Erbfalles (§ 2332 BGB).

Wer erhält den Pflichtteil?

Beispiel: *In unserer Familie Bergmann war der Ärger von Eugen über Allegra doch nicht so groß, dass er sie völlig enterben will. Er wendet ihr testamentarisch immerhin ein Häuschen in der Toskana zu, in der Hoffnung, dass sie dann Ruhe gibt.*

Dies wirft für Allegra die Frage auf, ob es damit sein Bewenden hat, oder ob sie mehr verlangen kann. Zunächst ist wichtig, wer den Pflichtteil erhält. Nur Abkömmlinge, Ehegatten oder Eltern des Erblassers, die von der gesetzlichen Erbfolge durch letztwillige Verfügung ausgeschlossen wurden, können von den Erben den Pflichtteil verlangen (§ 2303 BGB). Alle anderen Verwandten sind nicht pflichtteilsberechtigt. Entferntere Abkömmlinge (Enkel) und Eltern sind dann und so lange nicht pflichtteilsberechtigt, als nähere Abkömmlinge (Kinder) vorhanden sind, die diese Enkel und Eltern als gesetzliche Erben ausschließen (§ 2309 BGB). Pflichtteilsberechtigt sind auch die Adoptivkinder und die nichtehelichen Kinder, nicht aber die Stiefkinder gegenüber dem Stiefelternteil.

Vergleichen Sie dazu auch die Abschnitte „Der Pflichtteilsentzug" und „Die Pflichtteilsunwürdigkeit", Seite 137. bzw. 138.

Wer die Erbschaft ausgeschlagen hat, verliert seinen Pflichtteilsanspruch. Das Pflichtteilsrecht des Ehegatten entfällt ebenso wie dessen Erbrecht, wenn beim Tod des Erblassers die Voraussetzungen für die Scheidung oder Eheaufhebung vorlagen und der Erblasser die Scheidung bzw. Aufhebung der Ehe beantragt oder ihr zugestimmt hat. Der Pflichtteilsanspruch kann außerdem bei Pflichtteilsunwürdigkeit oder Entzug des Pflichtteils entfallen.

Allegra ist als Tochter pflichtteilsberechtigt. Nun hat sie aber das Häuschen in der Toskana erhalten. Dadurch ist sie zweifellos nicht enterbt worden. Sie kann aber überprüfen, ob der hinterlassene Erbteil wertmäßig geringer ist als der Pflichtteil. Dann kann sie hinsichtlich der fehlenden Differenz den Pflichtteilsrestanspruch als Geldanspruch geltend machen (§ 2305 BGB).

Wie berechnet sich der Pflichtteil?

Bei Allegra, die neben Mutter und einer Schwester ein Viertel erben würde, würde sich der Pflichtteilsanspruch auf ein Achtel belaufen. Hierbei kommt es nicht auf etwaige Wertbestimmungen des Erblassers an, sondern der Nachlass ist im Streitfalle gegebenenfalls per Stichtag des Erbfalles mit Hilfe von Sachverständigen wertmäßig zu schätzen, soweit sich der Wert nicht von selbst ergibt.

Im Klartext!

Der Pflichtteilsanspruch ist in Geld zu bezahlen. Er entspricht der Hälfte des gesetzlichen Erbteils.

Bei Unternehmen oder Gesellschaftsbeteiligungen, die zum Nachlass gehören, ist bei der Verkehrswertermittlung der so genannte „Goodwill" oder Firmenwert ebenfalls anzusetzen.

Bei der Berechnung der Aktivmasse sind für die Pflichtteilsrechte sämtliche Nachlassverbindlichkeiten und Erbfallschulden abzuziehen, nicht jedoch Vermächtnisse und Auflagen, da es sonst der Erblasser in der Hand hätte, erbrechtlich die Pflichtteilsansprüche zusätzlich zu der Enterbung noch weiter auszuhöhlen.

Zur Berechnung muss festgestellt werden, wie viele Miterben vorhanden sind. Hierbei sind außer den echten Miterben für die Berechnung der Quote folgende Personen mitzuzählen:

* Die enterbten Personen, die sonst Erbe geworden wären und dadurch gegebenenfalls auch einen Pflichtteilsanspruch haben
* Die Personen, die die Erbschaft ausgeschlagen haben
* Die Personen, die für erbunwürdig erklärt wurden
* Die Personen, die auf ihren Pflichtteil verzichtet haben

Nicht mitgezählt werden diejenigen, die auf ihr Erbteil verzichtet haben und die nichtehelichen Kinder, die einen vorzeitigen Erbausgleich mit ihrem Vater durchgeführt haben, weil deren gesetzliches Erbe dadurch entfallen ist.

Sonderfälle

Vergleichen Sie hierzu auch den Abschnitt „Die Annahme und Ausschlagung einer Erbschaft", Seite 96ff.

Sonderfall 1: Beim Ehegatten gibt es den so genannten „kleinen" und „großen" Pflichtteil. Dies bedeutet, dass sich zwar nicht die Erbquote ändert; auch der Ehegatte erhält als Pflichtteil nur die Hälfte des gesetzlichen Erbteils. Die Bewertungsgrundlage ändert sich jedoch bei Zugewinngemeinschaft; je nachdem, wie sich der Ehegatte hinsichtlich der Annahme oder Ausschlagung der Erbschaft verhält.

Sonderfall 2: Ein Erblasser kann sich boshaft verhalten, indem er ein Kind zum Miterben einsetzt, jedoch mit einem geringeren Anteil als dem Pflichtteil. Dann kann der Miterbe in Höhe der Differenz einen Pflichtteilsrestanspruch in Geld verlangen (§ 2305 BGB). Bei Ausschlagung einer Erbschaft eines Pflichtteilsberechtigten ist große Vorsicht geboten. Ist er als Erbe eingesetzt, verliert er seinen gesamten Pflichtteilsanspruch, da er nicht enterbt wurde (§ 2333 BGB). Deshalb sollte ein zu gering bedachter Erbe, wenn er pflichtteilsberechtigt ist, niemals das Erbe ausschlagen, sondern immer den Pflichtteilsrestanspruch verlangen. Da es Ausnahmen gibt, insbesondere im Ehegattenerbrecht, ist auch hier juristischer Rat stets geboten.

Sonderfall 3: Wenn der Erbteil des Pflichtteilsberechtigten durch Einsetzung eines Nacherben, Ernennung eines Testamentsvollstreckers, eine Auseinandersetzungsanordnung, ein Vermächtnis oder eine Auflage beschwert ist, so gilt Folgendes: Entspricht der Wert des Erbteils gerade dem des Pflichtteils, so gelten die Beschränkungen als nicht angeordnet. Vorsicht: Eine Ausschlagung führt zum Verlust des Pflichtteilsanspruchs.
Ist der Wert des Erbteils geringer als der Pflichtteil, so gelten die Beschränkungen als nicht angeordnet. Zusätzlich besteht der o.a. Pflichtteilsrestanspruch. Vorsicht: Auch in diesem Falle führt eine Ausschlagung zum Verlust des Pflichtteilsanspruchs.
Ist der Wert des Erbteils höher, gilt: Entweder nimmt der Pflichtteilsberechtigte die Erbschaft mit allen Beschränkungen an, dann bleiben diese bestehen; oder er schlägt aus, dann erhält er hier den vollen Pflichtteilsanspruch (§ 2306 BGB). Die Ausschlagungsfrist beginnt mit Kenntnis der Beschwerung bzw. Beschränkung. Falls der Pflichtteilsberechtigte zum Nacherben eingesetzt ist, gilt Ähnliches. Juristischer Rat ist in diesem Falle dringend erforderlich.

Achtung! Die Ausschlagung eines beschwerten Erbteils kann zum Verlust des Pflichtteilsanspruchs führen!

Sonderfall 4: Ist der Pflichtteilsberechtigte nur mit einem Vermächtnis bedacht, so kann er dieses ausschlagen und den vollen Pflichtteilsanspruch verlangen oder dieses annehmen und den Pflichtteilsrestanspruch geltend machen. Beachten Sie dabei die unterschiedlichen Verjährungsfristen!

Sonderfall 5: Pflichtteilsbeschränkung in guter Absicht. Vergleichen Sie dazu bitte den entsprechenden Abschnitt, Seite 138f.

Wie errechnet sich der Ehegattenpflichtteil?

Beispiel: *Lucy Hörmann lebte in Zugewinngemeinschaft mit ihrem Ehemann Emil Hörmann. Sie hat einen erheblichen Zugewinnanspruch. Das Ehepaar hat zwei Kinder. Wie soll Lucy Hörmann sich nach dem Tod von Emil verhalten?*

Das gesetzliche Erbrecht des Ehegatten hängt insbesondere auch vom Güterstand ab.

Vergleichen Sie hierzu den Abschnitt „Das gesetzliche Ehegattenerbrecht", Seite 79ff.

Bei Zugewinngemeinschaft erhöht sich der gesetzliche Erbteil durch den pauschalen erbrechtlichen Zugewinnausgleich um ein Viertel. Demnach kann der überlebende Ehegatte mit einem „großen" und „kleinen" Pflichtteil jonglieren, je nachdem was günstiger ist.

Bei der Berechnung des großen Pflichtteils wird das zusätzliche Viertel des Erbteils mit einbezogen. Beim kleinen Pflichtteil wird nur die normale Ehegattenerbquote zu Grunde gelegt, die meist genauso hoch ist wie die Quote eines Kindes. Der überlebende Ehegatte muss also ausrechnen, ob der konkrete Zugewinnanspruch höher ist als das zusätzliche Viertel des Nachlasses, denn er kann immer den konkreten Zugewinnausgleich verlangen. Dann aber muss er die Erbschaft ausschlagen und erhält entsprechend nur den so genannten kleinen Pflichtteil. Den großen Pflichtteil kann der überlebende Ehegatte faktisch dann realisieren, wenn er testamentarisch bedacht ist, aber weniger als das erhält, was dem großen Pflichtteil entspricht (Pflichtteilsrestanspruch).

Er kann diesen aber nicht dadurch erreichen, dass er die Erbschaft ausschlägt und dann den Zugewinnausgleich verlangt. Hier bekommt er nur den „kleinen Pflichtteil". Die Entscheidung des Ehegatten für die erb- oder güterrechtliche Lösung muss schnell getroffen werden, da die Ausschlagungsfrist binnen sechs Wochen abläuft.

Ist dem Ehegatten – oder einem sonstigen Pflichtteilsberechtigten – ein Vermächtnis zugedacht, so kann der Erbe diesen auffordern, innerhalb angemessener Frist zu erklären, ob er das Vermächtnis annimmt. Bei fruchtlosem Ablauf der Frist gilt das Vermächtnis als ausgeschlagen (§ 2307 Abs. 2 BGB).

Die Abtretung und Vererbung von Pflichtteilsansprüchen

Beispiel: *Hans Koch will seinen Pflichtteilsanspruch zu Geld machen. Er veräußert diesen an seinen Freund Philipp.*

Diese Veräußerung ist wirksam, wenn der Anspruch entstanden ist. Dies setzt den Tod des Erblasser voraus, der ihn enterbt hat und dessen Pflichtteilsberechtigter er ist. Vor dem Tod dieses Erblasser ist keine Veräußerung möglich, auch wenn die Enterbung durch Testament schon feststeht, da ein Vertrag über den Nachlass eines Lebenden unzulässig ist (§ 312 BGB). Der Pflichtteilsanspruch wird ebenfalls vererbt. Wenn Hans vor Realisierung des Anspruchs stirbt und dieser noch nicht verjährt ist, können seine Erben ihn entsprechend geltend machen.

„Ein Vertrag über den Nachlass eines noch lebenden Dritten ist nichtig. (...)"
(§ 312 BGB)

Der Pflichtteilsergänzungsanspruch

Beispiel: *Egon Schön versucht, die Pflichtteilsansprüche seines Sohnes Horst, den er enterben will, dadurch zu verringern, dass er den anderen Kindern laufend Geschenke macht.*

Diese Methode funktioniert nur bedingt. Schenkungen, die der Erblasser in den letzten zehn Jahren vor seinem Tod gemacht hat, sind für die Berechnung des Pflichtteils dem Nachlasswert hinzuzurechnen. Die Schenkungen als solche bleiben allerdings wirksam. Bei Schenkungen an Ehegatten entsteht oft Streit, da der überlebende Ehegatte argumentieren wird, dass es sich nicht um Schenkungen, sondern um Gegenleistungen für Versorgungs- und Pflegedienste handelte. Um hier Beweisschwierigkeiten zu vermeiden, empfiehlt es sich, dies in einer notariellen Schenkungsurkunde für jeden derartigen Fall festzulegen.

Schenkungen, die der Erblasser in den letzten zehn Jahren vor seinem Tod gemacht hat, werden in der Regel dem Nachlass hinzugerechnet (§ 2325 BGB).

Große Probleme entstehen bei Schenkungen unter Nießbrauchsvorbehalt zu Gunsten des Schenkers innerhalb der Zehnjahresfrist. In diesem Fall ist der Streit mit dem Pflichtteilsberechtigten vorprogrammiert und es empfiehlt sich, vorab juristischen Rat einzuholen. Es kann häufig auf des Messers Schneide stehen, ob eine solche Schenkung als vollzogen gilt oder nicht. Wenn umgekehrt der Erblasser dem Pflichtteilsberechtigten zu Lebzeiten etwas geschenkt hat, das er sich auf seinen Pflichtteil und nicht nur auf seinen Erbteil anrechnen lassen soll, so muss er dies bei der Schenkung anordnen. Dieses Geschenk mindert dann den Pflichtteilsanspruch – jedoch ohne die zeitliche Zehnjahresgrenze. Die Anordnung muss zeitgleich mit der Schenkung erfolgen. Nachträglich ist diese nicht mehr möglich. Bei Ausstattungen, die Abkömmlingen geschenkt werden, gilt die Ausgleichspflicht automatisch, ohne dass diese angeordnet werden muss.

Der Auskunftsanspruch des Pflichtteilsberechtigten

In der Regel reicht die Erstellung eines Nachlassverzeichnisses zur Erfüllung der Auskunftspflicht aus.

Der Pflichtteilsberechtigte kann vom Erben zum Zwecke der Durchsetzung seines Anspruchs volle Auskunft verlangen. Der Gesetzgeber gesteht dem Pflichtteilsberechtigten ausdrücklich einen Auskunftsanspruch zu (§ 2314 BGB). Er kann die Aufnahme eines Verzeichnisses der Nachlassgegenstände und deren Wertermittlung verlangen. Aufgrund des Wertermittlungsanspruchs des Pflichtteilsberechtigten wird das gesamte hinterlassene Vermögen dementsprechend von einem Sachverständigen bewertet. Auf Wunsch des Pflichtteilsberechtigten muss sogar das Nachlassgericht oder ein Notar eingeschaltet werden.

Bei einem zum Nachlass gehörenden Unternehmen erstreckt sich das Auskunftsrecht auf sämtliche Geschäftsvorfälle und -unterlagen. Auch kann der Berechtigte zwecks Realisierung eines Pflichtteilsergänzungsanspruchs Auskunft über die Schenkungen des Erblassers innerhalb der letzten zehn Jahre verlangen. Der Anspruch kann gegebenenfalls eingeklagt werden, verbunden mit dem sich daraus ergebenden Zahlungsanspruch (Stufenklage).

Sanktionen des Pflichtteilsrechts

Der Pflichtteilsentzug

Es gibt bezüglich der drei Pflichtteilsberechtigten (Abkömmlinge, Eltern, Ehegatten) auch Pflichtteilsentziehungsgründe. Diese wiederum werden vom Gesetzgeber für die bezeichneten Pflichtteilsberechtigten unterschiedlich festgelegt. Kindern kann unter nachstehenden Voraussetzungen der Pflichtteil entzogen werden (§ 2333 BGB):

* Wenn der Abkömmling dem Erblasser, dem Ehegatten oder einem anderen Abkömmling des Erblassers nach dem Leben trachtet.
* Wenn der Abkömmling sich einer vorsätzlichen körperlichen Misshandlung des Erblassers oder des Ehegatten des Erblassers schuldig macht; im Falle der Misshandlung des Ehegatten jedoch nur, wenn der Abkömmling von diesem abstammt.
* Wenn der Abkömmling sich eines Verbrechens oder eines schweren vorsätzlichen Vergehens gegen den Erblasser oder dessen Ehegatten schuldig macht.
* Wenn der Abkömmling die ihm gesetzlich obliegende Unterhaltspflicht dem Erblasser gegenüber böswillig verletzt.
* Wenn der Abkömmling einen ehrlosen oder unsittlichen Lebenswandel wider den Willen des Erblassers führt.

Bei Eltern und Ehegatten gelten – mit gewissen Abweichungen – ähnliche Gründe, die im Ernstfall mit dem Rechtsberater besprochen werden sollten.

Die Entziehung des Pflichtteils muss im Testament erfolgen; der Grund muss zu dieser Zeit bestehen und im Testament erwähnt werden. Sollte der Grund (zum Beispiel unsittlicher Lebenswandel) im Erbfall weggefallen sein, kann die Entziehung dementsprechend unwirksam werden. Soweit eine Verzeihung des Erblassers erfolgt ist, die gegebenenfalls bewiesen werden muss, kann die Entziehung unter Umständen ebenfalls unwirksam werden: „Eine Verfügung, durch die der Erblasser die Entziehung angeordnet hat, wird durch die Verzeihung unwirksam." (§ 2337 BGB)

Der Pflichtteilsanspruch kann als Mindestgarantie erachtet werden; der Entzug ist daher nur in Ausnahmefällen (§ 2333 BGB) zulässig.

Der Pflichtteilsverzicht

Der Pflichtteilsverzicht ist etwas anderes als die Nichtgeltendmachung des bereits entstandenen Pflichtteilsanspruchs nach dem Erbfall, auf den auch formlos verzichtet werden kann.

Der echte Pflichtteilsverzicht ist ein Vertrag zu Lebzeiten des Erblassers mit dem Ziel, spätere Pflichtteilsansprüche abzuwehren – speziell bei Berliner Testamenten nach dem Tode des Erstversterbenden – um den überlebenden Ehegatten nicht in große Liquiditätsschwierigkeiten zu bringen. Der Vertrag bedarf notarieller Beurkundung bei persönlicher Anwesenheit des Erblassers. Meist wird als Gegenleistung ein Abfindungsbetrag an den Verzichtenden gezahlt.

Die Pflichtteilsunwürdigkeit

Vergleichen Sie hierzu den Abschnitt „Erbunwürdigkeit und Erbverzicht", Seite 118ff.

Ebenso wie jemand erbunwürdig sein kann, gibt es aus denselben Gründen eine Vermächtnis- und eine Pflichtteilsunwürdigkeit (§ 2345 BGB). Sie besteht dann, wenn der Pflichtteilsberechtigte eine der Verfehlungen des § 2339 Abs. 1 BGB begangen hat.

Während die Erbunwürdigkeit durch Klage geltend gemacht wird, erfolgt dies hinsichtlich der Pflichtteilsunwürdigkeit durch Anfechtungserklärung gegenüber dem „Unwürdigen". Im konkreten Fall ist wegen der Beurteilung der Rechtslage und der Formen und Fristen juristischer Rat unerlässlich.

Die Beschränkung des Pflichtteils in guter Absicht

Beispiel: *Rosa Tucher ist unverheiratet. Sie hat einen Sohn, der sich einer Sekte angeschlossen hat und unter dem Einfluss des Sektenführers und verschiedener „Freunde" alles Geld bzw. Vermögen verschwendet, was er in die Hand bekommt. Sie möchte ihren Sohn nicht enterben, weil sie zudem befürchtet, dass er selbst seinen Pflichtteil verschwendet und dann mittellos sein würde.*

Für diesen Fall gibt es eine praktikable Möglichkeit. Ein Erblasser kann den Pflichtteil eines Abkömmlings in guter Absicht beschränken, wenn dieser sich in solcher Weise einem verschwenderischen Leben hingegeben hat, dass sein Lebensunterhalt nicht mehr gesichert ist. Dies ist auch der Fall, wenn durch ein entsprechendes Verhalten eine Überschuldung vorliegt und die Gläubiger nur darauf warten, gegebenenfalls auf ein Erbe oder Pflichtteil zugreifen zu können. Rosa Tucher könnte testamentarisch anordnen, dass ihr Abkömmling nur Vorerbe wird, aber seinen Pflichtteil erhalten soll und bezüglich dieses Pflichtteils einen Testamentsvollstrecker erhält. In diesem Fall müssen die gesetzlichen Erben des Abkömmlings als Nacherben eingesetzt werden, und zwar im Verhältnis ihrer Erbanteile. Der Erblasser kann dabei vorsehen, dass eine spätere nachhaltige Verbesserung des Lebenswandels die Beschränkung entfallen lässt. Bei dieser Situation sind die Nutzungen und der jährliche Reinertrag der Erbschaft für die Gläubiger des Sohnes unpfändbar insoweit als diese zur Erfüllung von Unterhaltspflichten und den eigenen angemessenen Unterhalt des Sohnes notwendig und erforderlich sind (§ 863 ZPO). Lediglich Nachlassgläubiger können natürlich unbeschränkt pfänden, da diese nichts mit den Schulden des Sohnes zu tun haben. Rosa Tucher könnte daher wie folgt testieren:

Muster

„Mein letzter Wille
Hiermit setze ich meinen Sohn Sylvius zum Vorerben und dessen gesetzliche Erben entsprechend ihren gesetzlichen Erbteilen zu Nacherben ein. Bezüglich der Verwaltung des Pflichtteils von Sylvius ernenne ich Herrn Rechtsanwalt Dr. Alois Moorkramer (Wiesbaden) zum Testamentsvollstrecker. Die Testamentsvoll-

streckung entfällt, wenn der verschwenderische Lebenswandel meines Sohnes nachhaltig beendet sein sollte.
Wiesbaden, den 10. Mai 1997
– Rosa Tucher –"

Entmündigung

Rosa Tucher möchte außerdem wissen, ob ihr Sohn Sylvius nicht besser entmündigt werden sollte. Wenn die Voraussetzungen für eine Entmündigung (Betreuung) gegeben sein sollten, könnte man dies im Interesse des Sohnes durchaus erwägen. Damit kann man zusätzlich verhindern, dass Sylvius noch zu Lebzeiten seiner Mutter Rosa sein eigenes Vermögen verschwendet oder Schulden macht. Auch eine Entmündigung würde einer Beschränkung des Pflichtteils in guter Absicht in dem dargelegten Sinne nicht entgegenstehen. Diese könnte trotzdem vom Erblasser vorgenommen werden und wäre wirksam.

Die Testamentsvollstreckung
Die Anordnung der Testamentsvollstreckung

Beispiel: *Ferdinand Groß hinterlässt ein gut gehendes großes Einzelhandelsunternehmen sowie einen großen Privatbesitz. Er hat drei noch minderjährige Kinder. Da er sehr krank ist und seiner Ehefrau nicht die Verantwortung für den Fortgang des Unternehmens überlassen will, setzt er testamentarisch seinen Freund, Rechtsanwalt Dr. Balduin Götz, zum Testamentsvollstrecker bis zur Volljährigkeit der Kinder ein. Im Übrigen errichtet er mit seiner Ehefrau ein notarielles Berliner Testament.*

Dies ist zulässig. Ein Testamentsvollstrecker kann sowohl für die reine Auseinandersetzung des Nachlasses eingesetzt werden als auch für eine bestimmte Zeit als Verwalter des Nachlasses (Dauertestamentsvollstreckung). Die Position eines Testamentsvollstreckers ist wesentlich stärker als die eines Bevollmächtigten, dessen Vollmacht in der

Regel von den Erben widerrufen werden kann. Der Testamentsvollstrecker ist von den Erben unabhängig; diese können sich nicht einfach von ihm lösen.

Der Erblasser kann einen (oder mehrere) Testamentsvollstrecker im Testament oder im Erbvertrag ernennen. Die Ernennung des Testamentsvollstreckers ist bis zum Tode jederzeit frei widerruflich, da diese nicht wechselbezüglich bzw. vertragsmäßig getroffen werden kann.

Vergleichen Sie dazu die entsprechenden Abschnitte zum Ehegattentestament und Erbvertrag, Seite 47ff. bzw. 65ff.

Das Amt des Testamentsvollstreckers beginnt nicht vor dem Tod des Erblassers und erst nach Annahme durch den eingesetzten Testamentsvollstrecker. Dieser kann die Übernahme des Amtes jedoch auch ablehnen. Die Erklärung muss gegenüber dem Nachlassgericht erfolgen. Eine Bedingung oder Befristung bei der Annahme ist nicht zulässig. Falls ein Testamentsvollstrecker zögert, kann ihm das Nachlassgericht auf Antrag eines Beteiligten eine Frist setzen. Falls diese ohne Annahmeerklärung des Testamentsvollstreckers abläuft, gilt das Amt als abgelehnt.

Der Testamentsvollstrecker hat das alleinige Verfügungsrecht über den Nachlass. Er kann Nachlassgegenstände veräußern, belasten, abtreten, Schulden begleichen und Zahlungen leisten etc. Die Anordnung der Testamentsvollstreckung wird in das Grundbuch eingetragen, wenn Grundbesitz zum Nachlass gehört, sodass jeder Erwerber weiß, mit wem er verhandeln muss und wer an ihn veräußern kann. Unentgeltliche Verfügungen darf der Testamentsvollstrecker nur vornehmen, wenn dies einer sittlichen Pflicht oder Rücksichtnahme entspricht.

Obwohl somit der Erbe selbst nicht über den Nachlass verfügen kann, kann es passieren, dass dieser versucht, einen Nachlassgegenstand an einen Dritten zu veräußern. Hier ist theoretisch ein gutgläubiger Erwerb denkbar, wenn der Dritte von der Testamentsvollsteckung nichts wusste. Allerdings wird auch die Anordnung der Testamentsvollstreckung im Erbschein erwähnt und der Dritte muss sich den Erbschein zeigen lassen, wenn er gutgläubig sein will, sodass er damit gewarnt ist. Somit besteht ein zusätzlicher Schutz der Miterben vor solchen Handlungen einzelner Erben.

Der Erblasser kann dem Testamentsvollstrecker gestatten, so genannte In-sich-Geschäfte abzuschließen. Dies sind Verträge mit sich selbst als

Vertragspartner (§ 181 BGB). Dadurch kann der Testamentsvollstrecker beispielsweise ein Vermächtnis selbst erfüllen, welches ihm der Erblasser ausgesetzt hatte. Die entsprechende Anordnung im Testament müsste wie folgt lauten:

„Der Testamentsvollstrecker ist von allen Beschränkungen befreit, soweit dies gesetzlich zulässig ist, insbesondere auch von den Beschränkungen des § 181 BGB."

Achtung!

* Eine Einschränkung im Testamentsvollstreckerzeugnis kann zum Beispiel sein, dass sich die Testamentsvollstreckung nur auf den inländischen Nachlass bezieht. Somit kann der Testamentsvollstrecker nicht wirksam über ausländische Nachlassgegenstände verfügen.

* Der gute Glaube des Testamentsvollstreckerzeugnisses erstreckt sich beispielsweise nicht darauf, dass das Amt noch fortbesteht (zum Beispiel, weil das Testamentsvollstreckerzeugnis versehentlich nicht eingezogen wurde) oder dass es sich wirklich um einen Nachlassgegenstand handelt, der veräußert werden soll. Im Zweifelsfalle empfiehlt es sich, juristischen Rat einzuholen.

Der Testamentsvollstrecker erhält vom Nachlassgericht ein so genanntes Testamentsvollstreckerzeugnis. Dieses Zeugnis begründet für Dritte die Vermutung, dass der Testamentsvollstrecker wirksam für den betreffenden Nachlass bestellt wurde und Verfügungen treffen kann, soweit sich nicht etwaige Beschränkungen aus diesem Zeugnis ergeben.

Der Testamentsvollstrecker

Die Auswahl des Testamentsvollstreckers

Der Erblasser kann in seiner letztwilligen Verfügung direkt eine oder mehrere Personen als Testamentsvollstrecker benennen. Er kann auch für den Fall des Wegfalls einer

Person jeweils Ersatztestamentsvollstrecker benennen. Zweckmäßigerweise sollte er sich rechtzeitig erkundigen, ob die ausgewählten Personen zur Übernahme des Amtes bereit sind. Der Erblasser kann die Bestimmung der Person des Testamentsvollstreckers auch einem Dritten – zum Beispiel dem Nachlassgericht oder auch einem Erben – überlassen. Die Ernennung kann folgendermaßen formuliert werden

> *Muster*
>
> „Ich ordne für den gesamten Nachlass Testamentsvollstreckung an. Die Bestimmung der Person des Testamentsvollstreckers sowie gegebenenfalls des Ersatztestamentsvollstreckers übertrage ich meiner Ehefrau. Falls diese wegfällt, so soll diese Bestimmung durch das Nachlassgericht erfolgen".

Die Ernennung eines Testamentsvollstreckers, der zum Zeitpunkt seines Amtsantritts geschäftsunfähig oder in der Geschäftsfähigkeit beschränkt ist, oder der einen Betreuer hat, ist unwirksam.

Die Aufgaben des Testamentsvollstreckers

Den Aufgabenbereich des Testamentsvollstreckers bestimmt der Erblasser in seinem Testament. Gegebenenfalls ist das Testament auszulegen, da zum Beispiel geprüft werden muss, ob bei einem Berliner Testament der Testamentsvollstrecker sowohl für den Tod des Erstversterbenden als auch für den Tod des Letztversterbenden eingesetzt ist. Bei Vor- und Nacherbschaft stellen sich ähnliche Fragen.

Testamentsvollstreckung muss in der letztwilligen Verfügung angeordnet werden.

Die Aufgaben des Testamentsvollstreckers sind im Einzelnen:
* Den letzten Willen des Erblasser genau zu prüfen
* Den Nachlass in Besitz zu nehmen, notfalls auf dem Wege einer Klage
* Die Nachlassverbindlichkeiten, Vermächtnisse und Auflagen zu erfüllen sowie ein Nachlassverzeichnis zu erstellen
* Den Nachlass zu verwalten (u.a. Führung von Prozessen für den Nachlass)
* Die Auseinandersetzung unter den Miterben durchzuführen, wobei Teilungsanordnungen zu beachten sind und ansonsten gegebenen-

Bei Unternehmen und Gesellschaften kann der Gesellschaftsvertrag eine Testamentsvollstreckung gegebenenfalls ausschließen. Rechtsrat ist in diesem Falle unbedingt erforderlich.

falls die „Versilberung" erfolgen muss, falls keine Einigung über die Verteilung zu erzielen ist

* Bei einer angeordneten Dauervollstreckung muss der Testamentsvollstrecker zusätzlich den Nachlass während dieser Zeit ordnungsgemäß bewirtschaften (insbesondere Unternehmen leiten oder ein Management einsetzen). Eine Dauertestamentsvollsteckung darf maximal für 30 Jahre angeordnet werden.

* Es kann auch eine beschränkte Testamentsvollstreckung nur für einzelne Nachlassgegenstände oder für einzelne Erbteile angeordnet werden.

Die Entlassung des Testamentsvollstreckers

Wenn Sie in Ihrer letztwilligen Verfügung Testamentsvollstreckung anordnen, sollten Sie jedenfalls bedenken, dass die von Ihnen ausgewählte Person das Amt ablehnen oder jederzeit kündigen kann. Für einen derartigen Fall können Sie Vorsorge treffen, wenn Sie in Ihrem Testament oder Erbvertrag einen Ersatz benennen, einen Dritten bevollmächtigen einen Nachfolger zu bestimmen, das Nachlassgericht mit der Auswahl beauftragen oder mehrere Personen als mögliche Testamentsvollstrecker anführen.

Die Beendigung der Testamentsvollstreckung

Für eine Beendigung des Amtes gibt es folgende Gründe:

* Kündigung durch den Testamentsvollstrecker selbst (§ 2226 BGB). Hierzu braucht dieser keine Begründung abzugeben. Sie erfolgt gegenüber dem Nachlassgericht.

* Entlassung des Testamentsvollstreckers auf Antrag eines Beteiligten, wenn ein wichtiger Grund vorliegt. Dies ist insbesondere der Fall bei grober Pflichtverletzung oder Unfähigkeit zu ordnungsgemäßer Geschäftsführung (§ 2227 BGB).

* Tod des Testamentsvollstreckers (§ 2225 BGB)

Die Auslegung des Testaments muss ergeben, ob in einem solchen Falle die Testamentsvollstreckung insgesamt endet oder danach ein Ersatztestamentsvollstrecker bestimmt werden muss. Deshalb sollte der Erblasser diesen Fall im Auge haben und regeln, wobei er entweder selbst schon den Ersatztestamentsvollstrecker bestimmen kann oder dies zum Beispiel dem Nachlassgericht überlässt. Durch Vereinbarung der Erben kann gleichfalls eine auch dann weiterbestehende Testamentsvollstreckung nicht aufgehoben werden.

Die Vergütung des Testamentsvollstreckers

Zunächst gilt: Der Erblasser kann ohne weiteres bindend im Testament die Vergütung des Testamentsvollstreckers festlegen. Er kann eine solche auch ausschließen, muss dann aber sicher sein, dass der genannte Testamentsvollstrecker das Amt trotzdem annimmt. Die Anordnung kann beispielsweise wie folgt lauten:

> „Als Vergütung erhält der Testamentsvollstrecker neben dem Ersatz seiner Auslagen einen Betrag in Höhe von drei Prozent des Nachlasswertes (vor Abzug der Schulden sowie Vermächtnisse, Auflagen und Pflichtteilsansprüche)."

Muster

Falls der Erblasser keine Bestimmung trifft, gilt eine angemessene Gebühr als geschuldet.

Vorsicht: Haben Sie eine Testamentsvollstreckung übernommen und in der letztwilligen Verfügung – Testament oder Erbvertrag – ist keine Vergütung festgelegt, dann sollten Sie dies unbedingt mit den Erben erörtern. Ein klärendes Gespräch vorab ist jedenfalls besser, als später langwierige und teuere Gerichtsverfahren anstrengen zu müssen. Bei der Vergütung wird unterschieden zwischen der Konstituierungsgebühr (für Ermittlung und Inbesitznahme des Nachlasses) und der Verwaltungsgebühr. Für die Konstituierungsgebühr haben sich bestimmte Richtlinien entwickelt, die nach anerkannter Rechtsprechung je nach dem Wert der Aktivmasse wie folgt lauten:

Nachlasswert:	Vergütung:
DM 10.000,—	ca. DM 750,—
DM 20.000,—	ca. DM 1.500,—
DM 100.000,—	ca. DM 6.000,—
DM 1.000.000,—	ca. DM 40.000,—
DM 2.000.000,—	ca. DM 60.000,—

Bei höheren Werten erhöht sich die Vergütung zusätzlich um ein Prozent des höheren Wertbetrages.

Falls der Konstituierung eine längere Dauervollstreckung nachfolgt, insbesondere die Führung eines Unternehmens mit umfangreicher Tätigkeit, so kommt eine weitere Vergütung in Betracht, die sich nach den Umständen des Einzelfalles richtet. Häufig orientiert sich diese am Jahresbetrag der erwirtschafteten Einkünfte des Nachlasses (zum Beispiel zwei bis fünf Prozent des Reinertrages) oder am Nachlassbruttowert (zum Beispiel 0,5 bis 1 Prozent des Nachlassbruttowertes pro Jahr).

Wer bezahlt den Testamentsvollstrecker?

Der Testamentsvollstrecker ist berechtigt, seine Vergütung dem Nachlassvermögen selbst zu entnehmen. Dies ist jedenfalls dann problemlos möglich, wenn der oder die Verstorbene die Vergütung in seiner bzw. ihrer letztwilligen Verfügung entsprechend angeordnet hat. Leider ist dies die Ausnahme. Ein Streit über die Vergütung zwischen Erben und Testamentsvollstrecker ist demnach in den meisten Fällen vorprogrammiert. Der Verdacht der Bereicherung liegt im Verfahren selbst begründet: Einerseits verwaltet der Testamentsvollstrecker ein Vermögen für Dritte, die Erben. Andererseits errechnet er seine Vergütung selbst – und zahlt sie an sich aus. Besonders problematisch ist die Situation dann, wenn der Testamentsvollstrecker außerdem Miterbe am hinterlassenen Vermögen ist.

Sonstige Erbrechtsfragen

Die Nachlasspflegschaft

<u>Beispiel:</u> *Der Unternehmensberater Dr. Rust erhält vom Nachlassgericht eine Mitteilung, dass er zum Nachlasspfleger betreffend den Nachlass des Herrn Alexander Ohnsorg bestellt wurde. Er erkundigt sich nach den Gründen hierfür und möchte über seine Pflichten vom zuständigen Nachlassgericht belehrt werden.*

Die Nachlasspflegschaft wird immer dann angeordnet, wenn die Erben eines Nachlasses unbekannt sind und deshalb ein Bedürfnis besteht, den Nachlass für die rechtmäßigen Erben zu sichern. Dies ist die Aufgabe des Nachlassgerichts, sobald ein solcher Fall eintritt, insbesondere aber, wenn ein Nachlassgläubiger dies beantragt. Dabei ist zu beachten, dass dies nicht nur gilt, wenn beipielsweise Namen und/oder Aufenthaltsort der Erben unbekannt sind, sondern auch dann, wenn sich mehrere Erbengruppen darüber streiten, wer von ihnen zum Zuge kommt. Dies kann dann der Fall sein, wenn ein Erblasser ein Testament errichtet hat, welches die gesetzliche Erbfolge ausschließt und später behauptet wird, der Erblasser sei testierunfähig gewesen. Dann streiten sich gegebenenfalls die Testamentserben mit den gesetzlichen Erben über die Erbfolge. Auch vor der Annahme einer Erbschaft ist der Erbe noch unbekannt. Weitere Voraussetzungen für die Anordnung einer Nachlasspflegschaft sind:

Die Höhe der Kosten, die die Anordnung einer Nachlasspflegschaft verursacht, berechnet sich u.a. nach dem Wert des Nachlassvermögens.

* Es darf weder ein Testamentsvollstrecker noch ein Nachlassverwalter oder ein Bevollmächtigter über den Tod hinaus wirksam bestellt sein, weil dann diese Personen für die Sicherung des Nachlasses zuständig sind.
* Es muss ein Sicherungsbedürfnis bestehen. Dies ist dann der Fall, wenn außer der Tatsache, dass keine Person da ist, die über den Nachlass verfügen kann, auch tatsächlich wesentliche zu sichernde Nachlassgegenstände vorhanden sind. Nachlassgegenstände kön-

nen sein: Grundbesitz, der verwaltet werden muss, Konten, Wertpapiere, Schmuck etc.

Das Nachlassgericht muss in derartigen Fällen alle nach seiner Ansicht erforderlichen Sicherungsmaßnahmen treffen. Im Allgemeinen wird dies immer auf die Bestellung eines Nachlasspflegers hinauslaufen. Es kommen außerdem direkte Sicherungsmaßnahmen durch das Nachlassgericht in Betracht, von der Verwaltung und Verschließung (Versiegelung) von Objekten bis zur Hinterlegung bei Banken etc.

Die Nachlasspflegschaft wird vom Gesetzgeber in § 1960 BGB explizit geregelt.

Der Nachlasspfleger muss die Erben ermitteln und bis dahin den Nachlass sicherstellen und verwalten. Er muss ein Nachlassverzeichnis erstellen und wird insgesamt in seiner Amtsführung vom Nachlassgericht kontrolliert.

Anders als der Testamentsvollstrecker muss der Nachlasspfleger den Nachlass nur vorläufig verwalten und nicht endgültig abwickeln. Nachlassverbindlichkeiten wird er daher in der Regel nur erfüllen, wenn diese eindeutig sind und dadurch umfangreiche Prozesse vermieden werden. Dasselbe gilt für Steuerzahlungen.

Die Vergütung des Nachlasspflegers setzt das Nachlassgericht in angemessener Höhe entsprechend dem Umfang seiner Tätigkeit fest. Diese ist aus dem Nachlass zu begleichen. Bei Überschuldung oder Zahlungsunfähigkeit des Nachlasses muss der Nachlasspfleger den Nachlasskonkurs anmelden.

Gegen den Beschluss auf Anordnung der Nachlasspflegschaft haben alle in Betracht kommenden Erben ein Beschwerderecht. Zur Einhaltung von Form und Frist der Rechtsmittel sollte dabei immer ein Anwalt konsultiert werden.

Die Nachlassverbindlichkeiten

Beispiel: *Nicole Wiedemann erbt von ihren Eltern ein größeres Vermögen. Es melden sich jedoch bald auch zahlreiche Gläubiger und sie möchte einerseits wissen, wie lange sie diese vertrösten und gegebenenfalls erreichen kann, dass sie für Nachlassschulden nur mit dem Nachlass und nicht auch persönlich haftet.*

Zunächst einmal sollte sich Nicole Wiedemann einen Überblick verschaffen, für welche Schulden der Nachlass überhaupt haftet. Des Weiteren muss sich Nicole einen Überblick über die eigentlichen Nachlassverbindlichkeiten verschaffen. Es gibt zwei Gruppen von Schulden:

* Die noch beeinflussbaren Schulden: Das sind diejenigen, die Nicole selbst mit Wirkung für den Nachlass eingeht (Erbenschulden); zum Besipiel im Zusammenhang mit einer Haussanierung, einer Fortführung eines Unternehmens oder Geschäftes etc.

* Die vom Erblasser hinterlassenen Schulden:
  – Verbindlichkeiten gegenüber Gläubigern des Erblassers
  – Vermächtnisse
  – Auflagen
  – der Dreißigste
  – der Ehegattenvoraus
  – Ausbildungsansprüche von Stiefkindern
  – Erbersatzansprüche nichtehelicher Kinder
  – Pflichtteilsansprüche
  – Beerdigungskosten
  – Kosten des Nachlassgerichts
  – Testamentsvollstreckerkosten
  – Nachlasspflegschaftskosten
  – Nachlassverwaltungskosten
  – Erbschaftssteuern

Insbesondere die erstgenannten Verbindlichkeiten können gegebenenfalls schwer zu ermitteln sein.

In vorbezeichneten Fällen bietet sich als Ausweg das generelle Aufgebotsverfahren an. Dieses kann vom Erben oder gegebenenfalls Testamentsvollstrecker beim Nachlassgericht beantragt werden. Dem Antrag muss eine Übersicht über alle dem Antragsteller bekannten Gläubiger einschließlich Anschrift und Forderungsbetrag beigefügt werden. Das Nachlassgericht leitet das Aufgebot durch eine öffentliche Bekanntmachung ein und setzt den unbekannten Gläubigern eine geräumige Frist, ihre Forderungen anzumelden. Nach Fristablauf wird vom Nachlassgericht ein so genanntes Ausschlussurteil erlassen, womit alle diejenigen Gläubiger ausgeschlossen werden, die ihre Forderungen nicht rechtzeitig angemeldet haben. Dabei handelt es sich jedoch nicht um einen vollständigen Ausschluss dieser Gläubiger. Er bedeutet lediglich, dass solche Gläubiger Befriedigung erst nach allen anderen bekannten Gläubigern verlangen können und sich mit dem Rest, der aus dem Nachlass dann noch zur Verfügung steht, begnügen müssen. Reicht der Rest des Nachlasses für diese Gläubiger nicht aus, so kann der Erbe nach ordnungsgemäß durchgeführtem Aufgebotsverfahren diesen Erben die so genannte Erschöpfungseinrede entgegenhalten (§ 1973 BGB). Diese Einrede muss gegebenenfalls gerichtlich gegenüber jedem einzelnen Gläubiger erhoben werden. Dies gilt aber nur dann, wenn der Erbe nicht selbst unbeschränkbar haftet. Die unbeschränkbare Haftung tritt z.B. bei verspäteter oder unzutreffender Inventarerrichtung ein. Dann kann der Erbe die Möglichkeit der Haftungsbeschränkung (Nachlassverwaltung und Nachlasskonkurs) nicht mehr einleiten.

Der Antrag für das Aufgebot ist nicht fristgebunden. Wird er aber später als ein Jahr nach Annahme der Erbschaft gestellt, ist der Erbe nicht mehr berechtigt, die Erfüllung von Nachlassverbindlichkeiten zu verweigern.

Ein Nachlassgläubiger, der seine Forderung später als fünf Jahre nach dem Erbfall geltend macht, steht auch ohne Aufgebotsverfahren einem durch ein Aufgebot ausgeschlossenen Gläubiger gleich, es sei denn, der Erbe kannte diese Forderung nachweisbar vorher (§ 1974 BGB Verschweigungseinrede).

Haftungsbeschränkung

Die unbeschränkbare Haftung des Erben kann im Zusammenhang mit Fehlern bei der Inventarerrichtung eintreten. Deshalb ist diesem Thema bei Nachlässen mit hohen Schulden eine besondere Aufmerksamkeit zu widmen:

Beispiel: *Alex Froh ist an sich ein ordentlicher Mensch. Er hat einen Nachlass mit vielen Schulden geerbt, will aber alles mit den Gläubigern selbst regeln. Einer Aufforderung vom Nachlassgericht, binnen drei Wochen ein Inventar zu errichten, beachtet er jedoch nicht. Was ist die Konsequenz?*

Unter Inventar versteht man die Aufstellung sämtlicher Vermögenswerte und Schulden des Nachlasses, wobei die Werte im Einzelnen anzugeben und gegebenenfalls nachzuweisen sind.

Die Aufstellung des Inventars ist eine wichtige Pflicht des Erben gegenüber den Gläubigern, die er erfüllen muss und die bei Schlecht- oder Nichterfüllung für ihn die Konsequenz hat, dass er seine Haftung nicht mehr auf den Nachlass beschränken kann, also unter Umständen mit seinem eigenen Vermögen für Nachlassschulden haftet.

Die Aufstellung des Inventars kann der Erbe grundsätzlich von sich aus immer durchführen, um die für ihn positiven Rechtsfolgen herbeizuführen. Das Nachlassgericht kann ihm auch eine Frist setzen, die genau eingehalten werden muss, da bei Versäumnis der Frist die unbeschränkbare Haftung eintritt. Die Frist muss vom Nachlassgericht gesetzt werden, wenn ein Nachlassgläubiger dies beantragt. Der Erbe hat auch ohne Inventarermittlung gegenüber den Gläubigern die so genannte Dreimonatseinrede; das heißt, er kann bis zu drei Monate nach Annahme der Erbschaft die Befriedigung der Gläubiger verweigern. Diese Frist endet vorher, wenn das Inventar vorab errichtet wurde (§ 2014 BGB).

Haftungsbeschränkung ist besonders dann wichtig, wenn der Nachlasswert zur Deckung der Nachlassverbindlichkeiten nicht ausreicht.

Das frist- und ordnungsgemäß errichtete Inventar hat zwei Wirkungen:

* Es besteht die Vermutung gegenüber den Nachlassgläubigern, dass der gesamte Nachlass erfasst ist. Ein Gläubiger, der das bestreitet, muss das Gegenteil beweisen.
* Der Erbe behält die Möglichkeit, bei Überschuldung des Nachlasses seine Haftung zu beschränken, und zwar durch Antrag auf Nachlassverwaltung oder Nachlasskonkurs.

Diese Wirkungen treten in folgenden Fällen nicht ein:
* Bei Versäumung einer für das Inventar vom Nachlassgericht gesetzten Frist
* Bei absichtlich unvollständiger Inventaraufstellung
* Bei absichtlicher Aufnahme einer nicht bestehenden Nachlassschuld.
* Bei Verweigerung von geforderten Auskünften bei der amtlichen Inventaraufnahme oder absichtlicher erheblicher Verzögerung
* Bei Verweigerung oder Verzögerung einer eidesstattlichen Versicherung hinsichtlich der Richtigkeit des Inventarverzeichnisses gegenüber dem Nachlassgericht

Die Haftung des Erben kann, wenn der Erbe nicht schon unbeschränkt haftet, auf den Nachlass beschränkt werden, und zwar wie folgt:

Nachlassverwaltung

Bei einem unübersichtlichen Nachlass empfiehlt es sich, Anordnung der Nachlassverwaltung zu beantragen.

Der Antrag kann von einem Gläubiger nur innerhalb von zwei Jahren ab Annahme der Erbschaft gestellt werden, falls er glaubhaft macht, dass die Abwicklung des Nachlasses gefährdet ist. Der Erbe kann den Antrag auch selbst stellen. Das Nachlassgericht bestellt in diesem Falle einen Nachlassverwalter, der den Nachlass vergleichbar einem Testamentsvollstrecker abwickelt.

Nachlasskonkurs

Dieser kann beantragt werden, wenn der Nachlass überschuldet ist. Der Antrag kann vom Erben, dem Testamentsvollstrecker, dem Nachlassverwalter oder jedem Nachlassgläubiger gestellt werden. Der Erbe muss den Antrag unverzüglich nach Kenntnis einer Überschuldung stellen. Sonst haftet er den Gläubigern persönlich. Das Nachlassgericht bestellt einen Nachlasskonkursverwalter. Unter bestimmten Voraussetzungen kann auch ein Nachlassvergleichsverfahren beantragt werden. Die Eröffnung des Nachlassvergleichsverfahrens kann der Erbe zur Abwendung des Konkursverfahrens anstrengen, wenn der Nachlass lediglich geringfügig überschuldet ist. Das gerichtliche Vergleichsverfahren hat u. U. eine Haftungsbeschränkung des Erben zur Folge.

Schenkungen als vorweggenommene Erbfolge

Beispiel: *Anton Wiese und seine Ehefrau Sybille haben drei Kinder. Sie möchten bereits zu Lebzeiten einen Teil ihres Vermögens gerecht auf ihre Kinder übertragen, da sie für ihr Alter immer noch genügend abgesichert sind.*

Zunächst sind Schenkungen zu Lebzeiten an Angehörige als „vorweggenommene Erbfolge" immer dann zu empfehlen, wenn dem Schenker auch ohne diese geschenkten Vermögenswerte weiterhin genügend Vermögen zur Absicherung seiner eigenen Existenz verbleibt. Wenn dies der Fall ist, kann nach weiteren sinnvollen Gründen gesucht werden:

* Die Kinder benötigen Vermögen zum Aufbau einer eigenen Existenzgrundlage.
* Ein Betrieb oder eine Firma soll zum Zwecke der Vermeidung einer Zersplitterung oder eines Verkaufs rechtzeitig auf die nächste Generation übertragen werden.
* Personen, die nach einer Scheidung oder dem Tod eines Partners allein sind, möchten zum Beispiel als Gegenleistung für Pflege und Unterhaltsleistungen einen ihrer Erben oder einen Dritten beschenken.
* Aus steuerlichen Gründen sollten Schenkungen wegen der mehrfachen Ausnutzung von Freibeträgen vor dem Erbfall erfolgen.

Vergleichen Sie hierzu den Abschnitt „Das Erbschaftssteuerrecht", Seite 163ff.

Man unterscheidet bei den Schenkungen die echte Schenkung unter Lebenden und die Schenkung von Todes wegen. Die vorstehend geschilderten Ziele erreicht man in der Regel nur mit der echten Schenkung unter Lebenden, die auch zu Lebzeiten vollzogen wird, während die andere Variante eher erbrechtlichen Charakter hat und bezweckt, dass der Erblasser zu Lebzeiten den Vermögenswert behält und von Todes wegen diesen außerhalb der sonstigen Erbregelungen jemandem zuwendet.

Im Klartext!

Die Frist für die Rückforderung böswilliger Schenkungen (s.S. 154) wird nur durch eine entsprechende Klageeinreichung mit Zustellung gewahrt. Rechtsrat ist jedenfalls erforderlich!

Rückforderungsgründe (Widerruf) sind beispielsweise gegeben, wenn der Schenker seinen Unterhalt oder Unterhaltsverpflichtungen gegenüber Berechtigten nicht mehr sicherstellen kann oder wenn der Beschenkte sich ihm oder einem nahen Angehörigen gegenüber grob undankbar verhalten hat (§§ 528, 530 BGB).

Bezüglich der Schenkung unter Lebenden ist zu beachten, dass diese nur wirksam ist, wenn der entsprechende Vertrag entweder notariell beurkundet wurde oder die Schenkung vollständig vollzogen wurde; das heißt in der Regel durch Übereignung (bei Grundbesitz in Form der Umschreibung des Eigentums im Grundbuch).

So genannte „böswillige" Schenkungen sind unwirksam. Dies sind solche, die erfolgen, wenn zur Aushöhlung eines Erbvertrages oder gemeinschaftlichen Testamentes bewusst versucht wird, den Vertragspartner bzw. Ehepartner oder Vermächtnisnehmer zu schädigen und dessen Ansprüche zu schmälern. Die Ansprüche auf Rückgabe böswilliger Schenkungen können nur innerhalb von drei Jahren nach dem Tod des Schenkers geltend gemacht werden.

Sollen Schenkungen auf Erb- oder Pflichtteilsansprüche von Erben angerechnet werden, so muss dies konkret und nachweisbar – am besten notariell – bei der Schenkung festgehalten werden. Sonst ist die Anrechnungsbestimmung unwirksam.

Die Schenkung von Todes wegen erfolgt unter der Bedingung, dass der Beschenkte den Schenker überlebt. Diese bedarf deshalb der Form, die für letztwillige Verfügungen vorgeschrieben ist, da es sich im Grunde auch um eine Verfügung von Todes wegen handelt. Wählen Sie grundsätzlich den Weg der notariellen Beurkundung, um eventuelle Probleme mit den Erben von vornherein auszuschließen.

Vergleichen Sie hierzu den Abschnitt „Welche letztwilligen Verfügungen gibt es?", Seite 8ff.

Ist eine Schenkung von Todes wegen wirksam vereinbart, so wird sie automatisch hinfällig, wenn der Beschenkte vor dem Schenker stirbt. Sollte er nach diesem sterben, erhält er das geschenkte Vermögen zu dem Todeszeitpunkt des Schenkers automatisch. Dieses fällt nicht in den Nachlass. Eine Ausnahme besteht für den Fall eines Lebensversicherungsvertrages, wenn mit der Versicherung vereinbart wurde, dass die Versicherungssumme an einen Dritten (zum Beispiel Ehepartner) gezahlt werden soll, falls der Lebensversicherungsberechtigte, der die Prämien zahlt, vor Ablauf des Vertrages stirbt. Diese Vereinbarung wird nicht wie eine letztwillige Verfügung behandelt, bedarf also nicht der Testamentsform.

Die Stiftung

Beispiel: *Otto Knecht ist unverheiratet und kinderlos. Er hat durch harte Arbeit eine großes Vermögen erworben und möchte dieses nach seinem Tod einem wohltätigen Zweck in Form einer Stiftung zukommen lassen. Was muss er beachten?*

Eine Stiftung ist eine selbstständige „Vermögenseinheit", die häufig eine eigene Rechtsfähigkeit erwirbt. Die Stiftung wird durch eigene Organe verwaltet, meist dem so genannten Stiftungsvorstand. Sie erlangt Rechtsfähigkeit durch eine staatliche Genehmigung (§ 80 BGB). Ohne diese Genehmigung ist die Stiftung nicht rechtsfähig. Die nicht rechtsfähige Stiftung ist jedoch flexibler. Von einer Familienstiftung spricht man, wenn die Stiftung ausschließlich einem Familieninteresse dient. Die Stiftung kann auch ein Unternehmen betreiben bzw. Anteile an einer Gesellschaft halten.

Wirksam begründet wird die Stiftung durch das so genannte Stiftungsgeschäft. Dieses kann zu Lebzeiten erfolgen und bedarf der Schriftform (§ 81 BGB). Die Stiftung kann aber auch durch eine Verfügung von Todes wegen, insbesondere ein Testament, errichtet werden. Die staatliche Genehmigung ist dann vom Nachlassgericht einzuholen, soweit sie nicht zu Lebzeiten schon dem Erblasser erteilt wurde.

Vergleichen Sie hierzu den Abschnitt „Das Erbschaftssteuerrecht", Seite 163ff.

Die Stiftung kann in der Weise als Erbe eingesetzt werden, dass aus den Erträgen an bestimmte Personen lediglich Unterhalts- oder Ausbildungsleistungen gezahlt werden. Die Stiftung kann unter Umständen bei richtiger Gestaltung erhebliche Steuervorteile mit sich bringen, sodass immer ein Rechtsanwalt oder Steuerberater konsultiert werden sollte.

Der Erbschaftskauf

Beispiel: *Nicole Hirsch ist überraschend zur Hälfte Miterbin an einem recht wertvollen Nachlass ihrer Tante geworden, dessen Auseinandersetzung lange dauert. Da sie arbeitslos ist, aber umgehend größere Reisen antreten will, möchte sie ihren Anteil schon vorher zu Geld machen.*

Es ist zulässig und im Gesetz vorgesehen, bei einem bereits eingetretenen Erbfall das Erbe oder den Erbanteil zu veräußern. Der Vertrag bedarf jedoch notarieller Beurkundung (§ 2371 BGB).

Die Ergänzungspflegschaft

Beispiel: *Die minderjährige Alexandra Seiler ist neben der Mutter zur Hälfte Erbin nach ihrem Vater geworden. Die Mutter möchte mit ihr einen Erbauseinandersetzungsvertrag schließen.*

An sich vertritt die Mutter die minderjährige Alexandra nach dem Tode des Vaters als gesetzliche Vertreterin allein. In diesem Falle wäre die Mutter aber an einer Vertretung gehindert, da sie gleichzeitig der Vertragspartner ist und eine Interessenkollision besteht.

Vermögensverwaltung Minderjähriger

In derartigen Angelegenheiten, in denen die Eltern an einer Vertretung der Kinder gehindert sind, muss das Vormundschaftsgericht einen so genannten Ergänzungspfleger bestellen. Ohne dessen Mitwirkung ist der Vertrag unwirksam. Der entsprechende Antrag muss unverzüglich gestellt werden. Dasselbe gilt, wenn ein Erblasser im Testament bestimmt, dass die Eltern oder ein Vormund (Betreuer) das Vermögen nicht verwalten sollen.

Der Erbschein

<u>Beispiel:</u> *Anton Müller hat eine Erbschaft erhalten, zu der ein Grundstück und Wertpapiere gehören. Wie kann er diese Werte auf sich übertragen?*

Soweit die Erbfolge nicht aufgrund eines notariellen Testaments gänzlich klar ist, wird im Allgemeinen immer ein Erbschein verlangt. Dieser Erbschein genießt den so genannten „öffentlichen Glauben"; das heißt, die Richtigkeit wird vermutet und jeder Dritte, der von einem Erben aufgrund eines Erbscheins etwas erwirbt, ist abgesichert. Dies beruht darauf, dass vor Erteilung eines Erbscheins das Nachlassgericht die Erbfolge genau überprüft, wozu unter Umständen auch die Anhörung aller in Betracht kommenden Erben gehört. Ohne Erbschein, also lediglich bei Vorlage eines Testaments, kann man nie sicher sein, ob nicht zu einem späteren Zeitpunkt ein neues Testament errichtet wurde. Selbst Erbverträge können theoretisch ja später wieder aufgehoben worden sein. Deshalb verlangen insbesondere Grundbuchämter und Banken vor Umschreibung der Vermögenswerte auf die Erben in aller Regel einen Erbschein.

Der Erbschein wird nur aufgrund eines notariell beurkundeten Antrages vom Nachlassgericht erteilt. Ein solcher Antrag (Urkunde) kann zum Beispiel wie folgt aussehen:

Muster

„Verhandelt

zu Wiesbaden am 20. September 1996

Vor mir, dem Notar Markus Weise mit dem Amtssitz in Wiesbaden erschien heute:

Herr Karl Albert Lange

geboren am 22. August 1940,

wohnhaft in 65197 Wiesbaden, Eltviller Straße 10,

– von Person bekannt –

Der Erschienene bat um die Beurkundung des nachfolgenden Erbscheinantrages und erklärte:

Am 15. August 1996 ist meine Ehefrau Anni Lange geb. Keiner, geboren am 14. Mai 1942, – nachfolgend „der Erblasser" genannt, in Wiesbaden verstorben.

Sein letzter Wohnsitz war Wiesbaden, Eltviller Straße 10. Eine Verfügung von Todes wegen hat der Erblasser nicht hinterlassen.

Der Erblasser war verheiratet mit mir, dem Erschienenen, und lebte mit mir im gesetzlichen Güterstand der Zugewinngemeinschaft.

Gesetzliche Erben des Erblasser sind geworden:

Ich, der Erschienene.

Vorverstorben ist niemand. Kinder (auch nichteheliche) sind und waren nicht vorhanden. Außer den Vorgenannten sind und waren keine andere Personen vorhanden, welche die Erbfolge ändern oder die Erbteile mindern würden. Ehelichkeitserklärungen und Adoptionen sind nicht vorgenommen worden.

Bei dem zuständigen Nachlassgericht in Wiesbaden wird hiermit beantragt, den Erbschein nach Frau Anni Lange geb. Keiner zu Händen des beurkundenden Notars zu erteilen.

Ein Rechtsstreit über das Erbrecht ist nicht anhängig. Die Erbschaft ist von mir angenommen worden. Nach Belehrung über die Bedeutung einer eidesstattlichen Versicherung und über die strafrechtlichen Folgen einer vorsätzlich oder fahrlässig falschen Angabe versichere ich hiermit vor dem Notar an Eides statt, dass mir nichts bekannt ist, was der Richtigkeit meiner Angaben entgegensteht. Nach Abzug der Verbindlichkeiten beträgt der Wert des reinen Nachlasses DM 60.000,—. Die Kosten dieser Verhandlung und des Erbscheins werden von mir getragen.

Das Protokoll wurde dem Erschienenen vom Notar vorgelesen, von diesem genehmigt und sodann gemeinsam mit dem Notar wie folgt unterschrieben:

gez. Karl Albert Lange

gez. Markus Weise, Notar"

Der Erbschein, der nunmehr vom zuständigen Nachlassgericht ausgestellt wird, könnte beispielsweise wie folgt aussehen:

„1. Ausfertigung
Amtsgericht Wiesbaden
Geschäftsnummer: xxx Wiesbaden, den 10.10.1996
Erbschein
Die am 14. Mai 1942 in Wiesbaden geborene, zuletzt in Wiesbaden
wohnhaft gewesene
Anni Lange geb. Keiner
ist am 15. August 1996 in Wiesbaden gestorben und allein beerbt
worden von ihrem Ehemann
Albert Lange, geb. am 22. August 1940
in Wiesbaden.
Dr. Reich
Richter am Amtsgericht
(Siegel)
Ausgefertigt
gez. Klarmann
als Urkundsbeamtin der
Geschäftsstelle"

Der Nachlass im Ausland

<u>Beispiel:</u> *Sonja Abend hat von ihren Eltern einen Nachlass geerbt, zu dem u.a. auch Vermögen im Ausland gehört: eine Wohnung in Spanien und ein Wertpapierdepot in den USA.*

In diesem Falle sind einige Besonderheiten zu beachten. Das deutsche Erbrecht gilt uneingeschränkt nur dann, wenn Erblasser und Erbe die deutsche Staatsangehörigkeit besitzen, in Deutschland ihren Wohnsitz haben (bzw. hatten) und sich das Vermögen insgesamt in Deutschland befindet. Sobald eine dieser Voraussetzungen nicht gegeben ist, müssen zusätzlich die Regelungen der ausländischen Rechtsordnung beachtet werden, was häufig nicht ohne die Einschaltung eines ausländischen Anwalts, der das ausländische Erbrecht beherrscht, bewerkstelligt werden kann. Dies beginnt mit der Frage, ob das deutsche Testament auch formell im Ausland Anerkennung findet und führt zu der Problematik, ob es eventuell zu einer anderen Art der Erbfolge betreffend das ausländische Vermögen kommt.

Häufig werden rechtliche Institutionen, zum Beispiel der deutsche Erbvertrag, im Ausland nicht anerkannt, sodass das Vertrauen der Erben auf die Bindungswirkung insoweit enttäuscht wird. Solange man zu Lebzeiten diese Wechselwirkung mit ausländischem Erbrecht beeinflussen kann, sollte man dies vorab erkunden und das Testament nach entsprechender juristischer Beratung auch für das betreffende Land abfassen. Später kann man die Konsequenzen nur noch nachträglich abklären und muss sich mit diesen abfinden. Für Deutsche, die Auslandsvermögen vererben, gilt im Allgemeinen Folgendes: Für den Erbfall gilt zunächst grundsätzlich deutsches Recht (Art. 25 EGBGB). Wenn sich allerdings Nachlassgegenstände im Ausland befinden, muss geprüft werden, ob diese gegebenenfalls nach ausländischen Rechtsgrundsätzen vererbt werden. Dies ist meist bei Grundbesitz im Ausland der Fall. Die Situation wird dann besonders problematisch, wenn der deutsche Erblasser im Ausland verstirbt. Für das deutsche Erbrecht ändert sich zwar nichts, da dieses an die Staatsangehörigkeit des Erblassers anknüpft. Manche Staaten stellen jedoch auf den letzten Wohnsitz des Erblassers ab. In deratigen Fällen können äußerst komplizierte Situationen eintreten, sodass in Erbfällen mit Auslandsberührung eine entsprechende Beratung durch Rechtsexperten mit Erfahrung im entsprechenden – ausländischen – Erbrecht unerlässlich ist.

Es besteht u.U. die Möglichkeit, dass die im Ausland entrichtete Steuer auf die deutsche Erbschaftssteuer angerechnet wird (§ 21 ErbStG).

Das Erbrecht in den neuen Bundesländern

Beispiel: *Armin Rösler lebt seit seiner Geburt in den neuen Bundesländern. Er hat am 02.10.1970 mit seiner Ehefrau Elvira ein gemeinschaftliches Testament errichtet, mit dem sie sich beide gegenseitig zu Erben einsetzen. Armin stirbt im Jahre 1995.*

Grundsätzlich gilt seit dem 03.10.1990 für alle Erbfälle auch in den neuen Bundesländern das Erbrecht des BGB. Man kann sich also bezüglich des Inhalts und der Regelungsmöglichkeiten eines Testaments nicht mehr auf das verlassen, was zur Zeit der Errichtung des Testaments zu Zeiten der ehemaligen DDR nach deren ZGB galt, es sei denn, dass der Erblasser vor dem 03.10.1990 verstorben ist.

Jedoch gelten für die Formvorschriften von Testamenten, die vor dem 03.10.1990 in den neuen Bundesländern errichtet wurden, die Vorschriften des alten ZGB der DDR, auch wenn der Erblasser erst nach dem 03.10.1990 gestorben ist. Ebenso gelten in derartigen Fällen auch bezüglich der Bindung gemeinschaftlicher Testamente in formeller Hinsicht die Regelungen des alten ZGB. Da die Bindungswirkung dort etwas schwächer geregelt war als nach dem BGB, ist dies gegebenenfalls heute explizit zu beachten.

Rechtssicherheit ist in vielen Einzelfällen bislang nicht eindeutig gegeben. Beraten Sie sich gegebenenfalls mit einem Rechtsbeistand.

Nichteheliche Kinder wurden in der ehemaligen DDR hinsichtlich des gesetzlichen Erbrechts den ehelichen Kindern weitgehend gleichgestellt. Für sie galt nicht der schwächere Erbersatzanspruch des BGB. Diese Regelung gilt auch weiterhin für nichteheliche Kinder, die vor dem 03.10.1990 geboren wurden. Einige Einzelheiten sind rechtlich bislang sehr umstritten, sodass an dieser Stelle nur auf diesen Grundsatz hingewiesen werden kann. Im Einzelfall ist eine eingehende individuelle Beratung durch einen Anwalt oder Notar jedenfalls erforderlich.

Die Funktion der Notare und Rechtsanwälte im Erbrecht

Beispiel: *Rosa und Theo Wohlers möchten ein Testament errichten. Da sie mehrere Kinder und einige ungeklärte Vermögensfragen haben und sich auch über die Steuerfolgen der verschiedenen Testiermöglichkeiten im Unklaren sind, wollen sie sich rechtlich beraten lassen. Sie wissen nicht, ob sie zu einem Anwalt oder Notar gehen sollen.*

Letztlich kommt es darauf an, worum es im Detail geht. Es gibt einige sich überschneidende Bereiche, wo beide Berufe die gleiche Leistung erbringen können, da beide Berufsträger in der Bundesrepublik Deutschland Volljuristen mit entsprechender Ausbildung im Erbrecht

Im Klartext!

In den Länden der Bundesrepublik Deutschland, in denen es das Anwaltsnotariat gibt, ist die Entscheidung erleichtert: Hier kann ein Anwalt konsultiert werden, der gleichzeitig Notar ist. Dabei gehört die Beratungsleistung zur notariellen Vorbereitung der Urkundstätigkeit, sodass keine doppelten Gebühren entstehen.

sein müssen. Wenn es also um eine Testamentsberatung geht, kann grundsätzlich jeder von ihnen aufgesucht werden. Dabei ist allerdings zu beachten: Wenn das Testament notariell errichtet werden soll, könnten mehrfache Gebühren entstehen, wenn erst eine anwaltliche Beratung erfolgt und dann das Testament durch einen Notar errichtet wird.

Im Fall des Anwaltsnotars kann der Anwalt zugleich eventuelle prozessuale Ansprüche vor Gericht durchsetzen, wozu ein Notar, der nicht gleichzeitig Anwalt ist, nicht berechtigt ist. Ein Anwaltsnotar, der ein Testament beurkundet hat, darf später jedoch nicht die Erben gegen etwaige Pflichtteilsberechtigte anwaltlich vertreten, da dies zu einer Interessenkollision und Befangenheit führen würde.

Sämtliche an einem Erbfall beteiligte oder von diesem ausgeschlossene Personen sind für diesen Notar im weitesten Sinne „Urkundsbeteiligte", sodass er keinen gegen den anderen beraten oder vertreten darf. Ist der Erbfall bereits eingetreten und geht es um die Abwehr oder Geltendmachung von Ansprüchen aus Testamenten oder Erbverträgen, so ist in der Regel allein der Anwalt der richtige Berater.

Bei der Errichtung von Testamenten sollte vorher sichergestellt werden, dass der Anwalt oder Notar auch steuerlich entsprechende Erfahrungen hat. Dies kann unterstellt werden, wenn er gleichzeitig Steuerberater oder Fachanwalt für Steuerrecht ist. Es gibt jedoch auch sehr kompetente Steuerrechtsanwälte, die diese Zusatzqualifikation nicht offiziell erworben haben.

Zur Kostenordnung siehe Anhang, Seite 182ff.

Schließlich sollten die anfallenden Gebühren möglichst vorab eindeutig geklärt werden. Diese richten sich normalerweise nach dem Geschäftsgegenstand (in der Regel ist dies der Nachlasswert) und werden nach Tabellen berechnet. Man kann eventuell auch eine Gebührenvereinbarung im Einzelfall treffen. Für Notare ist dies jedoch nicht zulässig.

Das Erbschaftssteuerrecht
Was unterliegt der Erbschaftssteuer?

Beispiel: Ernst Probst und seine Ehefrau Carola haben zwei Kinder. Sie möchten diesen im Wege der vorweggenommenen Erbfolge Schenkungen zukommen lassen, da sie selbst aufgrund von Pensionszahlungen der früheren Firma von Ernst Probst und einigen Lebensversicherungen gut versorgt sind. Sie möchten hierbei vor allem steuerlich alles richtig machen.

Es ist jedenfalls zweckmäßig, dass sie sich bei ihren Plänen nicht auf „alte Grundsätze", die sie früher einmal von Freunden oder Beratern gehört haben, verlassen. Hinsichtlich der Erbschaftssteuer haben sich im Erb- und Schenkungssteuerbereich seit 1996 maßgebliche Bestimmungen verändert.

Aufgrund der Beschlüsse des Bundesverfassungsgerichts vom 22.06.1995, mit denen u.a. die alte Einheitswertbesteuerung des Grundbesitzes wegen Benachteiligung der Übertragung des anderen Vermögens für verfassungswidrig erklärt wurde, ist ein neues Erbschaftssteuergesetz in Kraft getreten; dieses gilt für Erbschaften und Schenkungen ab 1996. Durch das Änderungsgesetz sind einerseits die Grundstückswerte erheblich angehoben worden, andererseits aber auch die Freibeträge, sodass jedenfalls nach Ansicht des Gesetzgebers das „normale Familienvermögen" nicht wesentlich höher besteuert wird.

Zu Einzelheiten vergleichen Sie die Abschnitte über Bewertung und Freibeträge, Seite 167ff.

Obwohl das Gesetz nur Erbschaftssteuergesetz heißt, regelt es gleichermaßen Erbschaft und Schenkungen. Beide Vermögensübergänge werden in gleicher Weise besteuert, wobei es nur einige wenige Unterschiede, zum Beispiel hinsichtlich der Freibeträge, gibt.

Die Steuerpflicht tritt zum Zeitpunkt des Todes bzw. der Schenkung ein. Dabei ist zu beachten, dass bei Bedingungen, die mit einer Erbschaft oder einer Schenkung verbunden sind, gegebenenfalls erst der Eintritt der Bedingung abgewartet werden muss.

Steuerpflichtig ist:

* der Erwerb von Todes wegen

* die Schenkungen unter Lebenden

* die Zweckzuwendungen

* das Vermögen einer Stiftung, sofern sie wesentlich im Interesse einer Familie oder bestimmter Familien errichtet ist; und eines Vereins, dessen Zweck wesentlich im Interesse einer Familie oder bestimmter Familien auf die Bindung von Vermögen gerichtet ist, in Zeitabständen von je 30 Jahren seit dem in § 9 Abs. 1 Nr. 4 ErbStG bestimmten Zeitpunkt

Erwerb von Todes wegen

Unter Erwerb von Todes wegen versteht man insbesondere:

* Den Erwerb durch Erbanfall (einschließlich Erbersatzanspruch, Vermächtnis, Pflichtteil)
* Den Erwerb durch Schenkung auf den Todesfall
* Sonstige Vermögensvorteile, die jemand aufgrund des Todes eines anderen erhält
* Zuwendungen aufgrund einer Stiftung oder Auflage
* Abfindungen für Verzichte auf Erbschaften, Vermächtnisse oder Anwartschaften (zum Beispiel Nacherbschaften)

Schenkung und Stiftung

Beispiel: *Hans Moser schenkt seiner Ehefrau eine wertvolle Uhr zu Weihnachten. Muss diese Schenkungssteuer zahlen?*

Grundsätzlich unterliegen alle Schenkungen der Schenkungssteuer. Es gibt jedoch Ausnahmen: So genannte Gelegenheitsgeschenke können steuerfrei getätigt werden (§ 13 I Nr. 14 ErbStG). Darunter versteht man die üblichen Zuwendungen zu den Festen, Feiern, Geburtstagen, Jubiläen etc. Was üblich ist, wird sicherlich unterschiedlich nach den jeweiligen finanziellen Möglichkeiten einer Person beurteilt. Generell kann man sagen, dass durchaus auch wertvolle Geschenke als üblich angesehen werden können. Die Grenze dürfte jedoch bei einem Vermögenswert von DM 100.000,— oder mehr erreicht sein.

Die so genannten „unbenannten ehebedingten Zuwendungen" unter Ehepartnern sind nicht immer steuerfrei. Früher (bis 1992) war dies anders, da man argumentierte, dass es sich bei Zuwendungen unter Ehepartnern praktisch nie um Schenkungen handelte, sondern immer um Gegenleistungen für Mitarbeit, Vermögensaufbau oder Haushaltsführung des anderen Ehegatten. Inzwischen muss dies aufgrund einer Änderung in der Rechtsprechung entweder konkret nachgewiesen werden oder es muss sich um das selbstgenutzte Familienheim bzw. daran bestehende Miteigentumsanteile handeln. Dann besteht weiterhin Steuerfreiheit, da keine Schenkung angenommen wird. Bei Ehegatten können ungewollte Schenkungen mit Steuerfolgen eintreten, wenn beispielsweise ein Haus, das nur einem Ehegatten gehört, verkauft wird und der Kaufpreis auf ein so genanntes „Oder-Konto" fließt, über welches beide Ehegatten verfügen können. Dann gilt die Hälfte des Verkaufserlöses dem anderen Ehegatten als geschenkt. Dasselbe gilt bei entsprechenden Zuflüssen anderer Vermögenswerte auf ein „Oder-Konto".

Lebensversicherungen

Bei Lebensversicherungen ist zu unterscheiden, ob der Erblasser für seinen Todesfall einen Bezugsberechtigten benannt hat oder nicht. Im ersteren Fall handelt es sich um eine Schenkung von Todes wegen, auf die der Berechtigte Erbschaftssteuer zahlen muss. Andernfalls fällt die Versicherungssumme in den Nachlass.

Das Vorliegen einer Schenkung kann man unter Umständen ganz oder teilweise dadurch verhindern, dass man die Schenkung mit einer Gegenleistung oder Auflage verbindet (gemischte Schenkung oder Schenkung unter Auflage). Diese Zusatzvereinbarungen können die Unentgeltlichkeit entfallen lassen und es entsteht meist weniger Schenkungssteuer. In diesen Fällen ist ge-

Achtung!

Bei Schenkungen ist die so genannte Zehnjahresfrist zu beachten. Das heißt, hinsichtlich der Besteuerung (Bewertung und Freibeträge) werden Schenkungen und eventuell ein in diesen Zeitraum fallender Erbfall innerhalb von zehn Jahren zusammengerechnet. Danach fallen die Freibeträge für Schenkungen und den Todesfall erneut an.

gebenenfalls eine juristische Beratung nötig; dies gilt insbesondere bei Grundstücken, damit nicht andere Steuern (zum Beispiel Grunderwerbssteuer) anfallen.

Gemeinnützige Stiftungen und Familienstiftungen

Bei der Stiftung ist zwischen gemeinnützigen Stiftungen und so genannten Familienstiftungen zu unterscheiden. Wenn der Stiftungszweck gemäß einer finanzamtlichen Bescheinigung als gemeinnützig (wohltätige, mildtätige oder kirchliche Zwecke) anzusehen ist, können Steuervorteile bis zur Steuerfreiheit sowohl bei der Übertragung des Vermögens auf die Stiftung als auch für spätere Erträge der Stiftung in Anspruch genommen werden.

Bei der Errichtung einer Stiftung ist der Rat eines mit dem Stiftungsrecht vertrauten Rechtsbeistandes (Rechtsanwalt, Notar, Steuerberater) unbedingt einzuholen.

Anders verhält es sich bei nichtgemeinnützigen Stiftungen und auch Familienstiftungen (oder entsprechenden Vereinen). In beiden Fällen ist sowohl die Übertragung des Vermögens auf die Stiftung selbst als auch alle 30 Jahre erneut das gesamte Vermögen der Stiftung zu versteuern. Die Gefahr der Besteuerung als so genannte Familienstiftung wird erst erreicht, wenn mehr als ein Drittel der jährlichen Einnahmen der Stiftung zum Unterhalt der Familie verwendet werden. Wenn dieser Betrag nicht überschritten wird, bleiben alle Steuervorteile der Stiftung erhalten, wenn diese ansonsten gemeinnützig ist. Dementsprechend entfällt die Erbschaftssteuer alle 30 Jahre. Bei richtiger Gestaltung, die keinesfalls ohne einen Steuerfachmann erfolgen sollte, kann durch das „Stiftungsmodell" bei deutlicher Einsparung von Erbschaftssteuern durchaus der Unterhalt einer Familie sichergestellt werden.

Bei Familienstiftungen, die nicht gemeinnützig sind, und das Familieninteresse im Stiftungszweck also überwiegt, gibt es diese Steuerfreiheit nicht. Es gibt jedoch bestimmte Steuervorteile gegenüber den sonstigen Stiftungen, indem zum Beispiel der Übergang des Vermögens nicht sofort bei Übertragung auf die Stiftung, sondern erst 30 Jahre danach – dann aber auch alle 30 Jahre erneut – erfolgt. Darüber hinaus bestehen noch einige weitere Vergünstigungen, die eingehend mit einem Rechtsanwalt oder Notar erörtert werden sollten.

Die Bewertung

Beispiel: *Olaf Schmied hatte sein Vermögen im Wesentlichen in Grundbesitz angelegt, da er u.a. hoffte, dass seine Erben dann weniger Erbschaftssteuer zahlen. Er weiß, dass sich dies seit 1996 geändert hat und möchte jetzt die genaue Situation kennen, die nunmehr besteht.*

Checkliste Bewertungsregeln

* Grundbesitz: Verkehrswert mit Abschlägen
* Aktien und Wertpapiere: Kurs- bzw. Depotwert
* Beteiligungen an Firmen und Gesellschaften: Vermögenssteuerwert – gemäß dem Bewertungsgesetz – Renten, Nießbrauchsrechte etc.: Kapitalisierungswert

Hierzu muss man die Bewertungsregeln des Erbschaftssteuergesetzes kennen. Grundsätzlich wird für alle Vermögenswerte der so genannte Verkehrswert zu Grunde gelegt; das heißt der Wert, der bei einer Veräußerung erzielt werden kann. Wenn dieser nicht sofort klar ersichtlich ist, muss er durch einen Sachverständigen geschätzt werden.

Im Falle von Renten und Nießbrauchsrechten ist zunächst der so genannte Jahreswert zu errechnen. Auf dessen Grundlage ermittelt man nach bestimmten Tabellen einen so genannten „Kapitalwert". Die Tabellen enthalten hierfür Vervielfältiger entsprechend dem Lebensalter des Berechtigten. In derartigen Fällen gibt es interessante Varianten, um Steuern zu sparen. Man kann zum Beispiel entweder den Kapitalwert gleich voll versteuern (mit einem niedrigen Wertansatz) oder später die Einzelzuflüsse. Beim Nießbrauch richten sich für den Erben die Abzugsmöglichkeiten dieses Kapitalwertes danach, ob der Begünstigte der Ehegatte des Erblasser ist oder ein Dritter.

Für Grundstücke gelten folgende Regelungen: Für Erb- und Schenkungsfälle bis zum 31.12.1995 galten die so genannten Einheitswerte; und zwar die Einheitswerte zum 01.01.1964 mal 140 Prozent, die fast immer weit unter dem Verkehrswert lagen. In den neuen Bundesländern wird von den Einheitswerten zum 01.01.1935 ausgegangen; es erfolgen wesentlich höhere Zuschläge (bis zu 500 Prozent).

Seit Änderung des Erbschaftssteuergesetzes 1996 gelten folgende Grundsätze: Es gelten nicht die gegebenenfalls zu ermittelnden geschätzten Verkehrswerte, sondern es werden bestimmte Verfahren an-

Achtung! Bei der Ermittlung des Kapitalwertes von Firmen- und Gesellschaftsbeteiligungen immer einen Steuerfachmann hinzuziehen!

gewendet, die zu einem dem Verkehrswert nahe kommenden Wert führen, jedoch in der Praxis ca. 20 bis 30 Prozent unter dem Verkehrswert liegen dürften. Dieses Verfahren beruht auf einem Abschlagssystem und hängt damit zusammen, dass sich bei Grundstücken die Verkehrswerte häufig auf Liebhaberpreise stützen, die konjunkturbedingt sehr schwanken können, sodass die jetzige Regelung sicher gerecht ist.

Unbebaute Grundstücke werden nach den so genannten Bodenrichtwerten multipliziert mit der Fläche (Quadratmeterzahl) bewertet. Diese Werte differenzieren danach, ob es sich um erschlossenes Bauland handelt oder nicht. Von den Bodenrichtwerten bzw. Quadratmeterpreisen werden noch 20 Prozent abgezogen. Es ist stets gestattet, den Nachweis zu erbringen, dass der tatsächliche Verkehrswert geringer ist.

Bebaute Grundstücke werden auf der Grundlage der durchschnittlich erzielbaren Jahresmiete bewertet, wobei Betriebskosten abzuziehen sind. Der dreijährige Durchschnittsmietwert wird dann mit dem Faktor 12,5 multipliziert. Wertkorrekturen erfolgen dann wie folgt: Abzug eines Altersabschlags für jedes Jahr ab Bezugsfertigkeit um maximal 25 Prozent des Wertes. Als Mindestwert ist immer der Wert anzusetzen, der ohne Bebauung errechnet werden würde. Bei Eigennutzung ist die ortsübliche Miete anhand des Mietspiegels zu ermitteln. Wenn ein Gebäude zum Beispiel aus zwei Wohnungen oder einer zusätzlichen Einliegerwohnung besteht, kommt ein Zuschlag von bis zu 20 Prozent in Betracht.

Achtung!

Aufgrund der komplizierten und umfassenden gesetzlichen Bestimmungen sowie der korrekten Bewertung bzw. Berechnung zu versteuernder Werte, sollte stets eine eingehende Beratung mit einem Anwalt oder Notar erfolgen.

Für Sonderfälle (spezielle Bauten, unvermietbare Bauten, Um- und Ausbauarbeiten oder teilbebaute Grundstücke) bestehen Sonderbestimmungen. Von dem aufgrund dieser Regelungen bewerteten Aktivnachlass sind die Nachlassverbindlichkeiten in Abzug zu bringen; daraus ermittelt sich dann der zu versteuernde Nettonachlass.

Die Freibeträge

Völlig steuerfrei sind folgende Nachlassgegenstände:

* Hausrat bis zu DM 80.000,— (Steuerklasse I), sonstige Gebrauchsgegenstände bis zu DM 20.000,— (Steuerklasse I), zum Beispiel Auto, Kunstgegenstände, Schmuck. In anderen Steuerklassen ist auch der Hausrat nur bis zu DM 20.000,— steuerfrei
* Leistungen an Pflegepersonen bis zu DM 10.000,—
* Zuwendungen für gemeinnützige oder mildtätige Zwecke (zum Beispiel Kirche, gemeinnützige Vereine oder politische Parteien)
* Betriebsvermögen bis zu DM 500.000,—

Die Checkliste erfasst nicht alle Konstellationen. Bei Neffen und Nichten, Stief- oder Schwiegereltern und deren Verwandten sowie Enkeln, deren Eltern nicht mehr leben, gelten erhöhte Freibeträge. Daher ist eine juristische Beratung im Einzelfall nötig.

Bei steuerpflichtigem Erwerb gelten folgende Freibeträge:

* Für Erb- und Schenkungsfälle bis 31.12.1995

Ehepartner	DM 250.000,—
Kinder	DM 90.000,—
Enkel	DM 50.000,
Eltern und Großeltern (nur im Todesfall)	DM 50.000,—
Geschiedener Ehepartner	DM 10.000,—
Alle Übrigen	DM 3.000,—

* Für Erb- und Schenkungsfälle ab 01.01.1996

Ehepartner	DM 600.000,—
Kinder	DM 400.000,—
Enkel	DM 100.000,—
Eltern und Großeltern (nur im Todesfall)	DM 100.000,—
Geschiedener Ehegatte	DM 20.000,—
Alle Übrigen	DM 10.000,—

Freibeträge leben alle zehn Jahre wieder neu auf. Innerhalb eines Zehnjahreszeitraums werden für die Errechnung der Freibeträge Schenkungen und gegebenenfalls der Erbfall zusammengerechnet.

Bei so genannten Kettenschenkungen ist Vorsicht geboten. Diese liegen dann vor, wenn beispielsweise der Vater letztendlich dem Sohn eine Million DM schenken will und glaubt, dass dies steuerfrei dadurch möglich ist, dass er ihm DM 500.000,— direkt und DM 500.000,— erst seiner Ehefrau (der Mutter) unter Ausnutzung von deren Freibetrag, und

Die Steuersätze sind folgendermaßen festgelegt:

Wert des steuerpflichtigen Erwerbs (§ 10 ErbStG) bis einschließlich ...Deutsche Mark	Vomhundertsatz in der Steuerklasse		
	I	II	III
100.000,—	7	12	17
500.000,—	11	17	23
1.000.000,—	15	22	29
10.000.000,—	19	27	35
25.000.000,—	23	32	41
50.000.000,—	27	37	47
über 50.000.000,—	30	40	50

diese dann gleich weiter an den Sohn – unter Ausnutzung des Freibetrages nach der Mutter – schenken will. Dies wird in der Regel als Umgehungsversuch bewertet und steuerlich nicht anerkannt.

Möglich ist die Schenkung eines Geldbetrages mit der ausdrücklichen Auflage, davon nur ein ganz bestimmtes Grundstück zu erwerben. Dann ist der – eventuell geringere – Wert dieses Grundstücks der Schenkung zu Grunde zu legen.

Der mehrfache Erwerb desselben Vermögens durch Erben der Steuerklasse I innerhalb von 10 Jahren ist im zweiten Erbfall begünstigt. Achtung: nach neuem Erbschaftsteuerrecht ist das Berliner Testament oft nicht mehr die beste Lösung.

Steuerklasse und Steuersätze

Für Erbfälle seit 01.01.1996 gibt es nur noch drei Steuerklassen:
* Steuerklasse I:
  – Ehegatte
  – Kinder und Stiefkinder
  – Abkömmlinge der Kinder und Stiefkinder
  – Eltern und Voreltern bei Erwerben von Todes wegen
* Steuerklasse II:
  – Eltern und Voreltern, soweit sie nicht zur Steuerklasse I gehören
  – Geschwister
  – Abkömmlinge ersten Grades von Geschwistern
  – Stiefeltern
  – Schwiegerkinder

- Schwiegereltern
- geschiedener Ehegatte
* Steuerklasse III:
  - Alle übrigen Erwerber und die Zweckzuwendungen

Für Erbfälle bis zum 31.12.1995 galten andere Steuerklassen und andere Steuersätze. In Grenzfällen gibt es bei der Anwendung der Tabelle eine so genannte „Härtefallregelung".

Der Ehepartner und die Kinder im Erbschaftssteuerrecht

Der Ehepartner, der in Zugewinngemeinschaft gelebt hat, ist dadurch begünstigt, daß im Erbfall der Zugewinn erbschaftssteuerfrei ist. Der überlebende Ehegatte hat außerdem einen so genannten Versorgungsfreibetrag, der für Erbfälle bis 31.12.1995 DM 250.000,— beträgt, jedoch für Erbfälle ab 01.01.1996 auf DM 500.000,— angehoben

Checkliste Kinderfreibeträge

Die Versorgungsfreibeträge der Kinder liegen zwischen:

* DM 10.000,— und DM 50.000,— (bis 31.12.1995) und

* DM 20.000,— und DM 100.000,— (ab 01.01.1996)

wurde. Allerdings wird auf den Versorgungsfreibetrag der Kapitalwert von nicht der Erbschaftsteuer unterliegenden Versorgungsbezügen angerechnet, die der überlebende Ehegatte nach dem Tode des verstorbenen Ehepartners erhält. Kinder (bis 27 Jahre) erhalten – je nach Alter – ebenfalls Versorgungsfreibeträge, auf die gegebenenfalls Versorgungsbezüge anzurechnen sind.

Vor- und Nacherbschaft, Erbengemeinschaften

Zivilrechtlich ist der Nacherbe als Erbe des ersten Erblassers anzusehen. Steuerrechtlich gilt er allerdings als Erbe des Vorerben. Der Nacherbe kann beantragen, steuerlich als Erbe des ersten Erblasses behandelt zu werden. Dies wird er tun, wenn es günstiger für ihn ist.

Beispiel: *Hans Baum setzt als Vorerben seine zweite Frau und als Nacherben seinen Sohn aus erster Ehe ein.*

In diesem Fall kann es für den Nacherben günstiger sein, den Antrag zu stellen, als Erbe seines Vaters besteuert zu werden, da dann die Steuerklasse und der Steuersatz günstiger sind als nach seiner Stiefmutter, mit der er nicht verwandt ist.

Bei Erbengemeinschaften ist bei Auseinandersetzungen zu beachten, dass jede vom Testament abweichende Art der Auseinandersetzung zusätzliche Steuern (insbesondere Einkommensteuer) auslösen kann; vor allem, wenn Abfindungen an weichende Erben gezahlt werden und/oder Erbengemeinschaften sehr lange ungeteilt bleiben.

Beispiel: *Die Erbengemeinschaft der drei Kinder von Hans Baum setzt sich nach langer Zeit dahin auseinander, dass ein auswanderungswilliger Bruder für seinen Grundstücksanteil eine Abfindung erhält, die höher ist als dessen eigentlicher Wert. Die Differenz ist unter Umständen einkommensteuerpflichtig.*

Abfindungen sind für den Erben u.U. einkommensteuerpflichtig! | Im Hinblick auf die neuere Rechtsprechung sowie Fristen und Formen für bestimmte Anträge und Erklärungen wird in beiden Fällen (Vor- und Nacherbschaft und Erbengemeinschaft) eine Steuerberatung häufig unerlässlich sein.

Das Betriebsvermögen

Beispiel: *Hans Baum vererbt seinen Betrieb mit einem Verkehrswert von einer Million DM an seine beiden Kinder.*

Der besondere Freibetrag von DM 500.000,— (ab 01.01.1996) wurde ja bereits erwähnt. Es gibt in diesem Fall aber noch eine zusätzliche steuerliche Entlastungsregelung, die im Einzelnen sehr kompliziert ist (§ 19 a ErbStG). Im Ergebnis läuft diese auch darauf hinaus, dass hier immer die besonders günstige Steuerklasse I anzusetzen ist, unerheblich ob der Erbe des Betriebsvermögens zu dieser gehört oder nicht.

Die Versicherung gegen Erbschaftssteuern

Beispiel: *Erblasser Hans Baum fürchtet, dass seine Erben hohe Erb-schaftssteuern zahlen müssen. Er möchte diese Zahlung durch eine Versicherung abdecken.*

Es gibt für solche Fälle keine spezielle Versicherungen für Erblasser. Ein vergleichbares Ergebnis kann nur dadurch erreicht werden, dass der potenzielle Erbe eine Lebens-versicherung auf den Erblasser abschließt, dessen aus-schließlich Bezugsberechtigter er selbst ist. Damit könn-te er die Erbschaftssteuer entsprechend abdecken. Die Gefahr liegt unter Umständen darin, dass der potenziel-le Erbe laufend Prämien bezahlt und schließlich gar nicht Erbe wird. Ohne einen bindenden Erbvertrag kann demnach zu diesem Weg nicht geraten werden.

Ohne verbindli-chen Erbvertrag keine Lebens-versicherung auf den Erblasser abschließen!

Die Auskunft der Banken im Todesfall

Beispiel: *Hans Baum glaubt, besonders schlau zu handeln, indem er Wertpapiere etc. kurz vor seinem Tod in einen Banksafe legt. Er glaubt, dies erspare seinen Erben einige Erbschaftssteuern.*

Diese Auffassung ist leider falsch. Banken müssen – ebenso wie Versicherungen – alle Vermögenswerte über DM 2.000,— im Falle des Todes eines Bankkunden dem Finanzamt innerhalb eines Monats melden. Dies gilt für Konten, Depots, Schließfächer, Safes und grundsätzlich alle Werte bzw. Einlagerungen. Das zuständige Finanz-amt prüft dann unter anderem auch, ob der Erblasser bis zu seinem Tod zum Beispiel die Zinsen aus Wertpapieren ordnungsgemäß versteuert hatte. Andernfalls muss der Erbe diese Steuern, soweit sie nicht ver-jährt sind, nachzahlen (bis zu zehn Jahre – zuzüglich bestimmter Fri-sten – bei hinterzogenen Steuern, ansonsten fünf Jahre).

Achtung! Banken sind dem Finanz-amt gegenüber im Todesfall aus-kunftspflichtig!

Anhang

Im Anhang finden Sie exemplarische Muster von letztwilligen Verfügungen. Diese müssen alle grundsätzlich voll handschriftlich oder notariell errichtet werden:

Einzeltestament

„Mein letzter Wille
Nach meinem Tod soll meine Ehefrau Hildegard meine Alleinerbin sein.
Wiesbaden, den 02. November 1996
– Hans Fröhlich –"

Vorerbe und Nacherbe

„Mein letzter Wille
Hiermit setzte ich meine Ehefrau Elke als Vorerbin ein. Nacherben
nach ihrem Tod oder für den Fall der Wiederverheiratung sind
unsere Kinder Anke und Thomas.
Frankfurt am Main, den 10. März 1996
– Friedrich Maier –"

Berliner Testament

„Gemeinschaftliches Testament
Wir setzen uns gegenseitig zu alleinigen Erben ein. Erbe nach dem
Tod des zuletzt Versterbenden sollen unsere Kinder zu gleichen
Teilen sein. Sollte eines der Kinder beim Tod des Erstversterbenden
Pflichtteilsansprüche geltend machen, soll dieses beim Tod des
Letztversterbenden ebenfalls nur den Pflichtteil erhalten. Sein
Anteil wächst dann den übrigen Kindern zu gleichen Teilen zu.
Der überlebende Ehegatte ist frei, seinen Nachlass unseren
Kindern zu anderen Anteilen zu vererben oder gegebenenfalls auch
ein Kind zu enterben, wenn er nach freiem nicht überprüfbarem
Ermessen hierfür eine Veranlassung sieht.
Diese Verfügungen sind wechselbezüglich.

Hamburg, den 03. Mai 1995
– Hans Huber –
Dies ist auch mein letzter Wille.
Hamburg, den 03. Mai 1995
– Natascha Huber –"

Testament für Kinderlose

„Mein letzter Wille
Nach meinem Tod setzte ich meinen Ehegatten Friedrich zu meinem Alleinerben ein. Ersatzerben sollen zu gleichen Teilen meine Geschwister sein.
Mainz, den 12. Juni 1992
– Gundula Treu –"

Teilungsanordnung

„Mein letzter Wille
Hiermit setzte ich meine Kinder Jakob und Irene zu meinen Erben jeweils zur Hälfte ein. Die Erbschaft ist wie folgt aufzuteilen: Jakob erhält das Einfamilienhaus in Taunusstein. Irene erhält das Miethaus in Idstein. Den übrigen Nachlass können die Erben beliebig verteilen. Der Anrechnungswert der Häuser wird, wenn sich die Erben nicht einigen können, durch Sachverständigengutachten ermittelt.
Wiesbaden, den 11. März 1990
– Egon Schwarz –"

Ehegatte als Vorerbe bei Kinderlosen

„Mein letzter Wille
Ich setze meinen Ehemann Friedrich zum Vorerben ein. Er ist von allen gesetzlichen Beschränkungen befreit. Nach seinem Tod oder für den Fall seiner Wiederverheiratung sollen meine Geschwister zu gleichen Teilen Nacherben sein.
Mainz, den 12. Januar 1992
– Gundula Treu –"

Nießbrauchsvermächtnis

„Mein letzter Wille

Mein Sohn Alfred soll nach meinem Tod mein Alleinerbe sein.

Ersatzerben sollen seine gesetzlichen Erben sein.

Meine Ehefrau Monika Berger erhält als Vermächtnis den unentgeltlichen Nießbrauch an meinem gesamten Grundbesitz bis zu ihrem Tod.

Im Fall ihrer Wiederverheiratung erlischt das oben verfügte Nießbrauchsrecht.

Rüdesheim, den 01. Mai 1992

– Alfred Berger –"

Rentenvermächtnis

„Mein letzter Wille

Ich setze meine Ehefrau Simone zur Alleinerbin ein. Ersatzerbe soll meine Schwester Karin sein.

Meine Eltern erhalten als Vermächtnis monatlich eine lebenslängliche Rente in Höhe von DM 2.000,—.

Diese Rente vermindert sich auf DM 1.000,—, wenn mich lediglich ein Elternteil überlebt.

Wiesbaden, den 10. Mai 1997

– Ernst Alt –"

Vermächtnis zu Gunsten von Kindern

„Mein letzter Wille

Mein Ehemann Siegfried soll nach meinem Tode mein Alleinerbe sein.

Unsere Kinder sollen als Vermächtnis meinen Grundbesitz in Wiesbaden, Beethovenstr. 12, erhalten.

Falls eines von ihnen den Pflichtteil verlangt, soll dieses Vermächtnis entfallen.

Wiesbaden, den 12. Januar 1991

– Bettina Saalfeld –"

Testamentsvollstreckung und Ausschluss der Nachlassauseinandersetzung

„Mein letzter Wille
Hiermit setzte ich meine Ehefrau Carola und unsere Kinder als Erben zu gleichen Teilen ein. Die Nachlassauseinandersetzung ist bis zum Tode oder bis zur Wiederverheiratung meiner Ehefrau gegen deren Willen ausgeschlossen. Bis zu diesem Zeitpunkt ist meine Ehefrau Testamentsvollstreckerin.
Oestrich, den 10. Mai 1992
– Egon Weinbauer –"

Der Lebenspartner als Erbe

„Mein letzter Wille
Hiermit setze ich meine Lebensgefährtin Rosalind Freund zu meiner Alleinerbin ein. Diese soll folgende Vermächtnisse erfüllen:
Meine Mutter und mein Vater erhalten eine lebenslängliche Rente von monatlich je DM 2.000,—.
Meine Eltern sind Ersatzerben. Deren Ersatzerben sind ihre gesetzlichen Erben.
Falls unsere Lebensgemeinschaft bei meinem Tod aufgelöst ist, entfällt dieses Testament und es gilt die gesetzliche Erbfolge.
Frankfurt am Main, den 10. Januar 1993
– Theodor Hoffmann –"

Einsetzung eines Verwandten als Erben, Vermächtnisse zu Gunsten des Lebenspartners

„Mein letzter Wille
Mein Neffe Sven soll mein Alleinerbe sein.
Er soll folgendes Vermächtnis erfüllen:
Meine Lebensgefährtin Klara Probst erhält bis zu ihrem Lebensende das Wohnrecht an der von uns genutzten Wohnung in Ingelheim sowie mein Sparbuch bei der Oestricher Volksbank.
Ersatzerben meines Neffen sind dessen gesetzliche Erben.

Für den Fall, dass meine Lebensgemeinschaft vor meinem Tod endet, entfällt das zu Gunsten von Klara ausgesetzte Vermächtnis. Ingelheim, den 24. Dezember 1996
– Oliver Gärtner –"

Unternehmertestament

„Mein letzter Wille
Zu meinem Alleinerben setze ich meinen Sohn Klaus ein.
Folgende Vermächtnisse setze ich aus:

1. Meine Ehefrau Susanne soll bis zu meinem Tod oder ihrer Wiederheirat das ausschließliche, unentgeltliche Wohnrecht an unserem Einfamilienhaus in Frankfurt am Main erhalten. Dieses Wohnrecht soll im Grundbuch eingetragen werden.
2. Meine Ehefrau Susanne und meine weiteren Kinder Sonja und Oliver erhalten als stille Gesellschafter einen Gewinnanteil von je einem Siebtel an meinem Unternehmen. Eine Verlustbeteiligung der stillen Gesellschafter ist ausgeschlossen. Geschäftsführungsbefugt soll allein mein Sohn Klaus bleiben.

Falls einer der Vermächtnisnehmer vorverstorben ist, steht dessen Vermächtnis anteilig den anderen Vermächtnisnehmern zu.
Wiesbaden, den 01. Mai 1995
– Hans Baum –"

Testament eines Gesellschafters

„Mein letzter Wille
1. Meine Ehefrau Susanne soll meine Alleinerbin sein.
2. Meine Kinder erhalten Vermächtnisse. Oliver soll die Anteile an der Baum GmbH erhalten. Meine Tochter Sonja soll mein Haus in Wiesbaden erhalten.
3. Falls meine Ehefrau vorversterben sollte, sollen meine Kinder Erben je zur Hälfte sein. In diesem Fall gelten die unter Ziffer zwei angeordneten Vermächtnisse als Vorausvermächtnisse.
Wiesbaden, den 01. Mai 1997
– Hans Baum –"

Erbvertrag eines kinderlosen Ehepaares

„Verhandelt zu Wiesbaden am 22. November 1992

Vor mir, dem Notar Dr. Hans M o s e r

mit dem Amtssitz in Wiesbaden erschienen heute:

1. der Kaufmann Peter Rosen, geboren am 14. Juli 1931,
   Beethovenstr. 12, 65189 Wiesbaden,

2. dessen Ehefrau Sieglinde Rosen geb. Schupp, geboren am
   29. Januar 1934, Beethovenstr. 12, 65189 Wiesbaden,

beide von Person bekannt und nach Überzeugung des amtieren-
den Notars, die ich in einem ausführlichen Gespräch gewonnen
habe, voll testier- und geschäftsfähig.

Die Erschienenen erklärten einen Erbvertrag errichten zu wollen.
Demgemäß beurkunde ich hiermit ihre Erklärungen wie folgt:

ERBVERTRAG:

1. Wir sind in der freien Verfügung über unseren Nachlass nicht
   beschränkt.

2. Wir setzen uns gegenseitig zu alleinigen Erben ein. Nach dem
   Tod des Letztversterbenden sollen unsere Geschwister jeweils
   zu gleichen Teilen Erben sein. Deren gesetzliche Erben sollen
   jeweils Ersatzerben sein.

3. Diese Verfügungen sind vertragsmäßig getroffen. Jeder Vertragspartner kann im Fall der Scheidung der Ehe oder wenn bereits
   ein Scheidungsverfahren anhängig gemacht ist, von diesem Vertrag durch notariell beurkundete Erklärung gegenüber dem anderen Vertragspartner zurücktreten.

4. Der Erbvertrag soll in amtliche Verwahrung genommen werden.

5. Die Kosten dieser Urkunde und ihrer amtlichen Verwahrung trägt
   der Erschienene zu 1).

6. Die Erschienenen geben den Wert ihres derzeitigen reinen Vermögens mit DM 500.000,— an.

Das Protokoll wurde den Erschienenen vom Notar vorgelesen, von
diesen genehmigt und sodann eigenhändig unterschrieben.

> gez. Peter Rosen
> gez. Sieglinde Rosen geb. Schupp
> gez. Dr. Hans Moser, Notar"

Vollmacht über den Tod hinaus

„Mein Bevollmächtigter ist berechtigt, alle Handlungen im allgemeinen Geschäftsverkehr in meinem Namen mit der Bank vorzunehmen und auch zu Gunsten Dritter über mein jeweiliges Guthaben und meine Depots uneingeschränkt zu verfügen.

Der Bevollmächtigte darf der Bank Weisungen und Aufträge, insbesondere betreffend An- und Verkauf von Wertpapieren und sonstige börsenmäßige Geschäfte, erteilen, Kontoauszüge, Abrechnungen, Depotsaufstellungen und sonstige Unterlagen für mich entgegennehmen, prüfen und anerkennen.

Soweit der Bank von mir nicht für den Einzelfall eine gesonderte schriftliche Weisung zugeht, soll diese Vollmacht auch für meine gegenwärtigen und künftig etwa eröffneten Unterkonten und Depots Geltung haben.

Diese Vollmacht hat bis auf schriftlichen Widerruf Gültigkeit. Sie gilt auch für den Fall, dass das Konto oder Depot zu einer anderen Niederlassung meiner Bank verlegt werden sollte.

Nach meinem Tod soll diese Vollmacht nicht erlöschen. Sie bleibt vielmehr für meine Erben in Kraft. Bei Widerruf der Vollmacht eines von mehreren Erben bringt die Vollmacht nur diejenige des Widerrufenden zum Erlöschen. Die Bank kann verlangen, dass der Widerrufende sich als Erbe ausweist."

Vollmacht für den Todesfall

„Der Bevollmächtigte ist berechtigt, nach meinem Tod durch Vorlage der Sterbeurkunde über meine dort geführten Kontoguthaben bzw. Depots zu verfügen. Die Vollmacht soll auch für etwaige Unterkonten bzw. Unterdepots gelten, soweit ich nicht der Bank für einzelne Konten bzw. Depots schriftlich andere Weisung erteile. Die Vollmacht berechtigt auch zur Schließung bereits vorhandener Konten bzw. Depots.

Von mir oder meinen Erben kann diese Vollmacht durch schriftliche Erklärung gegenüber der Bank widerrufen werden. Sollte einer von mehreren Erben diese Vollmacht widerrufen, so bringt die Vollmacht nur diejenige des Widerrufenden zum Erlöschen. Die Bank kann verlangen, dass der Widerrufende sich als Erbe ausweist. Sollten die Konten bzw. Depots in eine andere Niederlassung der Bank verlegt werden, so behält die Vollmacht nach Maßgabe der vorstehenden Bedingungen auch für diesen Fall Geltung."

Muster einer Vorsorgevollmacht

Vorsorgevollmacht
„Ich, Karl-Josef Treu, Wiesbaden, bevollmächtige widerruflich
1.   Herrn Steuerberater Willi Völler, Hofheim/Ts., Baumallee 22, ersatzweise
2.   Frau Elvira Fröhlich, Königstein/Ts., Fuchsgasse 3,
mich in allen vermögensrechtlichen Angelegenheiten zu vertreten. Die Vollmacht umfasst sämtliche Tätigkeiten, die erforderlich sind, um meine vermögensrechtlichen Angelegenheiten ordnungsgemäß zu besorgen, falls ich geschäftsunfähig werden sollte. Ich erteile die Vollmacht über meinen Tod hinaus. Der Bevollmächtigte ist von dem Verbot des Selbstkontrahierens nach § 181 BGB befreit. Er kann Untervollmacht erteilen. Der Bevollmächtigte erhält für seine aufgrund der Vorsorgevollmacht erbrachten Leistungen eine angemessene Vergütung.
Ich wünsche nicht die Bestellung eines Betreuers durch das Vormundschaftsgericht. Sollte die Bestellung eines Betreuers für die Geltendmachung meiner Rechte gegenüber dem Bevollmächtigten in Betracht kommen, so soll das Vormundschaftsgericht einen Vorschlag des Oberlandesgerichtspäsidenten Frankfurt am Main berücksichtigen. Diese Vollmacht wird in völliger Willensfreiheit mit Zustimmung der Bevollmächtigten erteilt.
Wiesbaden, den 24. September 1997
– Karl-Josef Treu –"

Achtung! Bei einer Vorsorgevollmacht ist die notarielle Beglaubigung der Unterschrift notwendig!

Auszug aus der Kostenordnung für die alten Bundesländer

Wert bis DM	1 volle Gebühr	2 DM	1 ½ DM	½ DM	¼ DM	¹/₁₀ DM
2.000	20,–	40,–	30,–	20,–	20,–	20,–
4.000	35,–	70,–	52,50	20,–	20,–	20,–
6.000	50,–	100,–	75,–	25,–	20,–	20,–
8.000	65,–	130,–	97,50	32,50	20,–	20,–
10.000	80,–	160,–	120,–	40,–	20,–	20,–
15.000	90,–	180,–	135,–	45,–	22,50	20,–
20.000	100,–	200,–	150,–	50,–	25,–	20,–
25.000	110,–	220,–	165,–	55,–	27,50	20,–
30.000	120,–	240,–	180,–	60,–	30,–	20,–
35.000	130,–	260,–	195,–	65,–	32,50	20,–
40.000	140,–	280,–	210,–	70,–	35,–	20,–
45.000	150,–	300,–	225,–	75,–	37,50	20,–
50.000	160,–	320,–	240,–	80,–	40,–	20,–
100.000	260,–	520,–	390,–	130,–	65,–	26,–
120.000	290,–	580,–	435,–	145,–	72,50	29,–
140.000	320,–	640,–	480,–	160,–	80,–	32,–
160.000	350,–	700,–	525,–	175,–	87,50	35,–
180.000	380,–	760,–	570,–	190,–	95,–	38,–
200.000	410,–	820,–	615,–	205,–	102,50	41,–
500.000	860,–	1720,–	1290,–	430,–	215,–	86,–
520.000	890,–	1780,–	1335,–	445,–	222,50	89,–
540.000	920,–	1840,–	1380,–	460,–	230,–	92,–
560.000	950,–	1900,–	1425,–	475,–	237,50	95,–
580.000	980,–	1960,–	1470,–	490,–	245,–	98,–

Wert bis DM	1 volle Gebühr	2 DM	1 ½ DM	½ DM	¼ DM	¹/₁₀ DM
600.000	1010,–	2020,–	1515,–	505,–	252,50	101,–
620.000	1040,–	2080,–	1560,–	520,–	260,–	104,–
640.000	1070,–	2140,–	1605,–	535,–	267,50	107,–
660.000	1100,–	2200,–	1650,–	550,–	275,–	110,–
680.000	1130,–	2260,–	1695,–	565,–	282,50	113,–
700.000	1160,–	2320,–	1740,–	580,–	290,–	116,–
1.000.000	1610,–	3220,–	2415,–	805,–	402,50	161,–
1.020.000	1640,–	3280,–	2460,–	820,–	410,–	164,–
1.040.000	1670,–	3340,–	2505,–	835,–	417,50	167,–
1.100.000	1760,–	3520,–	2640,–	880,–	440,–	176,–
1.180.000	1880,–	3760,–	2820,–	940,–	470,–	188,–
1.200.000	1910,–	3820,–	2865,–	955,–	477,50	191,–
1.280.000	2030,–	4060,–	3045,–	1015,–	507,50	203,–
1.300.000	2060,–	4120,–	3090,–	1030,–	515,–	206,–
1.380.000	2180,–	4360,–	3270,–	1090,–	545,–	218,–
1.400.000	2210,–	4420,–	3315,–	1105,–	552,50	221,–
1.480.000	2330,–	4660,–	3495,–	1165,–	582,50	233,–
1.500.000	2360,–	4720,–	3540,–	1180,–	590,–	236,–
1.580.000	2480,–	4960,–	3720,–	1240,–	620,–	248,–
1.600.000	2510,–	5020,–	3765,–	1255,–	627,50	251,–
1.680.000	2630,–	5260,–	3945,–	1315,–	657,50	263,–
1.700.000	2660,–	5320,–	3990,–	1330,–	665,–	266,–
1.780.000	2780,–	5560,–	4170,–	1390,–	695,–	278,–
1.800.000	2810,–	5620,–	4215,–	1405,–	702,50	281,–
1.880.000	2930,–	5860,–	4395,–	1455,–	732,50	293,–

Wert bis DM	1 volle Gebühr	2 DM	1 ½ DM	½ DM	¼ DM	¹⁄₁₀ DM
1.900.000	2960,–	5920,–	4440,–	1480,–	740,–	296,–
1.980.000	3080,–	6160,–	4620,–	1540,–	770,–	308,–
2.000.000	3110,–	6220,–	4665,–	1555,–	777,50	311,–
2.080.000	3230,–	6460,–	4845,–	1615,–	807,50	323,–
2.100.000	3260,–	6520,–	4890,–	1630,–	815,–	326,–
2.180.000	3380,–	6760,–	5070,–	1690,–	845,–	338,–
2.200.000	3410,–	6820,–	5115,–	1705,–	852,50	341,–
2.280.000	3530,–	7060,–	5295,–	1765,–	882,50	353,–

Für die neuen Bundesländer gelten derzeit geringere Gebührensätze.

Abkürzungsverzeichnis

BeurkG	Beurkundungsgesetz
BGB	Bürgerliches Gesetzbuch
EGBGB	Einführungsgesetz zum BGB
ErbStG	Erbschaftsteuer- und Schenkungsgesetz
FGG	Gesetz über die freiwillige Gerichtsbarkeit
KostO	Kostenordnung
ZGB	Zivilgesetzbuch (der ehemaligen DDR)
ZPO	Zivilprozessordnung

Das Erbschafts- und Schenkungssteuergesetz (ErbStG)

I. Steuerpflicht

§ 1 Steuerpflichtige Vorgänge.

(1) Der Erbschaftsteuer (Schenkungsteuer) unterliegen

1. der Erwerb von Todes wegen,
2. die Schenkungen unter Lebenden,
3. die Zweckzuwendungen,
4. das Vermögen einer Stiftung, sofern sie wesentlich im Interesse einer Familie oder bestimmter Familien errichtet ist, und eines Vereins, dessen Zweck wesentlich im Interesse einer Familie oder bestimmter Familien auf die Bindung von Vermögen gerichtet ist, in Zeitabständen von je 30 Jahren seit dem in § 9 Abs. 1 Nr. 4 bestimmten Zeitpunkt.

(2) Soweit nichts anderes bestimmt ist, gelten die Vorschriften dieses Gesetzes über die Erwerbe von Todes wegen auch für Schenkungen und Zweckzuwendungen, die Vorschriften über Schenkungen auch für Zweckzuwendungen unter Lebenden.

§ 2 Persönliche Steuerpflicht.

(1) Die Steuerpflicht tritt ein

1. in den Fällen des § 1 Abs. 1 Nr. 1 bis 3, wenn der Erblasser zur Zeit seines Todes, der Schenker zur Zeit der Ausführung der Schenkung oder der Erwerber zur Zeit der Entstehung der Steuer (§ 9) ein Inländer ist, für den gesamten Vermögensanfall. Als Inländer gelten

   a) natürliche Personen, die im Inland einen Wohnsitz oder ihren gewöhnlichen Aufenthalt haben;

   b) deutsche Staatsangehörige, die sich nicht länger als fünf Jahre dauernd im Ausland aufgehalten haben, ohne im Inland einen Wohnsitz zu haben;

   c) unabhängig von der Fünfjahresfrist nach Buchstabe b deutsche Staatsangehörige, die

      aa) im Inland weder einen Wohnsitz noch ihren gewöhnlichen Aufenthalt haben und

      bb) zu einer inländischen juristischen Person des öffentlichen Rechts in einem Dienstverhältnis stehen und dafür Arbeitslohn aus einer inländischen öffentlichen Kasse beziehen,

      sowie zu ihrem Haushalt gehörende Angehörige, die die deutsche Staatsangehörigkeit besitzen. Dies gilt nur für Personen, deren Nachlaß oder Erwerb in dem Staat, in dem sie ihren Wohnsitz oder ihren gewöhnlichen Aufenthalt haben, lediglich in einem der Steuerpflicht nach Nummer 3 ähnlichen Umfang zu einer Nachlaß- oder Erbanfallsteuer herangezogen wird;

   d) Körperschaften, Personenvereinigungen und Vermögensmassen, die ihre Geschäftsleitung oder ihren Sitz im Inland haben;

2. in den Fällen des § 1 Abs. 1 Nr. 4, wenn die Stiftung oder der Verein die Geschäftsleitung oder den Sitz im Inland hat;

3. in allen anderen Fällen für den Vermögensanfall, der in Inlandsvermögen im Sinne des § 121 des Bewertungsgesetzes besteht. Bei Inlandsvermögen im Sinne des § 121 Nr. 4 des Bewertungsgesetzes ist es ausreichend, wenn der Erblasser zur Zeit seines Todes oder der Schenker zur Zeit der Ausführung der Schenkung entsprechend der Vorschrift am Grund- oder Stammkapital der inländischen Kapitalgesellschaft beteiligt ist. Wird nur ein Teil einer solchen Beteiligung durch Schenkung zugewendet, gelten die weiteren Erwerbe aus der Beteiligung, soweit die Voraussetzungen des § 14 erfüllt sind, auch dann als Erwerb von Inlandsvermögen, wenn im Zeitpunkt ihres Erwerbs die Beteiligung des Erblassers oder Schenkers weniger als ein Zehntel des Grund- oder Stammkapitals der Gesellschaft beträgt.

(2) Zum Inland im Sinne dieses Gesetzes gehört auch der der Bundesrepublik Deutschland zustehende Anteil am Festlandsockel, soweit dort Naturschätze des Meeresgrundes und des Meeresuntergrundes erforscht oder ausgebeutet werden.

§ 3 Erwerb von Todes wegen.

(1) Als Erwerb von Todes wegen gilt
1. der Erwerb durch Erbanfall (§ 1922 des Bürgerlichen Gesetzbuchs), auf Grund Erbersatzanspruchs (§§ 1934 a ff. des Bürgerlichen Gesetzbuchs), durch Vermächtnis (§§ 2147 ff. des Bürgerlichen Gesetzbuchs) oder auf Grund eines geltend gemachten Pflichtteilsanspruchs (§§ 2303 ff. des Bürgerlichen Gesetzbuchs);
2. der Erwerb durch Schenkung auf den Todesfall (§ 2301 des Bürgerlichen Gesetzbuchs). Als Schenkung auf den Todesfall gilt auch der auf einem Gesellschaftsvertrag beruhende Übergang des Anteils oder des Teils eines Anteils eines Gesellschafters bei dessen Tod auf die anderen Gesellschafter oder die Gesellschaft, soweit der Wert, der sich für seinen Anteil zur Zeit seines Todes nach § 12 ergibt, Abfindungsansprüche Dritter übersteigt;
3. die sonstigen Erwerbe, auf die die für Vermächtnisse geltenden Vorschriften des bürgerlichen Rechts Anwendung finden;
4. jeder Vermögensvorteil, der auf Grund eines vom Erblasser geschlossenen Vertrages bei dessen Tode von einem Dritten unmittelbar erworben wird.

(2) Als vom Erblasser zugewendet gilt auch
1. der Übergang von Vermögen auf eine vom Erblasser angeordnete Stiftung;
2. was jemand infolge Vollziehung einer vom Erblasser angeordneten Auflage oder infolge Erfüllung einer vom Erblasser gesetzten Bedingung erwirbt, es sei denn, daß eine einheitliche Zweckzuwendung vorliegt;
3. was jemand dadurch erlangt, daß bei Genehmigung einer Zuwendung des Erblassers Leistungen an andere Personen angeordnet oder zur Erlangung der Genehmigung freiwillig übernommen werden;
4. was als Abfindung für einen Verzicht auf den entstandenen Pflichtteilsanspruch oder für die Ausschlagung einer Erbschaft, eines Erbersatzanspruchs oder eines Vermächtnisses gewährt wird;
5. was als Abfindung für ein aufschiebend bedingtes, betagtes oder befristetes Vermächtnis, für das die Ausschlagungsfrist abgelaufen ist, vor dem Zeitpunkt des Eintritts der Bedingung oder des Ereignisses gewährt wird;
6. was als Entgelt für die Übertragung der Anwartschaft eines Nacherben gewährt wird;
7. was ein Vertragserbe aufgrund beeinträchtigender Schenkungen des Erblassers (§ 2287 des Bürgerlichen Gesetzbuchs) von dem Beschenkten nach den Vorschriften über die ungerechtfertigte Bereicherung erlangt.

§ 4 Fortgesetzte Gütergemeinschaft.

(1) Wird die eheliche Gütergemeinschaft beim Tode eines Ehegatten fortgesetzt (§§ 1483 ff. des Bürgerlichen Gesetzbuchs, Artikel 200 des Einführungsgesetzes zum Bürgerlichen Gesetzbuch), so wird dessen Anteil am Gesamtgut so behandelt, wie wenn er ausschließlich den anteilsberechtigten Abkömmlingen angefallen wäre.
(2) Beim Tode eines anteilsberechtigten Abkömmlings gehört dessen Anteil am Gesamtgut zu seinem Nachlaß. Als Erwerber des Anteils gelten diejenigen, denen der Anteil nach § 1490 Satz 2 und 3 des Bürgerlichen Gesetzbuchs zufällt.

§ 5 Zugewinngemeinschaft.

(1) Wird der Güterstand der Zugewinngemeinschaft (§ 1363 des Bürgerlichen Gesetzbuchs) durch den Tod eines Ehegatten beendet und der Zugewinn nicht nach § 1371 Abs. 2 des Bürgerlichen Gesetzbuchs ausgeglichen, so gilt beim überlebenden Ehegatten der Betrag, den er nach Maßgabe des § 1371 Abs. 2 des Bürgerlichen Gesetzbuchs als Ausgleichsforderung geltend machen könnte, nicht als Erwerb im Sinne des § 3. Bei der Berechnung dieses Betrages bleiben von den Vorschriften der §§ 1373

bis 1383 und 1390 des Bürgerlichen Gesetzbuchs abweichende güterrechtliche Vereinbarungen unberücksichtigt. Die Vermutung des § 1377 Abs. 3 des Bürgerlichen Gesetzbuchs findet keine Anwendung. Wird der Güterstand der Zugewinngemeinschaft durch Ehevertrag vereinbart, gilt als Zeitpunkt des Eintritts des Güterstandes (§ 1374 Abs. 1 des Bürgerlichen Gesetzbuchs) der Tag des Vertragsabschlusses. Soweit der Nachlaß des Erblassers bei der Ermittlung des als Ausgleichsforderung steuerfreien Betrages mit einem höheren Wert als dem nach den steuerlichen Bewertungsgrundsätzen maßgebenden Wert angesetzt worden ist, gilt höchstens der dem Steuerwert des Nachlasses entsprechende Betrag nicht als Erwerb im Sinne des § 3.

(2) Wird der Güterstand der Zugewinngemeinschaft in anderer Weise als durch den Tod eines Ehegatten beendet oder wird der Zugewinn nach § 1371 Abs. 2 des Bürgerlichen Gesetzbuchs ausgeglichen, so gehört die Ausgleichsforderung (§ 1378 des Bürgerlichen Gesetzbuchs) nicht zum Erwerb im Sinne der §§ 3 und 7.

§ 6 Vor- und Nacherbschaft.

(1) Der Vorerbe gilt als Erbe.

(2) Bei Eintritt der Nacherbfolge haben diejenigen, auf die das Vermögen übergeht, den Erwerb als vom Vorerben stammend zu versteuern. Auf Antrag ist der Versteuerung das Verhältnis des Nacherben zum Erblasser zugrunde zu legen. Geht in diesem Fall auch eigenes Vermögen des Vorerben auf den Nacherben über, so sind beide Vermögensanfälle hinsichtlich der Steuerklasse getrennt zu behandeln. Für das eigene Vermögen des Vorerben kann ein Freibetrag jedoch nur gewährt werden, soweit der Freibetrag für das der Nacherbfolge unterliegende Vermögen nicht verbraucht ist. Die Steuer ist für jeden Erwerb jeweils nach dem Steuersatz zu erheben, der für den gesamten Erwerb gelten würde.

(3) Tritt die Nacherbfolge nicht durch den Tod des Vorerben ein, so gilt die Vorerbfolge als auflösend bedingter, die Nacherbfolge als aufschiebend bedingter Anfall. In diesem Fall ist dem Nacherben die vom Vorerben entrichtete Steuer abzüglich desjenigen Steuerbetrags anzurechnen, welcher der tatsächlichen Bereicherung des Vorerben entspricht.

(4) Nachvermächtnisse und beim Tode des Beschwerten fällige Vermächtnisse stehen den Nacherbschaften gleich.

§ 7 Schenkungen unter Lebenden.

(1) Als Schenkungen unter Lebenden gelten

1. jede freigebige Zuwendung unter Lebenden, soweit der Bedachte durch sie auf Kosten des Zuwendenden bereichert wird;

2. was infolge Vollziehung einer von dem Schenker angeordneten Auflage oder infolge Erfüllung einer einem Rechtsgeschäft unter Lebenden beigefügten Bedingung ohne entsprechende Gegenleistung erlangt wird, es sei denn, daß eine einheitliche Zweckzuwendung vorliegt;

3. was jemand dadurch erlangt, daß bei Genehmigung einer Schenkung Leistungen an andere Personen angeordnet oder zur Erlangung der Genehmigung freiwillig übernommen werden;

4. die Bereicherung, die ein Ehegatte bei Vereinbarung der Gütergemeinschaft (§ 1415 des Bürgerlichen Gesetzbuchs) erfährt;

5. was als Abfindung für einen Erbverzicht (§§ 2346 und 2352 des Bürgerlichen Gesetzbuchs) gewährt wird;

6. was durch vorzeitigen Erbausgleich (§ 1934 d des Bürgerlichen Gesetzbuchs) erworben wird;

7. was ein Vorerbe dem Nacherben mit Rücksicht auf die angeordnete Nacherbschaft vor ihrem Eintritt herausgibt;

8. der Übergang von Vermögen auf Grund eines Stiftungsgeschäfts unter Lebenden;

9. was bei Aufhebung einer Stiftung oder bei Auflösung eines Vereins, dessen Zweck auf die Bindung von Vermögen gerichtet ist, erworben wird;

10. was als Abfindung für aufschiebend bedingt, betagt oder befristet erworbene Ansprüche, soweit es sich nicht um einen Fall des § 3 Abs. 2 Nr. 5 handelt, vor dem Zeitpunkt des Eintritts der Bedingung oder des Ereignisses gewährt wird.

(2) Im Fall des Absatzes 1 Nr. 7 ist der Versteuerung auf Antrag das Verhältnis des Nacherben zum Erblasser zugrunde zu legen. § 6 Abs. 2 Satz 3 bis 5 gilt entsprechend.

(3) Gegenleistungen, die nicht in Geld veranschlagt werden können, werden bei der Feststellung, ob eine Bereicherung vorliegt, nicht berücksichtigt.

(4) Die Steuerpflicht einer Schenkung wird nicht dadurch ausgeschlossen, daß sie zur Belohnung oder unter einer Auflage gemacht oder in die Form eines lästigen Vertrags gekleidet wird.

(5) Ist Gegenstand der Schenkung eine Beteiligung an einer Personengesellschaft, in deren Gesellschaftsvertrag bestimmt ist, daß der neue Gesellschafter bei Auflösung der Gesellschaft oder im Fall eines vorherigen Ausscheidens nur den Buchwert seines Kapitalanteils erhält, so werden diese Bestimmungen bei der Feststellung der Bereicherung nicht berücksichtigt. Soweit die Bereicherung den Buchwert des Kapitalanteils übersteigt, gilt sie als auflösend bedingt erworben.

(6) Wird eine Beteiligung an einer Personengesellschaft mit einer Gewinnbeteiligung ausgestattet, die insbesondere der Kapitaleinlage, der Arbeits- oder der sonstigen Leistung des Gesellschafters für die Gesellschaft nicht entspricht oder die einem fremden Dritten üblicherweise nicht eingeräumt würde, so gilt das Übermaß an Gewinnbeteiligung als selbständige Schenkung, die mit dem Kapitalwert anzusetzen ist.

(7) Als Schenkung gilt auch der auf einem Gesellschaftsvertrag beruhende Übergang des Anteils oder des Teils eines Anteils eines Gesellschafters bei dessen Ausscheiden auf die anderen Gesellschafter oder die Gesellschaft, soweit der Wert, der sich für seinen Anteil zur Zeit seines Ausscheidens nach § 12 ergibt, den Abfindungsanspruch übersteigt.

§ 8 Zweckzuwendungen.

Zweckzuwendungen sind Zuwendungen von Todes wegen oder freigebige Zuwendungen unter Lebenden, die mit der Auflage verbunden sind, zugunsten eines bestimmten Zwecks verwendet zu werden, oder die von der Verwendung zugunsten eines bestimmten Zwecks abhängig sind, soweit hierdurch die Bereicherung des Erwerbers gemindert wird.

§ 9 Entstehung der Steuer.

(1) Die Steuer entsteht

1. bei Erwerben von Todes wegen mit dem Tode des Erblassers, jedoch
   a) für den Erwerb des unter einer aufschiebenden Bedingung, unter einer Betagung oder Befristung Bedachten sowie für zu einem Erwerb gehörende aufschiebend bedingte, betagte oder befristete Ansprüche mit dem Zeitpunkt des Eintritts der Bedingung oder des Ereignisses,
   b) für den Erwerb eines geltend gemachten Pflichtteilsanspruchs oder Erbersatzanspruchs mit dem Zeitpunkt der Geltendmachung,
   c) im Falle des § 3 Abs. 2 Nr. 1 mit dem Zeitpunkt der Genehmigung der Stiftung,
   d) in den Fällen des § 3 Abs. 2 Nr. 2 mit dem Zeitpunkt der Vollziehung der Auflage oder der Erfüllung der Bedingung,
   e) in den Fällen des § 3 Abs. 2 Nr. 3 mit dem Zeitpunkt der Genehmigung,
   f) in den Fällen des § 3 Abs. 2 Nr. 4 mit dem Zeitpunkt des Verzichts oder der Ausschlagung,
   g) im Fall des § 3 Abs. 2 Nr. 5 mit dem Zeitpunkt der Vereinbarung über die Abfindung,
   h) für den Erwerb des Nacherben mit dem Zeitpunkt des Eintritts der Nacherbfolge,
   i) im Fall des § 3 Abs. 2 Nr. 6 mit dem Zeitpunkt der Übertragung der Anwartschaft,
   j) im Fall des § 3 Abs. 2 Nr. 7 mit dem Zeitpunkt der Geltendmachung des Anspruchs;
2. bei Schenkungen unter Lebenden mit dem Zeitpunkt der Ausführung der Zuwendung;
3. bei Zweckzuwendungen mit dem Zeitpunkt des Eintritts der Verpflichtung des Beschwerten;

4. in den Fällen des § 1 Abs. 1 Nr. 4 in Zeitabständen von je 30 Jahren seit dem Zeitpunkt des ersten Übergangs von Vermögen auf die Stiftung oder auf den Verein. Fällt bei Stiftungen oder Vereinen der Zeitpunkt des ersten Übergangs von Vermögen auf den 1. Januar 1954 oder auf einen früheren Zeitpunkt, so entsteht die Steuer erstmals am 1. Januar 1984. Bei Stiftungen und Vereinen, bei denen die Steuer erstmals am 1. Januar 1984 entsteht, richtet sich der Zeitraum von 30 Jahren nach diesem Zeitpunkt.

(2) In den Fällen der Aussetzung der Versteuerung nach § 25 Abs. 1 Buchstabe a gilt die Steuer für den Erwerb des belasteten Vermögens als mit dem Zeitpunkt des Erlöschens der Belastung entstanden.

II. Wertermittlung

§ 10 Steuerpflichtiger Erwerb.

(1) Als steuerpflichtiger Erwerb gilt die Bereicherung des Erwerbers, soweit sie nicht steuerfrei ist (§§ 5, 13, 13 a, 16, 17 und 18). In den Fällen des § 3 gilt als Bereicherung der Betrag, der sich ergibt, wenn von dem nach § 12 zu ermittelnden Wert des gesamten Vermögensanfalls, soweit er der Besteuerung nach diesem Gesetz unterliegt, die nach den Absätzen 3 bis 9 abzugsfähigen Nachlaßverbindlichkeiten mit ihrem nach § 12 zu ermittelnden Wert abgezogen werden. Der unmittelbare oder mittelbare Erwerb einer Beteiligung an einer Personengesellschaft, die nicht nach § 12 Abs. 5 zu bewerten ist, gilt als Erwerb der anteiligen Wirtschaftsgüter. Bei der Zweckzuwendung tritt an die Stelle des Vermögensanfalls die Verpflichtung des Beschwerten. Der steuerpflichtige Erwerb wird auf volle 100 Deutsche Mark nach unten abgerundet. In den Fällen des § 1 Abs. 1 Nr. 4 tritt an die Stelle des Vermögensanfalls das Vermögen der Stiftung oder des Vereins.

(2) Hat der Erblasser die Entrichtung der von dem Erwerber geschuldeten Steuer einem anderen auferlegt oder hat der Schenker die Entrichtung der vom Beschenkten geschuldeten Steuer selbst übernommen oder einem anderen auferlegt, so gilt als Erwerb der Betrag, der sich bei einer Zusammenrechnung des Erwerbs nach Absatz 1 mit der aus ihm errechneten Steuer ergibt.

(3) Die infolge des Anfalls durch Vereinigung von Recht und Verbindlichkeit oder von Recht und Belastung erloschenen Rechtsverhältnisse gelten als nicht erloschen.

(4) Die Anwartschaft eines Nacherben gehört nicht zu seinem Nachlaß.

(5) Von dem Erwerb sind, soweit sich nicht aus den Absätzen 6 bis 9 etwas anderes ergibt, als Nachlaßverbindlichkeiten abzugsfähig
1. die vom Erblasser herrührenden Schulden, soweit sie nicht mit einem zum Erwerb gehörenden Gewerbebetrieb oder Anteil an einem Gewerbebetrieb in wirtschaftlichem Zusammenhang stehen und bereits nach § 12 Abs. 5 und 6 berücksichtigt worden sind;
2. Verbindlichkeiten aus Vermächtnissen, Auflagen und geltend gemachten Pflichtteilen und Erbersatzansprüchen;
3. die Kosten der Bestattung des Erblassers, die Kosten für ein angemessenes Grabdenkmal, die Kosten für die übliche Grabpflege mit ihrem Kapitalwert für eine unbestimmte Dauer sowie die Kosten, die dem Erwerber unmittelbar im Zusammenhang mit der Abwicklung, Regelung oder Verteilung des Nachlasses oder mit der Erlangung des Erwerbs entstehen. Für diese Kosten wird insgesamt ein Betrag von 20 000 Deutsche Mark ohne Nachweis abgezogen. Kosten für die Verwaltung des Nachlasses sind nicht abzugsfähig.

(6) Nicht abzugsfähig sind Schulden und Lasten, soweit sie in wirtschaftlichem Zusammenhang mit Vermögensgegenständen stehen, die nicht der Besteuerung nach diesem Gesetz unterliegen. Beschränkt sich die Besteuerung auf einzelne Vermögensgegenstände (§ 2 Abs. 1 Nr. 3, § 19 Abs. 2), so sind nur die damit in wirtschaftlichem Zusammenhang stehenden Schulden und Lasten abzugsfähig. Schulden und Lasten, die mit teilweise befreiten Vermögensgegenständen in wirtschaftlichem Zusammen-

hang stehen, sind nur mit dem Betrag abzugsfähig, der dem steuerpflichtigen Teil entspricht. Schulden und Lasten, die mit dem nach § 13 a befreiten Betriebsvermögen in wirtschaftlichem Zusammenhang stehen, sind in vollem Umfang abzugsfähig. Schulden und Lasten, die mit dem nach § 13 a befreiten Vermögen eines Betriebs der Land- und Forstwirtschaft oder mit den nach § 13 a befreiten Anteilen an Kapitalgesellschaften in wirtschaftlichem Zusammenhang stehen, sind nur mit dem Betrag abzugsfähig, der dem Verhältnis des nach Anwendung des § 13 a anzusetzenden Werts dieses Vermögens zu dem Wert vor Anwendung des § 13 a entspricht.

(7) In den Fällen des § 1 Abs. 1 Nr. 4 sind Leistungen an die nach der Stiftungsurkunde oder nach der Vereinssatzung Berechtigten nicht abzugsfähig.

(8) Die von dem Erwerber zu entrichtende eigene Erbschaftsteuer ist nicht abzugsfähig.

(9) Auflagen, die dem Beschwerten selbst zugute kommen, sind nicht abzugsfähig.

§ 11 Bewertungsstichtag.
Für die Wertermittlung ist, soweit in diesem Gesetz nichts anderes bestimmt ist, der Zeitpunkt der Entstehung der Steuer maßgebend.

§ 12 Bewertung.
(1) Die Bewertung richtet sich, soweit nicht in den Absätzen 2 bis 6 etwas anderes bestimmt ist, nach den Vorschriften des Ersten Teils des Bewertungsgesetzes (Allgemeine Bewertungsvorschriften).

(2) Ist der gemeine Wert von Anteilen an einer Kapitalgesellschaft unter Berücksichtigung des Vermögens und der Ertragsaussichten zu schätzen (§ 11 Abs. 2 Satz 2 des Bewertungsgesetzes), wird das Vermögen mit dem Wert im Zeitpunkt der Entstehung der Steuer angesetzt. Der Wert ist nach den Grundsätzen der Absätze 5 und 6 zu ermitteln. Dabei sind der Geschäfts- oder Firmenwert und die Werte von firmenwertähnlichen Wirtschaftsgütern nicht in die Ermittlung einzubeziehen.

(3) Grundbesitz (§ 19 des Bewertungsgesetzes) ist mit dem Grundbesitzwert anzusetzen, der nach dem Vierten Abschnitt des Zweiten Teils des Bewertungsgesetzes (Vorschriften für die Bewertung von Grundbesitz für die Erbschaftsteuer ab 1. Januar 1996 und für die Grunderwerbsteuer ab 1. Januar 1997) auf den Zeitpunkt der Entstehung der Steuer festgestellt wird.

(4) Bodenschätze, die nicht zum Betriebsvermögen gehören, werden angesetzt, wenn für sie Absetzungen für Substanzverringerung bei der Einkunftsermittlung vorzunehmen sind; sie werden mit ihren ertragsteuerlichen Werten angesetzt.

(5) Für den Bestand und die Bewertung von Betriebsvermögen mit Ausnahme der Bewertung der Betriebsgrundstücke (Absatz 3) sind die Verhältnisse zur Zeit der Entstehung der Steuer maßgebend. Die §§ 95 bis 99, 103, 104 und 109 Abs. 1 und 2 und § 137 des Bewertungsgesetzes sind entsprechend anzuwenden. Zum Betriebsvermögen gehörende Wertpapiere, Anteile und Genußscheine von Kapitalgesellschaften sind vorbehaltlich des Absatzes 2 mit dem nach § 11 oder § 12 des Bewertungsgesetzes ermittelten Wert anzusetzen.

(6) Ausländischer Grundbesitz und ausländisches Betriebsvermögen werden nach § 31 des Bewertungsgesetzes bewertet.

§ 13 Steuerbefreiungen.
(1) Steuerfrei bleiben
1. a) Hausrat einschließlich Wäsche und Kleidungsstücke beim Erwerb durch Personen der Steuerklasse I, soweit der Wert insgesamt 80 000 Deutsche Mark nicht übersteigt,
    b) andere bewegliche körperliche Gegenstände, die nicht nach Nummer 2 befreit sind, beim Erwerb durch Personen der Steuerklasse I, soweit der Wert insgesamt 20 000 Deutsche Mark nicht übersteigt,
    c) Hausrat einschließlich Wäsche und Kleidungsstücke und andere bewegliche körperliche Gegenstände, die nicht nach Nummer 2 befreit sind, beim Erwerb durch

Personen der Steuerklassen II und III, soweit der Wert insgesamt 20 000 Deutsche Mark nicht übersteigt.

Die Befreiung gilt nicht für Gegenstände, die zum land- und forstwirtschaftlichen Vermögen, zum Grundvermögen oder zum Betriebsvermögen gehören, für Zahlungsmittel, Wertpapiere, Münzen, Edelmetalle, Edelsteine und Perlen;

2. Grundbesitz oder Teile von Grundbesitz, Kunstgegenstände, Kunstsammlungen, wissenschaftliche Sammlungen, Bibliotheken und Archive

   a) mit sechzig vom Hundert ihres Wertes, wenn die Erhaltung dieser Gegenstände wegen ihrer Bedeutung für Kunst, Geschichte oder Wissenschaft im öffentlichen Interesse liegt, die jährlichen Kosten in der Regel die erzielten Einnahmen übersteigen und die Gegenstände in einem den Verhältnissen entsprechenden Umfang den Zwecken der Forschung oder der Volksbildung nutzbar gemacht sind oder werden,

   b) in vollem Umfang, wenn die Voraussetzungen des Buchstaben a erfüllt sind und ferner

      aa) der Steuerpflichtige bereit ist, die Gegenstände den geltenden Bestimmungen der Denkmalspflege zu unterstellen,

      bb) die Gegenstände sich seit mindestens zwanzig Jahren im Besitz der Familie befinden oder in dem Verzeichnis national wertvollen Kulturgutes oder national wertvoller Archive nach dem Gesetz zum Schutz deutschen Kulturgutes gegen Abwanderung in der im Bundesgesetzblatt Teil III, Gliederungsnummer 224-2, veröffentlichten bereinigten Fassung, zuletzt geändert durch Anlage I Kapitel II Sachgebiet B Abschnitt II Nr. 4 des Einigungsvertrages vom 31. August 1990 in Verbindung mit Artikel 1 des Gesetzes vom 23. September 1990 (BGBl. 1990 II S. 885, 914), eingetragen sind.

   Die Steuerbefreiung fällt mit Wirkung für die Vergangenheit weg, wenn die Gegenstände innerhalb von zehn Jahren nach dem Erwerb veräußert werden oder die Voraussetzungen für die Steuerbefreiung innerhalb dieses Zeitraumes entfallen;

3. Grundbesitz oder Teile von Grundbesitz, der für Zwecke der Volkswohlfahrt der Allgemeinheit ohne gesetzliche Verpflichtung zur Benutzung zugänglich gemacht ist und dessen Erhaltung im öffentlichen Interesse liegt, wenn die jährlichen Kosten in der Regel die erzielten Einnahmen übersteigen. Die Steuerbefreiung fällt mit Wirkung für die Vergangenheit weg, wenn der Grundbesitz oder Teile des Grundbesitzes innerhalb von zehn Jahren nach dem Erwerb veräußert werden oder die Voraussetzungen für die Steuerbefreiung innerhalb dieses Zeitraumes entfallen;

4. ein Erwerb nach § 1969 des Bürgerlichen Gesetzbuchs;

4a. Zuwendungen unter Lebenden, mit denen ein Ehegatte dem anderen Ehegatten Eigentum oder Miteigentum an einem im Inland belegenen, zu eigenen Wohnzwecken genutzten Haus oder einer im Inland belegenen, zu eigenen Wohnzwecken genutzten Eigentumswohnung (Familienwohnheim) verschafft oder den anderen Ehegatten von eingegangenen Verpflichtungen im Zusammenhang mit der Anschaffung oder der Herstellung des Familienwohnheims freistellt. Entsprechendes gilt, wenn ein Ehegatte nachträglichen Herstellungs- oder Erhaltungsaufwand für ein Familienwohnheim trägt, das im gemeinsamen Eigentum der Ehegatten oder im Eigentum des anderen Ehegatten steht;

5. die Befreiung von einer Schuld gegenüber dem Erblasser, sofern die Schuld durch Gewährung von Mitteln zum Zweck des angemessenen Unterhalts oder zur Ausbildung des Bedachten begründet worden ist oder der Erblasser die Befreiung mit Rücksicht auf die Notlage des Schuldners angeordnet hat und diese auch durch die Zuwendung nicht beseitigt wird. Die Steuerbefreiung entfällt, soweit die Steuer aus der Hälfte einer neben der erlassenen Schuld dem Bedachten anfallenden Zuwendung gedeckt werden kann;

6. ein Erwerb, der Eltern, Adoptiveltern, Stiefeltern oder Großeltern des Erblassers anfällt, sofern der Erwerb zusammen mit dem übrigen Vermögen des Erwerbers 80 000

Deutsche Mark nicht übersteigt und der Erwerber infolge körperlicher oder geistiger Gebrechen und unter Berücksichtigung seiner bisherigen Lebensstellung als erwerbsunfähig anzusehen ist oder durch die Führung eines gemeinsamen Hausstands mit erwerbsunfähigen oder in der Ausbildung befindlichen Abkömmlingen an der Ausübung einer Erwerbstätigkeit gehindert ist. Übersteigt der Wert des Erwerbs zusammen mit dem übrigen Vermögen des Erwerbers den Betrag von 80 000 Deutsche Mark, wird die Steuer nur insoweit erhoben, als sie aus der Hälfte des die Wertgrenze übersteigenden Betrags gedeckt werden kann;

7. Ansprüche nach folgenden Gesetzen in der jeweils geltenden Fassung:

a) Lastenausgleichsgesetz in der Fassung der Bekanntmachung vom 1. Oktober 1969 (BGBl. I S. 1909), zuletzt geändert durch Anlage I Kapitel II Sachgebiet D Abschnitt II Nr. 4 des Einigungsvertrages vom 31. August 1990 in Verbindung mit Artikel 1 des Gesetzes vom 23. September 1990 (BGBl. 1990 II S. 885, 919),

Währungsausgleichsgesetz in der Fassung der Bekanntmachung vom 1. Dezember 1965 (BGBl. I S. 2059), zuletzt geändert durch Artikel 16 des Gesetzes vom 18. März 1975 (BGBl. I S. 705),

Altsparergesetz in der im Bundesgesetzblatt Teil III, Gliederungsnummer 621-4, veröffentlichten bereinigten Fassung, zuletzt geändert durch Anlage I Kapitel IV Sachgebiet A Abschnitt II Nr. 1 des Einigungsvertrages vom 31. August 1990 in Verbindung mit Artikel 1 des Gesetzes vom 23. September 1990 (BGBl. 1990 II S. 885, 965), Flüchtlingshilfegesetz in der Fassung der Bekanntmachung vom 15. Mai 1971 (BGBl. I S. 681), zuletzt geändert durch Artikel 2 des Gesetzes vom 26. Juni 1990 (BGBl. I S. 1142),

Reparationsschädengesetz vom 12. Februar 1969 (BGBl. I S. 105), zuletzt geändert durch Anlage I Kapitel IV Sachgebiet A Abschnitt II Nr. 3 des Einigungsvertrages vom 31. August 1990 in Verbindung mit Artikel 1 des Gesetzes vom 23. September 1990 (BGBl. 1990 II S. 885, 965),

b) Allgemeines Kriegsfolgengesetz in der im Bundesgesetzblatt Teil III, Gliederungsnummer 653-1, veröffentlichten bereinigten Fassung, zuletzt geändert durch Anlage I Kapitel IV Sachgebiet A Abschnitt II Nr. 2 des Einigungsvertrages vom 31. August 1990 in Verbindung mit Artikel 1 des Gesetzes vom 23. September 1990 (BGBl. 1990 II S. 885, 965),

Gesetz zur Regelung der Verbindlichkeiten nationalsozialistischer Einrichtungen und der Rechtsverhältnisse an deren Vermögen vom 17. März 1965 (BGBl. I S. 79), zuletzt geändert durch Artikel 67 des Gesetzes vom 25. Juni 1969 (BGBl. I S. 645),

c) Häftlingshilfegesetz in der Fassung der Bekanntmachung vom 2. Juni 1993 (BGBl. I S. 838), zuletzt geändert durch Artikel 1 des Gesetzes vom 8. Juni 1994 (BGBl. I S. 1214),

d) Strafrechtliches Rehabilitierungsgesetz vom 29. Oktober 1992 (BGBl. I S. 1814),

e) Bundesvertriebenengesetz in der Fassung der Bekanntmachung vom 2. Juni 1993 (BGBl. I S. 829),

f) Vertriebenenzuwendungsgesetz vom 27. September 1994 (BGBl. I S. 2624, 2635),

g) Verwaltungsrechtliches Rehabilitierungsgesetz vom 23. Juni 1994 (BGBl. I S. 1311) und Berufliches Rehabilitierungsgesetz vom 23. Juni 1994 (BGBl. I S. 1311);

8. Ansprüche auf Entschädigungsleistungen nach dem Bundesgesetz zur Entschädigung für Opfer der nationalsozialistischen Verfolgung in der Fassung vom 29. Juni 1956 (BGBl. I S. 559) und nach dem Gesetz über Entschädigungen für Opfer des Nationalsozialismus im Beitrittsgebiet vom 22. April 1992 (BGBl. I S. 906) in der jeweils geltenden Fassung;

9. ein steuerpflichtiger Erwerb bis zu 10 000 Deutsche Mark, der Personen anfällt, die dem Erblasser unentgeltlich oder gegen unzureichendes Entgelt Pflege oder Unterhalt gewährt haben, soweit das Zugewendete als angemessenes Entgelt anzusehen ist;

9a. Geldzuwendungen unter Lebenden, die eine Pflegeperson für Leistungen zur Grundpflege oder hauswirtschaftlichen Versorgung vom Pflegebedürftigen erhält, bis zur Höhe des nach § 37 des Elften Buches Sozialgesetzbuch gewährten Pflegegeldes oder eines entsprechenden Pflegegeldes aus privaten Versicherungsverträgen nach den Vorgaben des Elften Buches Sozialgesetzbuch (private Pflegepflichtversicherung) oder einer Pauschalbeihilfe nach den Beihilfevorschriften für häusliche Pflege;

10. Vermögensgegenstände, die Eltern oder Voreltern ihren Abkömmlingen durch Schenkung oder Übergabevertrag zugewandt hatten und die an diese Personen von Todes wegen zurückfallen;

11. der Verzicht auf die Geltendmachung des Pflichtteilsanspruchs oder des Erbersatzanspruchs;

12. Zuwendungen unter Lebenden zum Zwecke des angemessenen Unterhalts oder zur Ausbildung des Bedachten;

13. Zuwendungen an Pensions- und Unterstützungskassen im Sinne des § 5 Abs. 1 Nr. 3 des Körperschaftsteuergesetzes, wenn sie die für eine Befreiung von der Körperschaftsteuer erforderlichen Voraussetzungen erfüllen. Ist eine Kasse nach § 6 des Körperschaftsteuergesetzes teilweise steuerpflichtig, ist auch die Zuwendung im gleichen Verhältnis steuerpflichtig. Die Befreiung fällt mit Wirkung für die Vergangenheit weg, wenn die Voraussetzungen des § 5 Abs. 1 Nr. 3 des Körperschaftsteuergesetzes innerhalb von zehn Jahren nach der Zuwendung entfallen;

14. die üblichen Gelegenheitsgeschenke;

15. Anfälle an den Bund, ein Land oder eine inländische Gemeinde (Gemeindeverband) sowie solche Anfälle, die ausschließlich Zwecken des Bundes, eines Landes oder einer inländischen Gemeinde (Gemeindeverband) dienen;

16. Zuwendungen
    a) an inländische Religionsgesellschaften des öffentlichen Rechts oder an inländische jüdische Kultusgemeinden,
    b) an inländische Körperschaften, Personenvereinigungen und Vermögensmassen, die nach der Satzung, dem Stiftungsgeschäft oder der sonstigen Verfassung und nach ihrer tatsächlichen Geschäftsführung ausschließlich und unmittelbar kirchlichen, gemeinnützigen oder mildtätigen Zwecken dienen. Die Befreiung fällt mit Wirkung für die Vergangenheit weg, wenn die Voraussetzungen für die Anerkennung der Körperschaft, Personenvereinigung oder Vermögensmasse als kirchliche, gemeinnützige oder mildtätige Institution innerhalb von zehn Jahren nach der Zuwendung entfallen und das Vermögen nicht begünstigten Zwecken zugeführt wird,
    c) an ausländische Religionsgesellschaften, Körperschaften, Personenvereinigungen und Vermögensmassen der in den Buchstaben a und b bezeichneten Art unter der Voraussetzung, daß der ausländische Staat für Zuwendungen an deutsche Rechtsträger der in den Buchstaben a und b bezeichneten Art eine entsprechende Steuerbefreiung gewährt und das Bundesministerium der Finanzen dies durch förmlichen Austausch entsprechender Erklärungen mit dem ausländischen Staat feststellt;

17. Zuwendungen, die ausschließlich kirchlichen, gemeinnützigen oder mildtätigen Zwecken gewidmet sind, sofern die Verwendung zu dem bestimmten Zweck gesichert ist;

18. Zuwendungen an politische Parteien im Sinne des § 2 des Parteiengesetzes.

(2) Angemessen im Sinne des Absatzes 1 Nr. 5 und 12 ist eine Zuwendung, die den Vermögensverhältnissen und der Lebensstellung des Bedachten entspricht. Eine dieses Maß übersteigende Zuwendung ist in vollem Umfang steuerpflichtig.

(2 a) (aufgehoben)

(3) Jede Befreiungsvorschrift ist für sich anzuwenden. In den Fällen des Absatzes 1 Nr. 2 und 3 kann der Erwerber der Finanzbehörde bis zur Unanfechtbarkeit der Steuerfestsetzung erklären, daß er auf die Steuerbefreiung verzichtet.

§ 13 a Ansatz von Betriebsvermögen, von Betrieben der Land- und Forstwirtschaft und von Anteilen an Kapitalgesellschaften.

(1) Betriebsvermögen, land- und forstwirtschaftliches Vermögen und Anteile an Kapitalgesellschaften im Sinne des Absatzes 4 bleiben vorbehaltlich des Satzes 2 insgesamt bis zu einem Wert von 500 000 Deutsche Mark außer Ansatz

1. beim Erwerb von Todes wegen; beim Erwerb durch mehrere Erwerber ist für jeden Erwerber ein Teilbetrag von 500 000 Deutsche Mark entsprechend einer vom Erblasser schriftlich verfügten Aufteilung des Freibetrags maßgebend; hat der Erblasser keine Aufteilung verfügt, steht der Freibetrag, wenn nur Erben Vermögen im Sinne des Absatzes 4 erwerben, jedem Erben entsprechend seinem Erbteil und sonst den Erwerbern zu gleichen Teilen zu;
2. beim Erwerb im Wege der vorweggenommenen Erbfolge, wenn der Schenker dem Finanzamt unwiderruflich erklärt, daß der Freibetrag für diese Schenkung in Anspruch genommen wird; dabei hat der Schenker, wenn zum selben Zeitpunkt mehrere Erwerber bedacht werden, den für jeden Bedachten maßgebenden Teilbetrag von 500 000 Deutsche Mark zu bestimmen.

Wird ein Freibetrag nach Satz 1 Nr. 2 gewährt, kann für weiteres, innerhalb von zehn Jahren nach dem Erwerb von derselben Person anfallendes Vermögen im Sinne des Absatzes 4 ein Freibetrag weder vom Bedachten noch von anderen Erwerbern in Anspruch genommen werden.

(2) Der nach Anwendung des Absatzes 1 verbleibende Wert des Vermögens im Sinne des Absatzes 4 ist mit 60 vom Hundert anzusetzen.

(3) Ein Erwerber kann den Freibetrag oder Freibetragsanteil (Absatz 1) und den verminderten Wertansatz (Absatz 2) nicht in Anspruch nehmen, soweit er erworbenes Vermögen im Sinne des Absatzes 4 auf Grund einer letztwilligen Verfügung des Erblassers oder einer rechtsgeschäftlichen Verfügung des Erblassers oder Schenkers auf einen Dritten überträgt. Der bei ihm entfallende Freibetrag oder Freibetragsanteil geht auf den Dritten über, bei mehreren Dritten zu gleichen Teilen.

(4) Der Freibetrag und der verminderte Wertansatz gelten für
1. inländisches Betriebsvermögen (§ 12 Abs. 5) beim Erwerb eines ganzen Gewerbebetriebs, eines Teilbetriebs, eines Anteils an einer Gesellschaft im Sinne des § 15 Abs. 1 Nr. 2 und Abs. 3 oder § 18 Abs. 4 des Einkommensteuergesetzes, eines Anteils eines persönlich haftenden Gesellschafters einer Kommanditgesellschaft auf Aktien oder eines Anteils daran;
2. inländisches land- und forstwirtschaftliches Vermögen im Sinne des § 141 Abs. 1 Nr. 1 und 2 des Bewertungsgesetzes, vermietete Grundstücke, Grundstücke im Sinne des § 69 des Bewertungsgesetzes und die in § 52 Abs. 15 Satz 12 des Einkommensteuergesetzes genannten Gebäude oder Gebäudeteile beim Erwerb eines ganzen Betriebs der Land- und Forstwirtschaft, eines Teilbetriebs, eines Anteils an einem Betrieb der Land- und Forstwirtschaft oder eines Anteils daran unter der Voraussetzung, daß dieses Vermögen ertragsteuerlich zum Betriebsvermögen eines Betriebs der Land- und Forstwirtschaft gehört;
3. Anteile an einer Kapitalgesellschaft, wenn die Kapitalgesellschaft zur Zeit der Entstehung der Steuer Sitz oder Geschäftsleitung im Inland hat und der Erblasser oder Schenker am Nennkapital dieser Gesellschaft zu mehr als einem Viertel unmittelbar beteiligt war.

(5) Der Freibetrag oder Freibetragsanteil (Absatz 1) und der verminderte Wertansatz (Absatz 2) fallen mit Wirkung für die Vergangenheit weg, soweit der Erwerber innerhalb von fünf Jahren nach dem Erwerb
1. einen Gewerbebetrieb oder einen Teilbetrieb, einen Anteil an einer Gesellschaft im Sinne des § 15 Abs. 1 Nr. 2 und Abs. 3 oder § 18 Abs. 4 des Einkommensteuergesetzes, einen Anteil eines persönlich haftenden Gesellschafters einer Kommanditgesellschaft auf Aktien oder einen Anteil daran veräußert; als Veräußerung gilt auch die Aufgabe des Gewerbebetriebs. Gleiches gilt, wenn wesentliche Betriebsgrundlagen eines Gewerbebetriebs veräußert oder in das Privatvermögen übergeführt oder anderen betriebsfremden Zwecken zugeführt werden oder wenn Anteile an einer Kapitalgesellschaft veräußert werden, die der Veräußerer durch eine Sacheinlage (§ 20 Abs. 1 des Umwandlungssteuergesetzes) aus dem Betriebsvermögen im Sinne des Absatzes 4 erworben hat, oder ein Anteil an einer Gesellschaft im Sinne des § 15 Abs. 1 Nr. 2 und Abs. 3 oder § 18 Abs. 4 des Einkommensteuergesetzes oder ein Anteil daran veräußert

wird, den der Veräußerer durch eine Einbringung von Betriebsvermögen im Sinne des Absatzes 4 in eine Personengesellschaft (§ 24 Abs. 1 des Umwandlungssteuergesetzes) erworben hat;

2. einen Betrieb der Land- und Forstwirtschaft oder einen Teilbetrieb, einen Anteil an einem Betrieb der Land- und Forstwirtschaft oder einen Anteil daran veräußert; als Veräußerung gilt auch die Aufgabe des Betriebs. Nummer 1 Satz 2 gilt entsprechend;

3. als Inhaber eines Gewerbebetriebs, Gesellschafter einer Gesellschaft im Sinne des § 15 Abs. 1 Nr. 2 und Abs. 3 oder § 18 Abs. 4 des Einkommensteuergesetzes oder persönlich haftender Gesellschafter einer Kommanditgesellschaft auf Aktien bis zum Ende des letzten in die Fünfjahresfrist fallenden Wirtschaftsjahrs Entnahmen tätigt, die die Summe seiner Einlagen und der ihm zuzurechnenden Gewinne oder Gewinnanteile seit dem Erwerb um mehr als 100 000 Deutsche Mark übersteigen; Verluste bleiben unberücksichtigt. Gleiches gilt für Inhaber eines begünstigten Betriebs der Land- und Forstwirtschaft oder eines Teilbetriebs oder eines Anteils an einem Betrieb der Land- und Forstwirtschaft;

4. Anteile an Kapitalgesellschaften im Sinne des Absatzes 4 ganz oder teilweise veräußert; eine verdeckte Einlage der Anteile in eine Kapitalgesellschaft steht der Veräußerung der Anteile gleich. Gleiches gilt, wenn die Kapitalgesellschaft innerhalb der Frist aufgelöst oder ihr Nennkapital herabgesetzt wird, wenn diese wesentliche Betriebsgrundlage veräußert und das Vermögen an die Gesellschafter verteilt wird oder wenn Vermögen der Kapitalgesellschaft auf eine Personengesellschaft, eine natürliche Person oder eine andere Körperschaft (§§ 3 bis 16 des Umwandlungssteuergesetzes) übertragen wird.

(6) In den Fällen des Absatzes 4 Nr. 2 und 3 kann der Erwerber der Finanzbehörde bis zur Unanfechtbarkeit der Steuerfestsetzung erklären, daß er auf die Steuerbefreiung verzichtet.

(7) Die Absätze 1 bis 6 gelten in den Fällen des § 1 Abs. 1 Nr. 4 entsprechend.

III. Berechnung der Steuer

§ 14 Berücksichtigung früherer Erwerbe.

(1) Mehrere innerhalb von zehn Jahren von derselben Person anfallende Vermögensvorteile werden in der Weise zusammengerechnet, daß dem letzten Erwerb die früheren Erwerbe nach ihrem früheren Wert zugerechnet werden. Von der Steuer für den Gesamtbetrag wird die Steuer abgezogen, die für die früheren Erwerbe nach den persönlichen Verhältnissen des Erwerbers und auf der Grundlage der geltenden Vorschriften zur Zeit des letzten Erwerbs zu erheben gewesen wäre. Anstelle der Steuer nach Satz 2 ist die tatsächlich für die in die Zusammenrechnung einbezogenen früheren Erwerbe zu entrichtende Steuer abzuziehen, wenn diese höher ist. Erwerbe, für die sich nach den steuerlichen Bewertungsgrundsätzen kein positiver Wert ergeben hat, bleiben unberücksichtigt.

(2) Die durch jeden weiteren Erwerb veranlaßte Steuer darf nicht mehr betragen als 50 vom Hundert dieses Erwerbs.

§ 15 Steuerklassen.

(1) Nach dem persönlichen Verhältnis des Erwerbers zum Erblasser oder Schenker werden die folgenden drei Steuerklassen unterschieden:

Steuerklasse I:

1. der Ehegatte,
2. die Kinder und Stiefkinder,
3. die Abkömmlinge der in Nummer 2 genannten Kinder und Stiefkinder,
4. die Eltern und Voreltern bei Erwerben von Todes wegen;

Steuerklasse II:

1. die Eltern und Voreltern, soweit sie nicht zur Steuerklasse I gehören,

2. die Geschwister,
3. die Abkömmlinge ersten Grades von Geschwistern,
4. die Stiefeltern,
5. die Schwiegerkinder,
6. die Schwiegereltern,
7. der geschiedene Ehegatte;

Steuerklasse III:

alle übrigen Erwerber und die Zweckzuwendungen.

(1a) Die Steuerklassen I und II Nr. 1 bis 3 gelten auch dann, wenn die Verwandtschaft durch Annahme als Kind bürgerlich-rechtlich erloschen ist.

(2) In den Fällen des § 3 Abs. 2 Nr. 1 und § 7 Abs. 1 Nr. 8 ist der Besteuerung das Verwandtschaftsverhältnis des nach der Stiftungsurkunde entferntest Berechtigten zu dem Erblasser oder Schenker zugrunde zu legen, sofern die Stiftung wesentlich im Interesse einer Familie oder bestimmter Familien im Inland errichtet ist. In den Fällen des § 7 Abs. 1 Nr. 9 gilt als Schenker der Stifter oder derjenige, der das Vermögen auf den Verein übertragen hat. In den Fällen des § 1 Abs. 1 Nr. 4 wird der doppelte Freibetrag nach § 16 Abs. 1 Nr. 2 gewährt; die Steuer ist nach dem Vomhundertsatz der Steuerklasse I zu berechnen, der für die Hälfte des steuerpflichtigen Vermögens gelten würde.

(3) Im Falle des § 2269 des Bürgerlichen Gesetzbuchs und soweit der überlebende Ehegatte an die Verfügung gebunden ist, sind die mit dem verstorbenen Ehegatten näher verwandten Erben und Vermächtnisnehmer als seine Erben anzusehen, soweit sein Vermögen beim Tode des überlebenden Ehegatten noch vorhanden ist. § 6 Abs. 2 Satz 3 bis 5 gilt entsprechend.

§ 16 Freibeträge.

(1) Steuerfrei bleibt in den Fällen des § 2 Abs. 1 Nr. 1 der Erwerb
1. des Ehegatten in Höhe von 600 000 Deutsche Mark;
2. der Kinder im Sinne der Steuerklasse I Nr. 2 und der Kinder verstorbener Kinder im Sinne der Steuerklasse I Nr. 2 in Höhe von 400 000 Deutsche Mark;
3. der übrigen Personen der Steuerklasse I in Höhe von 100 000 Deutsche Mark;
4. der Personen der Steuerklasse II in Höhe von 20 000 Deutsche Mark;
5. der Personen der Steuerklasse III in Höhe von 10 000 Deutsche Mark.

(2) An die Stelle des Freibetrags nach Absatz 1 tritt in den Fällen des § 2 Abs. 1 Nr. 3 ein Freibetrag von 2 000 Deutsche Mark.

§ 17 Besonderer Versorgungsfreibetrag.

(1) Neben dem Freibetrag nach § 16 Abs. 1 Nr. 1 wird dem überlebenden Ehegatten ein besonderer Versorgungsfreibetrag von 500 000 Deutsche Mark gewährt. Der Freibetrag wird bei Ehegatten, denen aus Anlaß des Todes des Erblassers nicht der Erbschaftsteuer unterliegende Versorgungsbezüge zustehen, um den nach § 14 des Bewertungsgesetzes zu ermittelnden Kapitalwert dieser Versorgungsbezüge gekürzt.

(2) Neben dem Freibetrag nach § 16 Abs. 1 Nr. 2 wird Kindern im Sinne der Steuerklasse I Nr. 2 (§ 15 Abs. 1) für Erwerbe von Todes wegen ein besonderer Versorgungsfreibetrag in folgender Höhe gewährt:
1. bei einem Alter bis zu 5 Jahren in Höhe von 100 000 Deutsche Mark;
2. bei einem Alter von mehr als 5 bis 10 Jahren in Höhe von 80 000 Deutsche Mark;
3. bei einem Alter von mehr als 10 bis 15 Jahren in Höhe von 60 000 Deutsche Mark;
4. bei einem Alter von mehr als 15 bis 20 Jahren in Höhe von 40 000 Deutsche Mark;
5. bei einem Alter von mehr als 20 Jahren bis zur Vollendung des 27. Lebensjahres in Höhe von 20 000 Deutsche Mark.

Stehen dem Kind aus Anlaß des Todes des Erblassers nicht der Erbschaftsteuer unterliegende Versorgungsbezüge zu, wird der Freibetrag um den nach § 13 Abs. 1 des Bewertungsgesetzes zu ermittelnden Kapitalwert dieser Versorgungsbezüge gekürzt. Bei der Berechnung des Kapitalwerts ist von der nach den Verhältnissen am Stichtag (§ 11) voraussichtlichen Dauer der Bezüge auszugehen.

§ 18 Mitgliederbeiträge.

Beiträge an Personenvereinigungen, die nicht lediglich die Förderung ihrer Mitglieder zum Zweck haben, sind steuerfrei, soweit die von einem Mitglied im Kalenderjahr der Vereinigung geleisteten Beiträge 500 Deutsche Mark nicht übersteigen. § 13 Abs. 1 Nr. 16 und 18 bleibt unberührt.

§ 19 Steuersätze.

(1) Die Erbschaftsteuer wird nach folgenden Vomhundertsätzen erhoben:

Wert des steuerpflichtigen Erwerbs (§ 10) bis einschließlich ... Deutsche Mark	Vomhundertsatz in der Steuerklasse		
	I	II	III
100 000	7	12	17
500 000	11	17	23
1 000 000	15	22	29
10 000 000	19	27	35
25 000 000	23	32	41
50 000 000	27	37	47
über 50 000 000	30	40	50

(2) Ist im Falle des § 2 Abs. 1 Nr. 1 ein Teil des Vermögens der inländischen Besteuerung auf Grund eines Abkommens zur Vermeidung der Doppelbesteuerung entzogen, ist die Steuer nach dem Steuersatz zu erheben, der für den ganzen Erwerb gelten würde.

(3) Der Unterschied zwischen der Steuer, die sich bei Anwendung des Absatzes 1 ergibt, und der Steuer, die sich berechnen würde, wenn der Erwerb die letztvorhergehende Wertgrenze nicht überstiegen hätte, wird nur insoweit erhoben, als er
a) bei einem Steuersatz bis zu 30 vom Hundert aus der Hälfte,
b) bei einem Steuersatz über 30 vom Hundert aus drei Vierteln des die Wertgrenze übersteigenden Betrags gedeckt werden kann.

§ 19 a Tarifbegrenzung beim Erwerb von Betriebsvermögen, von Betrieben der Land- und Forstwirtschaft und von Anteilen an Kapitalgesellschaften.

(1) Sind in dem steuerpflichtigen Erwerb einer natürlichen Person der Steuerklasse II oder III Betriebsvermögen, land- und forstwirtschaftliches Vermögen oder Anteile an Kapitalgesellschaften im Sinne des Absatzes 2 enthalten, ist von der tariflichen Erbschaftsteuer ein Entlastungsbetrag nach Absatz 4 abzuziehen.

(2) Der Entlastungsbetrag gilt für
1. inländisches Betriebsvermögen (§ 12 Abs. 5) beim Erwerb eines ganzen Gewerbebetriebs, eines Teilbetriebs, eines Anteils an einer Gesellschaft im Sinne des § 15 Abs. 1 Nr. 2 und Abs. 3 oder § 18 Abs. 4 des Einkommensteuergesetzes, eines Anteils eines persönlich haftenden Gesellschafters einer Kommanditgesellschaft auf Aktien oder eines Anteils daran;
2. inländisches land- und forstwirtschaftliches Vermögen im Sinne des § 141 Abs. 1 Nr. 1 und 2 des Bewertungsgesetzes, vermietete Grundstücke, Grundstücke im Sinne des § 69 des Bewertungsgesetzes und die in § 52 Abs. 15 Satz 12 des Einkommensteuergesetzes genannten Gebäude oder Gebäudeteile beim Erwerb eines ganzen Betriebs der Land- und Forstwirtschaft, eines Teilbetriebs, eines Anteils an einem Betrieb der Land- und Forstwirtschaft oder eines Anteils daran unter der Voraussetzung, daß dieses Vermögen ertragsteuerlich zum Betriebsvermögen eines Betriebs der Land- und Forstwirtschaft gehört;
3. Anteile an einer Kapitalgesellschaft, wenn die Kapitalgesellschaft zur Zeit der Entstehung der Steuer Sitz oder Geschäftsleitung im Inland hat und der Erblasser oder Schenker am Nennkapital dieser Gesellschaft zu mehr als einem Viertel unmittelbar beteiligt war.

Ein Erwerber kann den Entlastungsbetrag nicht in Anspruch nehmen, soweit er das Vermögen im Sinne des Satzes 1 auf Grund einer letztwilligen Verfügung des Erblassers oder einer rechtsgeschäftlichen Verfügung des Erblassers oder Schenkers auf einen Dritten überträgt.

(3) Der auf das Vermögen im Sinne des Absatzes 2 entfallende Anteil an der tariflichen Erbschaftsteuer bemißt sich nach dem Verhältnis des Werts dieses Vermögens nach Anwendung des § 13 a zum Wert des gesamten Vermögensanfalls.

(4) Zur Ermittlung des Entlastungsbetrags ist für den steuerpflichtigen Erwerb zunächst die Steuer nach der tatsächlichen Steuerklasse des Erwerbers zu berechnen und nach Maßgabe des Absatzes 3 aufzuteilen. Für den steuerpflichtigen Erwerb ist dann die Steuer nach Steuerklasse I zu berechnen und nach Maßgabe des Absatzes 3 aufzuteilen. 3 Der Entlastungsbetrag ergibt sich als Unterschiedsbetrag zwischen der auf Vermögen im Sinne des Absatzes 2 entfallenden Steuer nach den Sätzen 1 und 2.

(5) Der Entlastungsbetrag fällt mit Wirkung für die Vergangenheit weg, soweit der Erwerber innerhalb von fünf Jahren nach dem Erwerb.

1. einen Gewerbebetrieb oder einen Teilbetrieb, einen Anteil an einer Gesellschaft im Sinne des § 15 Abs. 1 Nr. 2 und Abs. 3 oder § 18 Abs. 4 des Einkommensteuergesetzes, einen Anteil eines persönlich haftenden Gesellschafters einer Kommanditgesellschaft auf Aktien oder einen Anteil daran veräußert; als Veräußerung gilt auch die Aufgabe des Gewerbebetriebs. Gleiches gilt, wenn wesentliche Betriebsgrundlagen eines Gewerbebetriebs veräußert oder in das Privatvermögen übergeführt oder anderen betriebsfremden Zwecken zugeführt werden oder wenn Anteile an einer Kapitalgesellschaft veräußert werden, die der Veräußerer durch eine Sacheinlage (§ 20 Abs. 1 des Umwandlungssteuergesetzes) aus dem Betriebsvermögen im Sinne des Absatzes 2 erworben hat, oder ein Anteil an einer Gesellschaft im Sinne des § 15 Abs. 1 Nr. 2 und Abs. 3 oder § 18 Abs. 4 des Einkommensteuergesetzes oder ein Anteil daran veräußert wird, den der Veräußerer durch eine Einbringung von Betriebsvermögen im Sinne des Absatzes 2 in eine Personengesellschaft (§ 24 Abs. 1 des Umwandlungssteuergesetzes) erworben hat;

2. einen Betrieb der Land- und Forstwirtschaft oder einen Teilbetrieb, einen Anteil an einem Betrieb der Land- und Forstwirtschaft oder einen Anteil daran veräußert; als Veräußerung gilt auch die Aufgabe des Betriebs. Nummer 1 Satz 2 gilt entsprechend;

3. als Inhaber eines Gewerbebetriebs, Gesellschafter einer Gesellschaft im Sinne des § 15 Abs. 1 Nr. 2 und Abs. 3 oder § 18 Abs. 4 des Einkommensteuergesetzes oder persönlich haftender Gesellschafter einer Kommanditgesellschaft auf Aktien bis zum Ende des letzten in die Fünfjahresfrist fallenden Wirtschaftsjahrs Entnahmen tätigt, die die Summe seiner Einlagen und der ihm zuzurechnenden Gewinne oder Gewinnanteile seit dem Erwerb um mehr als 100 000 Deutsche Mark übersteigen; Verluste bleiben unberücksichtigt. Gleiches gilt für Inhaber eines begünstigten Betriebs der Land- und Forstwirtschaft oder eines Teilbetriebs oder eines Anteils an einem Betrieb der Land- und Forstwirtschaft;

4. Anteile an Kapitalgesellschaften im Sinne des Absatzes 2 ganz oder teilweise veräußert; eine verdeckte Einlage der Anteile in eine Kapitalgesellschaft steht der Veräußerung der Anteile gleich. Gleiches gilt, wenn die Kapitalgesellschaft innerhalb der Frist aufgelöst oder ihr Nennkapital herabgesetzt wird, wenn diese wesentliche Betriebsgrundlage veräußert und das Vermögen an die Gesellschafter verteilt wird oder wenn Vermögen der Kapitalgesellschaft auf eine Personengesellschaft, eine natürliche Person oder eine andere Körperschaft (§§ 3 bis 16 des Umwandlungssteuergesetzes) übertragen wird.

IV. Steuerfestsetzung und Erhebung

§ 20 Steuerschuldner.

(1) Steuerschuldner ist der Erwerber, bei einer Schenkung auch der Schenker, bei einer Zweckzuwendung der mit der Ausführung der Zuwendung Beschwerte und in den Fällen des § 1 Abs. 1 Nr. 4 die Stiftung oder der Verein.

(2) Im Fall des § 4 sind die Abkömmlinge im Verhältnis der auf sie entfallenden Anteile, der überlebende Ehegatte für den gesamten Steuerbetrag Steuerschuldner.

(3) Der Nachlaß haftet bis zur Auseinandersetzung (§ 2042 des Bürgerlichen Gesetzbuchs) für die Steuer der am Erbfall Beteiligten.

(4) Der Vorerbe hat die durch die Vorerbschaft veranlaßte Steuer aus den Mitteln der Vorerbschaft zu entrichten.

(5) Hat der Steuerschuldner den Erwerb oder Teile desselben vor Entrichtung der Erbschaftsteuer einem anderen unentgeltlich zugewendet, so haftet der andere in Höhe des Wertes der Zuwendung persönlich für die Steuer.

(6) Versicherungsunternehmen, die vor Entrichtung oder Sicherstellung der Steuer die von ihnen zu zahlende Versicherungssumme oder Leibrente in ein Gebiet außerhalb des Geltungsbereichs dieses Gesetzes zahlen oder außerhalb des Geltungsbereichs dieses Gesetzes wohnhaften Berechtigten zur Verfügung stellen, haften in Höhe des ausgezahlten Betrages für die Steuer. Das gleiche gilt für Personen, in deren Gewahrsam sich Vermögen des Erblassers befindet, soweit sie das Vermögen vorsätzlich oder fahrlässig vor Entrichtung oder Sicherstellung der Steuer in ein Gebiet außerhalb des Geltungsbereichs dieses Gesetzes bringen oder außerhalb des Geltungsbereichs dieses Gesetzes wohnhaften Berechtigten zur Verfügung stellen.

(7) Die Haftung nach Absatz 6 ist nicht geltend zu machen, wenn der in einem Steuerfall in ein Gebiet außerhalb des Geltungsbereichs dieses Gesetzes gezahlte oder außerhalb des Geltungsbereichs dieses Gesetzes wohnhaften Berechtigten zur Verfügung gestellte Betrag 1 000 Deutsche Mark nicht übersteigt.

§ 21 Anrechnung ausländischer Erbschaftsteuer.

(1) Bei Erwerbern, die in einem ausländischen Staat mit ihrem Auslandsvermögen zu einer der deutschen Erbschaftsteuer entsprechenden Steuer - ausländische Steuer - herangezogen werden, ist in den Fällen des § 2 Abs. 1 Nr. 1, sofern nicht die Vorschriften eines Abkommens zur Vermeidung der Doppelbesteuerung anzuwenden sind, auf Antrag die festgesetzte, auf den Erwerber entfallende, gezahlte und keinem Ermäßigungsanspruch unterliegende ausländische Steuer insoweit auf die deutsche Erbschaftsteuer anzurechnen, als das Auslandsvermögen auch der deutschen Erbschaftsteuer unterliegt. Besteht der Erwerb nur zum Teil aus Auslandsvermögen, so ist der darauf entfallende Teilbetrag der deutschen Erbschaftsteuer in der Weise zu ermitteln, daß die für das steuerpflichtige Gesamtvermögen einschließlich des steuerpflichtigen Auslandsvermögens sich ergebende Erbschaftsteuer im Verhältnis des steuerpflichtigen Auslandsvermögens zum steuerpflichtigen Gesamtvermögen aufgeteilt wird. Ist das Auslandsvermögen in verschiedenen ausländischen Staaten belegen, so ist dieser Teil für jeden einzelnen ausländischen Staat gesondert zu berechnen. Die ausländische Steuer ist nur anrechenbar, wenn die deutsche Erbschaftsteuer für das Auslandsvermögen innerhalb von fünf Jahren seit dem Zeitpunkt der Entstehung der ausländischen Erbschaftsteuer entstanden ist.

(2) Als Auslandsvermögen im Sinne des Absatzes 1 gelten,

1. wenn der Erblasser zur Zeit seines Todes Inländer war: alle Vermögensgegenstände der in § 121 des Bewertungsgesetzes genannten Art, die auf einen ausländischen Staat entfallen, sowie alle Nutzungsrechte an diesen Vermögensgegenständen,

2. wenn der Erblasser zur Zeit seines Todes kein Inländer war: alle Vermögensgegenstände mit Ausnahme des Inlandsvermögens im Sinne des § 121 des Bewertungsgesetzes sowie alle Nutzungsrechte an diesen Vermögensgegenständen.

(3) Der Erwerber hat den Nachweis über die Höhe des Auslandsvermögens und über die Festsetzung und Zahlung der ausländischen Steuer durch Vorlage entsprechender Urkunden zu führen. Sind diese Urkunden in einer fremden Sprache abgefaßt, so kann eine beglaubigte Übersetzung in die deutsche Sprache verlangt werden.

(4) Ist nach einem Abkommen zur Vermeidung der Doppelbesteuerung die in einem ausländischen Staat erhobene Steuer auf die Erbschaftsteuer anzurechnen, so sind die Absätze 1 bis 3 entsprechend anzuwenden.

§ 22 Kleinbetragsgrenze.

Von der Festsetzung der Erbschaftsteuer ist abzusehen, wenn die Steuer, die für den einzelnen Steuerfall festzusetzen ist, den Betrag von 50 Deutsche Mark nicht übersteigt.

§ 23 Besteuerung von Renten, Nutzungen und Leistungen.

(1) Steuern, die von dem Kapitalwert von Renten oder anderen wiederkehrenden Nutzungen oder Leistungen zu entrichten sind, können nach Wahl des Erwerbers statt vom Kapitalwert jährlich im voraus von dem Jahreswert entrichtet werden. Die Steuer wird in diesem Fall nach dem Steuersatz erhoben, der sich nach § 19 für den gesamten Erwerb einschließlich des Kapitalwerts der Renten oder anderen wiederkehrenden Nutzungen oder Leistungen ergibt.

(2) Der Erwerber hat das Recht, die Jahressteuer zum jeweils nächsten Fälligkeitstermin mit ihrem Kapitalwert abzulösen. Für die Ermittlung des Kapitalwerts im Ablösungszeitpunkt sind die Vorschriften der §§ 13 und 14 des Bewertungsgesetzes anzuwenden. Der Antrag auf Ablösung der Jahressteuer ist spätestens bis zum Beginn des Monats zu stellen, der dem Monat vorausgeht, in dem die nächste Jahressteuer fällig wird.

§ 24 Verrentung der Steuerschuld in den Fällen des § 1 Abs. 1 Nr. 4.

In den Fällen des § 1 Abs. 1 Nr. 4 kann der Steuerpflichtige verlangen, daß die Steuer in 30 gleichen jährlichen Teilbeträgen (Jahresbeträgen) zu entrichten ist. Die Summe der Jahresbeträge umfaßt die Tilgung und die Verzinsung der Steuer; dabei ist von einem Zinssatz von 5,5 vom Hundert auszugehen.

§ 25 Besteuerung bei Nutzungs- und Rentenlast.

(1) Der Erwerb von Vermögen, dessen Nutzungen dem Schenker oder dem Ehegatten des Erblassers (Schenkers) zustehen oder das mit einer Rentenverpflichtung oder mit der Verpflichtung zu sonstigen wiederkehrenden Leistungen zugunsten dieser Person belastet ist, wird ohne Berücksichtigung dieser Belastungen besteuert. Die Steuer, die auf den Kapitalwert dieser Belastungen entfällt, ist jedoch bis zu deren Erlöschen zinslos zu stunden. Die gestundete Steuer kann auf Antrag des Erwerbers jederzeit mit ihrem Barwert nach § 12 Abs. 3 des Bewertungsgesetzes abgelöst werden.

(2) Veräußert der Erwerber das belastete Vermögen vor dem Erlöschen der Belastung ganz oder teilweise, so endet insoweit die Stundung mit dem Zeitpunkt der Veräußerung.

§ 26 Ermäßigung der Steuer bei Aufhebung einer Familienstiftung oder Auflösung eines Vereins.

In den Fällen des § 7 Abs. 1 Nr. 9 ist auf die nach § 15 Abs. 2 Satz 2 zu ermittelnde Steuer die nach § 15 Abs. 2 Satz 3 festgesetzte Steuer anteilsmäßig anzurechnen

a) mit 50 vom Hundert, wenn seit der Entstehung der anrechenbaren Steuer nicht mehr als zwei Jahre,

b) mit 25 vom Hundert, wenn seit der Entstehung der anrechenbaren Steuer mehr als zwei Jahre, aber nicht mehr als vier Jahre vergangen sind.

§ 27 Mehrfacher Erwerb desselben Vermögens.

(1) Fällt Personen der Steuerklasse I von Todes wegen Vermögen an, das in den letzten zehn Jahren vor dem Erwerb bereits von Personen dieser Steuerklasse erworben worden ist und für das nach diesem Gesetz eine Steuer zu erheben war, ermäßigt sich

der auf dieses Vermögen entfallende Steuerbetrag vorbehaltlich des Absatzes 3 wie folgt:

um... vom Hundert	wenn zwischen den beiden Zeitpunkten der Entstehung der Steuer liegen
50	nicht mehr als 1 Jahr
45	mehr als 1 Jahr, aber nicht mehr als 2 Jahre
40	mehr als 2 Jahre, aber nicht mehr als 3 Jahre
35	mehr als 3 Jahre, aber nicht mehr als 4 Jahre
30	mehr als 4 Jahre, aber nicht mehr als 5 Jahre
25	mehr als 5 Jahre, aber nicht mehr als 6 Jahre
20	mehr als 6 Jahre, aber nicht mehr als 8 Jahre
10	mehr als 8 Jahre, aber nicht mehr als 10 Jahre

(2) Zur Ermittlung des Steuerbetrags, der auf das begünstigte Vermögen entfällt, ist die Steuer für den Gesamterwerb in dem Verhältnis aufzuteilen, in dem der Wert des begünstigten Vermögens zu dem Wert des steuerpflichtigen Gesamterwerbs ohne Abzug des dem Erwerber zustehenden Freibetrags steht.

(3) Die Ermäßigung nach Absatz 1 darf den Betrag nicht überschreiten, der sich bei Anwendung der in Absatz 1 genannten Vomhundertsätze auf die Steuer ergibt, die der Vorerwerber für den Erwerb desselben Vermögens entrichtet hat.

§ 28 Stundung.

(1) Gehört zum Erwerb Betriebsvermögen oder land- und forstwirtschaftliches Vermögen, ist dem Erwerber die darauf entfallende Erbschaftsteuer auf Antrag bis zu zehn Jahren zu stunden, soweit dies zur Erhaltung des Betriebs notwendig ist. Die §§ 234, 238 der Abgabenordnung sind anzuwenden; bei Erwerben von Todes wegen erfolgt diese Stundung zinslos. § 222 der Abgabenordnung bleibt unberührt.

(2) Absatz 1 findet in den Fällen des § 1 Abs. 1 Nr. 4 entsprechende Anwendung.

§ 29 Erlöschen der Steuer in besonderen Fällen.

(1) Die Steuer erlischt mit Wirkung für die Vergangenheit,

1. soweit ein Geschenk wegen eines Rückforderungsrechts herausgegeben werden mußte;
2. soweit die Herausgabe gemäß § 528 Abs. 1 Satz 2 des Bürgerlichen Gesetzbuchs abgewendet worden ist;
3. soweit in den Fällen des § 5 Abs. 2 unentgeltliche Zuwendungen auf die Ausgleichsforderung angerechnet worden sind (§ 1380 Abs. 1 des Bürgerlichen Gesetzbuchs);
4. soweit Vermögensgegenstände, die von Todes wegen (§ 3) oder durch Schenkung unter Lebenden (§ 7) erworben worden sind, innerhalb von 24 Monaten nach dem Zeitpunkt der Entstehung der Steuer (§ 9) dem Bund, einem Land, einer inländischen Gemeinde (Gemeindeverband) oder einer inländischen Stiftung zugewendet werden, die nach der Satzung, dem Stiftungsgeschäft oder der sonstigen Verfassung und nach ihrer tatsächlichen Geschäftsführung ausschließlich und unmittelbar als gemeinnützig anzuerkennenden wissenschaftlichen oder kulturellen Zwecken dient. Dies gilt nicht, wenn die Stiftung Leistungen im Sinne des § 58 Nr. 5 der Abgabenordnung an den Erwerber oder seine nächsten Angehörigen zu erbringen hat, oder soweit für die Zuwendung die Vergünstigung nach § 10 b des Einkommensteuergesetzes, § 9 Abs. 1 Nr. 2 des Körperschaftsteuergesetzes oder § 9 Nr. 5 des Gewerbesteuergesetzes in der Fassung der Bekanntmachung vom 21. März 1991 (BGBl. I S. 814), zuletzt geändert durch Artikel 3 des Gesetzes vom 28. Oktober 1994 (BGBl. I S. 3267), in Anspruch genommen wird. Für das Jahr der Zuwendung ist bei der Einkommensteuer oder Körperschaftsteuer und bei der Gewerbesteuer unwiderruflich zu erklären, in welcher Höhe die Zuwendung als Spende zu berücksichtigen ist. Die Erklärung ist für die Festsetzung der Erbschaftsteuer oder Schenkungssteuer bindend.

(2) Der Erwerber ist für den Zeitraum, für den ihm die Nutzungen des zugewendeten Vermögens zugestanden haben, wie ein Nießbraucher zu behandeln.

§ 30 Anzeige des Erwerbs.

(1) Jeder der Erbschaftsteuer unterliegende Erwerb (§ 1) ist vom Erwerber, bei einer Zweckzuwendung vom Beschwerten binnen einer Frist von drei Monaten nach erlangter Kenntnis von dem Anfall oder von dem Eintritt der Verpflichtung dem für die Verwaltung der Erbschaftsteuer zuständigen Finanzamt anzuzeigen.

(2) Erfolgt der steuerpflichtige Erwerb durch ein Rechtsgeschäft unter Lebenden, so ist zur Anzeige auch derjenige verpflichtet, aus dessen Vermögen der Erwerb stammt.

(3) Einer Anzeige bedarf es nicht, wenn der Erwerb auf einer von einem deutschen Gericht, einem deutschen Notar oder einem deutschen Konsul eröffneten Verfügung von Todes wegen beruht und sich aus der Verfügung das Verhältnis des Erwerbers zum Erblasser unzweifelhaft ergibt. Das gleiche gilt, wenn eine Schenkung unter Lebenden oder eine Zweckzuwendung gerichtlich oder notariell beurkundet ist.

(4) Die Anzeige soll folgende Angaben enthalten:

1. Vorname und Familienname, Beruf, Wohnung des Erblassers oder Schenkers und des Erwerbers,
2. Todestag und Sterbeort des Erblassers oder Zeitpunkt der Ausführung der Schenkung,
3. Gegenstand und Wert des Erwerbs,
4. Rechtsgrund des Erwerbs wie gesetzliche Erbfolge, Vermächtnis, Ausstattung,
5. persönliches Verhältnis des Erwerbers zum Erblasser oder zum Schenker wie Verwandtschaft, Schwägerschaft, Dienstverhältnis,
6. frühere Zuwendungen des Erblassers oder Schenkers an den Erwerber nach Art, Wert und Zeitpunkt der einzelnen Zuwendung.

§ 31 Steuererklärung.

(1) Das Finanzamt kann von jedem an einem Erbfall, an einer Schenkung oder an einer Zweckzuwendung Beteiligten ohne Rücksicht darauf, ob er selbst steuerpflichtig ist, die Abgabe einer Erklärung innerhalb einer von ihm zu bestimmenden Frist verlangen. Die Frist muß mindestens einen Monat betragen.

(2) Die Erklärung hat ein Verzeichnis der zum Nachlaß gehörenden Gegenstände und die sonstigen für die Feststellung des Gegenstandes und des Wertes des Erwerbs erforderlichen Angaben zu enthalten.

(3) In den Fällen der fortgesetzten Gütergemeinschaft kann das Finanzamt die Steuererklärung allein von dem überlebenden Ehegatten verlangen.

(4) Sind mehrere Erben vorhanden, so sind sie berechtigt, die Steuererklärung gemeinsame abzugeben. In diesem Fall ist die Steuererklärung von allen Beteiligten zu unterschreiben. Sind an dem Erbfall außer den Erben noch weitere Personen beteiligt, so können diese im Einverständnis mit den Erben in die gemeinsam Steuererklärung einbezogen werden.

(5) Ist ein Testamentsvollstrecker oder Nachlaßverwalter vorhanden, so ist die Steuererklärung von diesem abzugeben. Das Finanzamt kann verlangen, daß die Steuererklärung auch von einem oder mehreren Erben mitunterschrieben wird.

(6) Ist ein Nachlaßpfleger bestellt, so ist dieser zur Abgabe der Steuererklärung verpflichtet.

(7) Das Finanzamt kann verlangen, daß eine Steuererklärung auf einem Vordruck nach amtlich bestimmtem Muster abzugeben ist, in der der Steuerschuldner die Steuer selbst zu berechnen hat. Der Steuerschuldner hat die selbstberechnete Steuer innerhalb eines Monats nach Abgabe der Steuererklärung zu entrichten.

§ 32 Bekanntgabe des Steuerbescheides an Vertreter.

(1) In den Fällen des § 31 Abs. 5 ist der Steuerbescheid abweichend von § 122 Abs. 1 Satz 1 der Abgabenordnung dem Testamentsvollstrecker oder Nachlaßverwalter be-

kanntzugeben. Diese Personen haben für die Bezahlung der Erbschaftsteuer zu sorgen. Auf Verlangen des Finanzamts ist aus dem Nachlaß Sicherheit zu leisten.

(2) In den Fällen des § 31 Abs. 6 ist der Steuerbescheid dem Nachlaßpfleger bekanntzugeben. Absatz 1 Satz 2 und 3 ist entsprechend anzuwenden.

§ 33 Anzeigepflicht der Vermögensverwahrer, Vermögensverwalter und Versicherungsunternehmen.

(1) Wer sich geschäftsmäßig mit der Verwahrung oder Verwaltung fremden Vermögens befaßt, hat diejenigen in seinem Gewahrsam befindlichen Vermögensgegenstände und diejenigen gegen ihn gerichteten Forderungen, die beim Tod eines Erblassers zu dessen Vermögen gehörten oder über die dem Erblasser zur Zeit seines Todes die Verfügungsmacht zustand, dem für die Verwaltung der Erbschaftsteuer zuständigen Finanzamt anzuzeigen. Die Anzeige ist zu erstatten:

1. in der Regel: innerhalb eines Monats, seitdem der Todesfall dem Verwahrer oder Verwalter bekanntgeworden ist;
2. wenn der Erblasser zur Zeit seines Todes Angehöriger eines ausländischen Staats war und nach einer Vereinbarung mit diesem Staat der Nachlaß einem konsularischen Vertreter auszuhändigen ist: spätestens bei der Aushändigung des Nachlasses.

(2) Wer auf den Namen lautende Aktien oder Schuldverschreibungen ausgegeben hat, hat dem Finanzamt von dem Antrag, solche Wertpapiere eines Verstorbenen auf den Namen anderer umzuschreiben, vor der Umschreibung Anzeige zu erstatten.

(3) Versicherungsunternehmen haben, bevor sie Versicherungssummen oder Leibrenten einem anderen als dem Versicherungsnehmer auszahlen oder zur Verfügung stellen, hiervon dem Finanzamt Anzeige zu erstatten.

(4) Zuwiderhandlungen gegen diese Pflichten werden als Steuerordnungswidrigkeit mit Geldbuße geahndet.

§ 34 Anzeigepflicht der Gerichte, Behörden, Beamten und Notare.

(1) Die Gerichte, Behörden, Beamten und Notare haben dem für die Verwaltung der Erbschaftsteuer zuständigen Finanzamt Anzeige zu erstatten über diejenigen Beurkundungen, Zeugnisse und Anordnungen, die für die Festsetzung einer Erbschaftsteuer von Bedeutung sein können.

(2) Insbesondere haben anzuzeigen:
1. die Standesämter: die Sterbefälle;
2. die Gerichte und die Notare: die Erteilung von Erbscheinen, Testamentsvollstreckerzeugnissen und Zeugnissen über die Fortsetzung der Gütergemeinschaft, die Beschlüsse über Todeserklärungen sowie die Anordnung von Nachlaßpflegschaften und Nachlaßverwaltungen;
3. die Gerichte, die Notare und die deutschen Konsuln: die eröffneten Verfügungen von Todes wegen, die abgewickelten Erbauseinandersetzungen, die beurkundeten Vereinbarungen der Gütergemeinschaft und die beurkundeten Schenkungen und Zweckzuwendungen.

§ 35 Örtliche Zuständigkeit.

(1) Örtlich zuständig für die Steuerfestsetzung ist in den Fällen, in denen der Erblasser zur Zeit seines Todes oder der Schenker zur Zeit der Ausführung der Zuwendung ein Inländer war, das Finanzamt, das sich bei sinngemäßer Anwendung des § 19 Abs. 1 und des § 20 der Abgabenordnung ergibt. Im Fall der Steuerpflicht nach § 2 Abs. 1 Nr. 1 Buchstabe b richtet sich die Zuständigkeit nach dem letzten inländischen Wohnsitz oder gewöhnlichen Aufenthalt des Erblassers oder Schenkers.

(2) Die örtliche Zuständigkeit bestimmt sich nach den Verhältnissen des Erwerbers, bei Zweckzuwendungen nach den Verhältnissen des Beschwerten, zur Zeit des Erwerbs, wenn
1. bei einer Schenkung unter Lebenden der Erwerber, bei einer Zweckzuwendung unter Lebenden der Beschwerte, eine Körperschaft, Personenvereinigung oder Vermögensmasse ist, oder

2. der Erblasser zur Zeit seines Todes oder der Schenker zur Zeit der Ausführung der Zuwendung kein Inländer war. Sind an einem Erbfall mehrere inländische Erwerber mit Wohnsitz oder gewöhnlichem Aufenthalt in verschiedenen Finanzamtsbezirken beteiligt, so ist das Finanzamt örtlich zuständig, das zuerst mit der Sache befaßt wird.

(3) Bei Schenkungen und Zweckzuwendungen unter Lebenden von einer Erbengemeinschaft ist das Finanzamt zuständig, das für die Bearbeitung des Erbfalls zuständig ist oder sein würde.

(4) In den Fällen des § 2 Abs. 1 Nr. 3 ist das Finanzamt örtlich zuständig, das sich bei sinngemäßer Anwendung des § 19 Abs. 2 der Abgabenordnung ergibt.

V. Ermächtigungs- und Schlußvorschriften

§ 36 Ermächtigungen.

(1) Die Bundesregierung wird ermächtigt, mit Zustimmung des Bundesrates

1. zur Durchführung dieses Gesetzes Rechtsverordnungen zu erlassen, soweit dies zur Wahrung der Gleichmäßigkeit bei der Besteuerung, zur Beseitigung von Unbilligkeiten in Härtefällen oder zur Vereinfachung des Besteuerungsverfahrens erforderlich ist, und zwar über

   a) die Abgrenzung der Steuerpflicht,

   b) die Feststellung und die Bewertung des Erwerbs von Todes wegen, der Schenkungen unter Lebenden und der Zweckzuwendungen, auch soweit es sich um den Inhalt von Schließfächern handelt,

   c) die Steuerfestsetzung, die Anwendung der Tarifvorschriften und die Steuerentrichtung,

   d) die Anzeige-, Mitteilungs- und Übersendungspflichten der Gerichte, Behörden, Beamten und Notare, der Versicherungsunternehmen, der Vereine und Berufsverbände, die mit einem Versicherungsunternehmen die Zahlung einer Versicherungssumme für den Fall des Todes ihrer Mitglieder vereinbart haben, der geschäftsmäßigen Verwahrer und Verwalter fremden Vermögens, auch soweit es sich um in ihrem Gewahrsam befindliche Vermögensgegenstände des Erblassers handelt, sowie derjenigen, die auf den Namen lautende Aktien oder Schuldverschreibungen ausgegeben haben;

2. Vorschriften durch Rechtsverordnung zu erlassen über die sich aus der Aufhebung oder Änderung von Vorschriften dieses Gesetzes ergebenden Rechtsfolgen, soweit dies zur Wahrung der gleichmäßigkeit der Besteuerung oder zur Beseitigung von Unbilligkeiten in Härtefällen erforderlich ist.

Register

Haftungsausschluss
Der Inhalt dieses Buches ist sorgfältig recherchiert und erarbeitet worden.
Dennoch können weder Autoren noch Verlag für alle Angaben im Buch eine
Haftung übernehmen.

Der Text dieses Buches folgt, mit Ausnahme der Gesetzestexte, den neuen
Regeln der deutschen Rechtschreibung.

Gedruckt auf chlorfrei gebleichtem Papier.

2. Auflage

© 1998 by Weltbild Verlag GmbH, Augsburg
Einbandgestaltung: Gestaltungsbüro Uhlig, Augsburg
Lektorat: Michael Kraft, Augsburg
Layout und Satz: CCG, Köln
Druck und Bindung: Offizin Andersen Nexö, ein Betrieb der INTERDRUCK
Graphischer Großbetrieb GmbH
Printed in Germany

ISBN 3-89604-382-X